Unger · Von Algebra bis Zucker

Andreas Unger

Von Algebra bis Zucker

Arabische Wörter im Deutschen

Unter Mitwirkung von
Andreas Christian Islebe

Philipp Reclam jun. Stuttgart

Kartenzeichnung: pmv Peter Meyer Verlag, Frankfurt a. M.
Satz und Druck: Reclam, Ditzingen
Buchbinderische Verarbeitung: IBB GmbH, Weinsberg
Printed in Germany 2006

ISBN-13: 978-3-15-010609-9
ISBN-10: 3-15-010609-5

www.reclam.de

Inhalt

Vorwort

Gibt es einen »Kampf der Kulturen« (Samuel P. Huntington)? Der Blick auf die Geschichte der arabischen Wörter im Deutschen ermöglicht eine andere Sichtweise: die des »Zusammenwirkens der Kulturen« (Claude Lévi-Strauss). Dies aus zwei Gründen: Zum einen kann durch das Verfolgen der Wort- und Kulturgeschichte eines Begriffs von seinem ersten Auftreten bis in die heutige Zeit sehr anschaulich der Weg von Kulturgütern zwischen verschiedenen Völkern und Kulturen nachvollzogen werden; zum anderen ist das Arabische diejenige außereuropäische Sprache, aus der die meisten Wörter in die Sprachen des Westteils Europas gelangt sind. Dies ist kein Zufall: Die meisten dieser Wörter sind nämlich im Mittelalter übernommen worden, wo die Muslime ab dem 8. Jahrhundert eine Kultur entwickelt hatten, die derjenigen der Bewohner des Westens Europas nach heutigen Maßstäben in vieler Hinsicht überlegen war und die deshalb faszinierte.

Die Entstehung dieser Kultur beruhte aber auf einem längeren Prozess. Zwar war schon in der Antike das durch den Weihrauchhandel berühmte »Glückliche Arabien« als eigenständige Zivilisation aufgetreten (s. Myrrhe); und die Einführung des Islam und die Einigung der arabischen Stämme durch den Propheten Mohammed (gest. 632) hatten einen gewaltigen politischen und kulturellen Schub bewirkt. Dass es den Muslimen aber gelang, innerhalb eines Jahrhunderts ein Imperium zu errichten, das von der spanischen Halbinsel bis zum Indus reichte, beruhte auch auf einer klugen und relativ toleranten Politik insbesondere gegenüber Christen und Juden (s. Koran). Sie hatte zur Folge, dass die Einheimischen die arabischen Eroberer vielfach wohlwollend aufnahmen und sich dann einigermaßen problemlos in das entstehende arabisch-muslimische Staatsgebilde integrierten. Über sie vermittelten sich den Arabern aber nun die Errungenschaften und Kenntnisse der griechisch-hellenistischen und der persischen Kultur (s. Karat, Schach). Die Entstehung eines einheitlichen Handelsraums bewirkte zudem, dass auch Produkte und Errungenschaften aus China (s. Satin, Ries) und Indien (s. Zucker, Ziffer) sowie aus Afrika (s. Gamasche) bekannt und dann in den muslimischen Gebieten heimisch wurden. Eine erstaunliche Wissbegier führte ferner dazu, dass in großem Umfang Texte aus den Wissenschaften der Perser, Inder und insbesondere der Griechen ins Arabische übersetzt wurden; das so erworbene Wissen wurde dann eigenständig weiterentwickelt (s. Algebra) und durch Buchhandel und Bibliotheken verbreitet (s. Ries). Mit den neuen Kulturgütern haben die Araber aber oft deren Bezeichnung im Herkunftsland übernommen und an das Arabische angepasst. Dies erklärt, warum von den in den folgenden Artikeln behandelten Wörtern nahezu die Hälfte ursprünglich nicht arabischer Herkunft ist. Verbindendes Element der so entstandenen islamisch geprägten Kultur war jedenfalls die arabische Sprache. In ihr drückten sich in ihren naturwissenschaftlichen Werken selbstverständlich auch christliche Perser aus wie der in Artikeln dieses Buchs mehrfach erwähnte Arzt aṭ-Ṭabarī (gest. um 865), der erst kurz vor seinem Tod zum Islam übertrat, oder spanische Juden wie Maimonides, der, durch die rigide Religionspolitik der Almohadenherrscher ins Exil gezwungen, 1204 als Leibarzt des Sohns von Sultan Saladin in Kairo starb.

Auf diese Kultur trafen die westlichen Europäer (also die Bewohner des ehemaligen Weströmischen Reichs und angrenzender Gebiete) in Spanien und Sizilien, auf den Kreuzzügen in Syrien und Palästina und weiterhin im Rahmen des Mittelmeerhandels auch in muslimischen Hafenstädten. Sie suchten vor allem das nachzuahmen, was sie als Luxus empfanden: Wie sich beispielsweise in Wolframs von Eschenbach »Parzival« an vielen Stellen zeigt, bemühte sich der Adel Westeuropas, seine gesellschaftliche Stellung durch den Import von Gold und Edelsteinen (s. Karat, Azur), seidenen Stoffen (s. Baldachin), Nahrungsmitteln (s. Zucker), exotischen Gewürzen (s. Falafel) und Duftstoffen (s. Ambra) sowie durch Übernahme von Künsten und Gewohnheiten (s. Schach) nach außen hin glänzend deutlich zu machen. Aber auch das gesammelte Wissen der arabischen Kultur zog die Europäer an. Seit Ende des 11. Jahrhunderts, als Constantinus Africanus, wahrscheinlich ein zum Christentum konvertierter Kaufmann aus dem heutigen Tunesien, sich daran machte, für die Medizinschule in Salerno bei Neapel arabische Werke auf Lateinisch wiederzugeben, entstanden ganze Übersetzerschulen, in denen Texte insbesondere aus den Bereichen Medizin bzw. Pharmakologie (s. Mumie), Mathematik (s. Ziffer), Alchimie (s. d.), Astronomie und Astrologie (s. Zenit), Geographie und Philosophie ins Lateinische übertragen wurden. Vor allem für die Verwendung in (übersetzten) medizinischen Rezepten wurden zahlreiche Substanzen, sogenannte Drogen, eingeführt (s. Kampfer, Zucker); die Kontakte im Mittelmeerraum ermöglichten zudem die Übernahme von Techniken und Geräten der muslimischen Welt (s. Ries, Arsenal).

Wie schon die arabische Welt Jahrhunderte zuvor entwickelten auch die Europäer die übernommenen Kenntnisse selbständig weiter: Das Gemisch aus Schwefel, Salpeter und Holzkohle beispielsweise erlangte seine enorme Bedeutung als Schießpulver erst, nachdem sie die Geschützrohre erfunden hatten (s. Natron, Kaliber). Diese Fortentwicklungen aber trugen dazu bei, dass sich etwa ab dem 13. Jahrhundert das Verhältnis zwischen der muslimischen und der christlich-westeuropäischen Welt änderte: Gegenüber dem inzwischen zerfallenen Kalifenreich und angesichts der Stagnation von Forschungen und Neuerungen in den arabischsprachigen Gebieten erlangten Venezianer und Genuesen, aber auch Katalanen und Franzosen allmählich die wirtschaftliche Vorherrschaft im Mittelmeerraum (s. Zechine, Arsenal). Mit dem daraus folgenden Rückgang des Imports muslimischer Kulturgüter nahm auch die Zahl neu entlehnter Wörter aus dem Arabischen ab; bereits vorhandene wurden im medizinischen Bereich durch die Humanisten verdrängt, die den Rückgriff auf die griechisch-lateinischen Wurzeln suchten. Diese Entwicklungstendenz wurde im 16. und 17. Jahrhundert ein wenig aufgehalten durch die kulturelle Ausstrahlung des Osmanischen Reichs. Sie führte dazu, dass die Europäer Kulturgüter übernahmen, von denen einige Bezeichnungen trugen, die aus dem Arabischen stammten (s. Kaffee, Sofa, Lila). Vor allem die Entwicklung von Naturwissenschaften und Industrie in Europa bewirkte dann aber, dass viele Wörter arabischer Herkunft in Vergessenheit gerieten; das Wort (nhd.) *Lack* (s. d.) etwa, das ursprünglich ein Rohprodukt aus Indien bezeichnete, welches zum Färben und in der Medizin genutzt wurde, überlebte vermutlich nur dadurch, dass sich seine Bedeutung im Lauf der Zeit zu ›(industriell hergestellter) konservierender Anstrich‹ gewandelt hatte. Neu aufgenommen wurden ab dem 18. Jahrhundert nur noch wenige landestypische Begriffe aus Reiseberichten (s. Kadi) oder im Rahmen von Kolonialherrschaft (s. Razzia, Safari); erst in neuester Zeit tragen Globalisierung und neue Gewohnheiten (s. Safran, Hamam) ebenso wie die muslimische Einwanderung (s. Moschee, Islam, Falafel) dazu bei, dass einige Wörter arabischer Herkunft im Deutschen neu belebt oder erstmals heimisch werden.

Ins Deutsche sind die arabischen Wörter fast ausnahmslos zeitlich verzögert über andere europäische Sprachen gelangt, neben dem Mittellateinischen vor allem über das Italienische und Französische. Dies liegt in erster Linie daran, dass Deutschland nie an muslimische Gebiete grenzte und am Mittelmeerhandel nicht beteiligt war. So vollzog sich die Übernahme dieser Wörter meistens in der

Weise, dass man, etwa aus Italien oder Frankreich, eine Neuerung oder Mode übernahm, die dort mit einem ursprünglich arabischen Wort belegt war: Aus (ar.) *maṭraḥ* abgeleitetes *mataraffe* beispielsweise taucht erstmals im 10. Jahrhundert in Spanien auf; als wertvolles Luxusgut erscheint (mhd.) *matraz*, übernommen aus dem Italienischen oder Französischen dann um 1200 im »Nibelungenlied« und kurz darauf im »Parzival«; die heutige Wortform *Matratze* geht allerdings auf eine neuerliche Entlehnung des Worts aus dem Italienischen des 15. Jahrhunderts zurück, wo *materazzo* das Unterbett bezeichnete, das allmählich ein verbreiteter Gebrauchsgegenstand wurde.

Für die Auswahl der in den folgenden Artikeln dargestellten Wörter war erstes Kriterium, dass sie einigermaßen zweifelsfrei aus dem Arabischen stammen. Wo dies nicht erwiesen ist, wurden die Wörter, wie *Almanach*, *Balsam*, *Farbe*, (*Fata*) *Morgana*, *Mafia*, *Scharlach*, *Risiko*, *Tabak* u. a., nicht in das Buch aufgenommen. Die zweite Bedingung war, dass sie im heutigen Deutschen bekannt und verankert sind. Aus diesem Grund fehlen etwa früher beliebte Drogen bzw. Gewürze wie *Galgant* oder *Kubebenpfeffer*, deren Namen heute nur noch einige Apotheker kennen dürften. Ebenso beispielsweise die *Zibebe*, eine Rosinenart, die um 1900 noch so bekannt gewesen sein muss, dass Christian Morgenstern dichten konnte: »Ich schieße keine Möwen tot, / ich lass' sie lieber leben – / und füttre sie mit Roggenbrot / und rötlichen Zibeben«. Viele andere heute relativ unbekannte Wörter, die beiläufig in den Wortartikeln erwähnt und erklärt werden, tauchen allerdings im Register auf. Dort erscheinen auch einige Personen-, Orts- und Völkernamen, die üblicherweise in etymologische Lexika nicht aufgenommen werden. Einige kaum mehr bekannte Wörter wie *Ries* oder *Zechine* schließlich verdanken ihre Aufnahme in das Buch dem Bestreben, möglichst alle wichtigen Bereiche des arabisch-muslimischen Einflusses auf das westliche Europa an Beispielen von Wörtern darzustellen. Für Anatomie und Krankheitslehre sowie Philosophie war das allerdings nicht möglich: Die *vena saphena* des Beins (aus ar. *ṣāfin*) ist nur Medizinern bekannt; und aus dem Bereich der Philosophie, wo der Aristoteles-Kommentar des wie Maimonides ins Exil getriebenen Averroes (latinisiert aus Ibn Rušd, gest. 1198) die Auseinandersetzung über das Verhältnis von Vernunft und Glauben im westlichen Europa anregte, ist kein arabischer Begriff in europäische Sprachen übernommen worden.

Mein besonderer Dank gilt Jürgen Kluwig, Dr. Emilie Unger und Dr. Ernst Unger, ohne deren Unterstützung, sowie Judith Grzegorczyk, ohne deren Recherchen das vorliegende Buch nicht zustande gekommen wäre. Von den vielen Personen, bei denen ich mich für Informationen bedanke, möchte ich vor allem Prof. Peter Dilg, Prof. Walter W. Müller, Dr. Monica Niederer (»Mittellateinisches Wörterbuch«), Jürgen Neuss, Prof. Diether-R. Reinsch und Dr. Angela Schottenhammer erwähnen.

Abkürzungen

afrz.	altfranzösisch
äg.	ägyptisch
ahd.	althochdeutsch
aind.	altindisch
akkad.	akkadisch
aprov.	altprovenzalisch
ar.	arabisch
aram.	aramäisch
byz.-gr.	byzantinisch-griechisch
chin.	chinesisch
dt.	deutsch
engl.	englisch
frnhd.	frühneuhochdeutsch
frz.	französisch
gr.	griechisch
hebr.	hebräisch
it.	italienisch
kat.	katalanisch
lat.	lateinisch
mhd.	mittelhochdeutsch
mind.	mittelindisch
mlat.	mittellateinisch
mndl.	mittelniederländisch
mpers.	mittelpersisch
ndd.	niederdeutsch
ndl.	niederländisch
ngr.	neugriechisch
nhd.	neuhochdeutsch
nlat.	neulateinisch
npers.	neupersisch
osm.-tk.	osmanisch-türkisch
pers.	persisch
pl.	Plural
port.	portugiesisch
prov.	provenzalisch
siz.	sizilianisch
sp.	spanisch
syr.	syrisch
tk.	türkisch
*	Wort(form) ist erschlossen, nicht belegt

Transkription arabischer Laute

(nach den Empfehlungen der Deutschen Morgenländischen Gesellschaft)

ā, ī, ū	Langvokale
ḏ	wie in engl. mo*th*er
ǧ	wie in engl. *j*ob
ġ	wie in *R*and
ḥ	stark gehauchter *h*-Laut
ḫ	wie in Bu*ch*
q	kehliger *k*-Laut
r	gerolltes Zungen-*r*
š	wie in *Sch*immel
ṯ	wie in engl. *th*ree
z	stimmhafter *s*-Laut wie in *S*and
ḍ, ṣ, ṭ, ẓ	sog. emphatische, mit Anspannung des Sprechapparats am Gaumen gebildete Laute
ʾ	Stimmabsatz wie in ʾaufʾessen
ʿ	mit verengtem Schlund gepresster Knarrlaut

Lexikon

Admiral

(Nhd.) *Admiral* geht über Zwischenstufen zurück auf (ar.) *amīr*, abgeleitet von dem Verb *amara* ›befehlen‹. *Amīr* ›militärischer Befehlshaber‹ war vermutlich schon zu Lebzeiten des Propheten Mohammed die Bezeichnung der Leiter der Militärexpeditionen bei der islamischen Expansion. Als Provinzgouverneure verwalteten diese in der Folgezeit die eroberten Gebiete im Auftrag des Kalifen (s. Sultan), der sich selbst *amīr al-mu'minīn* ›Befehlshaber der Gläubigen‹ nennen ließ. Zur Zeit der Abbasidenkalifen lockerte sich das Gefüge des Reichs: Nachdem sich schon 756 der Umaiyade ʿAbd ar-Raḥmān I. als *amīr* (Emir) auf der spanischen Halbinsel vom Kalifen unabhängig gemacht hatte, traten in den folgenden Jahrhunderten selbst ernannte Emire auf, gegen die der Kalif oft nichts weiter tun konnte, als sie großzügig in ihrem gewaltsam erlangten Amt zu bestätigen. Seit dieser Zeit war *amīr* zunehmend auch als Bezeichnung für allerlei mittlere und hohe militärische Ränge in Gebrauch. (1)

(Ar.) *amīr* wurde schon im 7. Jahrhundert ins byzantinische Griechisch entlehnt, wo mit *amīr*, *amirās*, *amirátos* und *amiraios* vorwiegend die entsprechenden Titel der Muslime wiedergegeben wurden. Offenbar aus den griechischen Formen ist (mlat.) *amiratus* abgeleitet, das Anfang des 9. Jh.s erstmals in den fränkischen Annalen belegt ist: Im Abschnitt über das Jahr 801 wird dort berichtet, wie Karl der Große in Pisa Gesandte des Kalifen Hārūn ar-Rašīd empfängt, die ihm ankündigen, dass einer seiner eigenen Botschafter, der Jude Isaak, sich auf dem Rückweg von Bagdad befände. Er habe allerdings ein Geschenk bei sich, das übers Meer transportiert werden müsse, den Elefanten Abū ʿAbbās (der im folgenden Jahr tatsächlich nach Aachen gelangte). Einer dieser Gesandten wird vorgestellt als Abgesandter des *amiratus* Abraham aus Nordafrika. Tatsächlich regierte seit 800 ein von Hārūn eingesetzter *amīr*, Ibrāhīm ibn al-Aġlab, der Begründer der Aghlabidendynastie, in der Provinz Ifrīqiya (›Afrika‹) im Gebiet um Tunis. In den folgenden Jahrhunderten erscheint dann das mittellateinische Wort zur Bezeichnung muslimischer Würdenträger in vielen Abwandlungen mit unterschiedlichen Endungen, *amiraldus*, *amiralius* usw.; 1010 ist zuerst ein (mlat.) *admiratus* belegt, dessen Wortform vermutlich an (lat.) *admirari* ›bewundern‹ angelehnt ist. (2)

Im altfranzösischen »Rolandslied« (um 1080) stehen die (pl.) *amiralz* dem muslimischen »König« in seinem Kampf in Spanien gegen das Heer Karls des Großen zur Seite; in der mittelhochdeutschen Bearbeitung des Lieds (um 1170) wird einer von ihnen *ad-mirate* genannt, mit ähnlichen mittelhochdeutschen Formen wird ebenfalls der muslimische Titel bezeichnet, und noch 1509 wird der (nhd.) *admiraldo* von Alexandria erklärt als der »oberost [oberste] im Land«. (3)

Der Bedeutungswandel zum ›Flottenkommandeur‹ hat sich über Sizilien vollzogen. Diese Insel, seit dem 6. Jh. unter byzantinischer Herrschaft, war im 9. Jh. von den aghlabidischen Emiren erobert worden, seit 947 herrschte in Palermo, relativ unabhängig, ein ursprünglich den Fatimidenkalifen verantwortlicher *amīr*. Als die Normannen 1072 Palermo eingenommen hatten, soll dort schon ein (mlat.) *amiratus* eingesetzt worden sein. In der arabisch-griechisch-normannischen Mischkultur, die in den folgenden Jahrzehnten entstand, war *amiratus* dann ein hoher Titel. Der Grieche Georg von Antiochia, der zuerst in Nordafrika bei einem muslimischen Herrscher gedient hatte, wurde 1124 zum *amiratus amiratorum*, und damit zum höchsten Würdenträger im Staat ernannt. Ihm wurde 1131 auch der Oberbefehl über Flottenexpeditionen übertragen. 1178 wird ein Walterius de Moac dann »*admiratus* der königlichen Flotte des Normannenreichs« genannt. (Mlat.) *admiratus* ohne erklärenden Zusatz in der Bedeutung ›Flottenkommandeur‹ hat sich dann über die Genuesen verbreitet, die im 13. Jh. in der Flotte von Kaiser Friedrich II. hohe Ränge bekleideten; 1226 wird in den genuesischen Annalen erstmals ein *amiratus* in diesem Sinn erwähnt. Da die genuesische Flotte französische Kreuzritter nach Palästina transportierte, gelangte der Titel auch nach Frankreich, ein genuesischer Flottenführer wurde 1248 als »*admiratus* ... regis Francorum« bezeichnet; (frz.) *amiraut* (*du roi*) ›Admiral des Königs‹ ist offenbar erstmals 1268 belegt. In dieser Bedeutung taucht aus dem Französischen entlehntes (frnhd.) *ammiral* 1388 in hanseatischen Urkunden auf; die Form mit *d*-, die sich im Deutschen durchsetzte (»zweye gewafent schieffe mit sinen *admirallo*«, 1401) entstammt der eine Zeitlang in Frankreich gebräuchlichen Wortform *admiral*. In der Erklärung »generaloberst ... den man auff dem wasser oder meer *amer* oder *admiral* pflegt zu nennen«, ist 1566 erstmals die heutige Wortform belegt. (4)

(Nhd.) *Emir* für den arabischen Titel *amīr* ist seit dem 18. Jh. bezeugt: »*Emir* heist auf Arabisch ein Fürst, ein Ober-Herr oder Befehlshaber« (1734). (5)

(1) Wehr 40 ff.; EI (*amīr, amīr al-mu'minīn, ʿAbd al-Raḥmān*); (2) Reallex. Byz. 405; Pellegrini Ric. 97 ff.; MLW (*amiraldus*); Annales Laurissenses et Einhardi, MGH (SS) I,190; EI (*Ibrāhīm b. al-Aghlab*); Tazi 184 ff.; (3) Rey (*amiral*); Chanson de Roland, z. B. 3140; DWB² (*Admiral*); (4) Pellegrini Ric., Tazi (a. a. O.); LM (*Sizilien, Georg v. Antiochia, Admiratus, Amiral de France*); Tobler/L. (*amiral*); DWB² (a. a. O.); (5) Zedler (*Emir*).

Alchimie

Unter *Alchimie* im engeren Sinn versteht man das Bestreben, aus unedlen Metallen mit Hilfe komplizierter Verfahren Gold bzw. Silber zu machen.

Die Vorformen der späteren arabischen und europäischen Alchimie entstanden in den Jahrhunderten um Christi Geburt im Raum des damaligen Wissenschaftszentrums Alexandria in Ägypten, wo die verschiedensten religiösen, philosophischen und technischen Einflüsse aufeinander stießen. Diese Anfänge der Alchimie wurden schon früh mit legendären Personen in Zusammenhang gebracht, etwa »Maria der Jüdin«, auf die später die Technik des Wärmens im Wasserbad, (frz.) »bain-marie«, zurückgeführt wurde, oder »Hermes Trismegistos«, dem es gelungen sein soll, ein Glasröhrchen ›hermetisch‹ abzuschließen. Konkret fassbar wird aber erst die Person des Zosimos aus Panoplis (um 300 n. Chr.), von dem einige Fragmente erhalten sind. Bei ihm findet sich auch zuerst die Bezeichnung dieser Kunst, (gr.) *chêmeía* (gesprochen *chimeia*), aber, einer syrischen Version zufolge, wohl auch *chymeía.* Er selbst führt sie auf einen angeblichen Gründer *Chýmês* (*Chêmês*) zurück; tatsächlich ist die Herkunft des Wortes ungeklärt: Je nachdem, welche Schreibform man zugrunde legt, wird es entweder von (gr.) *chýma* ›Metallguss, Barren‹ u. a. abgeleitet oder auf einen Namen für Ägypten zurückgeführt, der bei dem griechischen Geschichtsschreiber Plutarch (um 100 n. Chr.) in der Form *Chêmía* bezeugt ist, und selbst über das koptisch-ägyptische *kême*, *chêmi* ›Schwarzland, Ägypten‹ (wohl wegen der fruchtbaren Nilerde) und *kame*, *chemi* ›schwarz‹ auf (äg.) *km* ›schwarz‹ zurückgeht. In diesem Fall wäre die alchimistische Kunst also nach ihrem Herkunftsland benannt. Aber auch ein koptischer Begriff für ›Schwärzung‹ als eine der für notwendig gehaltenen Operationen bei der angestrebten Metallumwandlung könnte ihrer Bezeichnung zugrunde liegen. Die Vorstellung der Alchimisten lässt sich nämlich etwa so zusammenfassen: Die Metalle reifen lange in der Erde, bis sie ihre vollkommenste Form, das Gold, erreichen. Der Alchimist versucht nun diesen Prozess künstlich und beschleunigt ablaufen zu lassen. Dazu muss ein unedles, »krankes« Metall zum richtigen Zeitpunkt, der beispielsweise durch die Konstellation der Gestirne bestimmt wird, möglichst mit Hilfe eines Elixiers (s. d.) durch verschiedene Verfahren wie die »Schwärzung« zuerst auf eine »Urmaterie« zurückgeführt werden, bevor es dann zu Gold (oder Silber) umgewandelt werden kann. (1)

Die Araber sind mit dieser Kunst vielleicht schon bei der Eroberung Alexandrias im Jahr 642, auf alle Fälle aber über Traditionen in Ägypten und Syrien in Berührung gekommen. Einen interessanten Hinweis liefert der Bericht eines Gesandten des Kalifen al-Manṣūr (754–775) am byzantinischen Hof, den der Geograph Ibn al-Faqīh (9. Jh.) wiedergibt. Demnach hat der »byzantinische König« selbst dem arabischen Gesandten vorgeführt, wie man aus Blei und Kupfer durch die Beigabe eines weißen bzw. roten Pulvers, offenbar eine Art Elixier, Silber und Gold herstellen kann. Der beeindruckte Gesandte erstattete Bericht beim Kalifen, der darauf beschloss, sich mit dieser wertvollen Wissenschaft, (ar.) *al-kīmiyā'*, näher zu befassen. Der Begriff muss schon bald darauf populär geworden sein, denn der Philosoph und Arzt al-Kindī (gest. nach 870) gebraucht ihn in der Wendung »*Kīmiyā'* al-ʿiṭr« (›Kunst des Parfüms‹) im Titel seines Buchs über Herstellung und Fälschung von Parfümen (s. Ambra) schon in einem erweiterten Sinn; später kann (ar.) *kīmiyā'* dann gelegentlich auch eine Art Elixier bezeichnen. Wie seinerzeit in Alexandria wurde die (ar.) *al-kīmiyā'* als Goldmacherkunst mit mythischen Gründergestalten und Legenden versehen. In der Realität gab es auch eine eher empirisch ausgerichtete Forschungsrichtung, die der Möglichkeit der Transmutation, also der Umwandlung in Gold oder Silber, skeptisch gegenüberstand. In der Beschäftigung mit ihrem Gegenstand gelangen der Alchimie jedenfalls zahlreiche Verbesserungen an Verfahren wie der Destillation und manche Entdeckungen wie beispielsweise die Sublimierfähigkeit des Salmiaks. (2)

Erhaltene Fragmente der alexandrinischen Alchimie wurden in Byzanz gesammelt; die westlichen Europäer lernten die Alchimie aber über Araber kennen: Das Wort (mlat.) *alchimia* (›Kunst der Metallumwandlung‹) ist zuerst belegt in der 1134–45 in Spanien angefertigten und unter dem Titel »Tabula Smaragdina« erschienenen Übersetzung eines arabischen Textes, in welchem Hermes Trismegistos einen Schüler in das Geheimnis der Schöpfung einweiht. Die Übersetzung solcher Schriften führte dazu, dass sich nun auch in Europa alchimistisches Denken und Forschen ausbreitete. In diesem Rahmen wurden beiläufig neue Stoffe entdeckt wie die Salz-, Schwefel- und Salpetersäure, möglicherweise auch der Alkohol (s. d.). Ab dem Ende des 13. Jh.s begann sich die Alchimie der Medizin anzunähern (s. Elixier); dies führte dazu, dass nun auch Alkohol oder Mineralien in Rezepten der Medizin verwendet wurden, eine Entwicklung, die in der sogenannten »Iatrochemie« (›Arztchemie‹) des schweizerisch-deutschen Arztes Paracelsus (1493–1541) mündete. (3)

Im Mittelhochdeutschen wird unter *alchimîe* um 1280 eine nützliche Kunst verstanden; 1494 wird (frnhd.) *alchemy* allerdings von Sebastian Brant im »Narrenschiff« auch schon als »falsch und bschiss« gekennzeichnet; 1716 ist dann die heutige Schreibweise *Alchimie* (ab dem 19. Jh. häufiger auch *Alchemie*) belegt. 1644 ist nun aber im Deutschen erstmals auch die Rede von einer »*Chimia*, welche der metallen und Mineralien Eigenschaft … untersuchet«. Diese neue Wortform ist ein Jahrhundert zuvor entstanden: Humanistisch gebildete Gelehrte wollten damals gegenüber den angeblichen oder wirklichen Entstellungen im arabisch beeinflussten Mittelalter die Reinheit der antiken Lehren und damit auch die ursprünglichen Wörter wiederherstellen. Da es bekannt war, dass *al-* der arabische Artikel ist, gebrauchte nun beispielsweise der Züricher Gelehrte Conrad Gesner 1552 vorwiegend eine (artikellose) Wortform (nlat.) *chymia*, die wohl der alten griechischen entsprechen sollte. Er kannte allerdings offenbar auch schon eine im byzantinischen Griechisch erhaltene Form *chemia*, weniger wohl die offenbar seltenen mittellateinischen Formen *chemia*, *chymia* (13. Jh.). Im Rahmen der Entwicklung der neuzeitlichen Naturwissenschaft differenzierten sich dann die Wortformen aus: Die Formen ohne *Al-* standen etwa seit Robert Boyles »Sceptical *Chymist*« (1661) für die empirisch begründete Wissenschaft, die im Deutschen bis Ende des 18. Jh.s noch *Chymei*, *Chymie* genannt wurde (die heutige Form *Chemie* ist erstmals 1773 belegt). Die alten Formen mit *Al-* wurden demgegenüber mehr und mehr angewendet, um eine spekulative Geheimwissenschaft oder ein als Betrügerei entlarvtes Handwerk zu bezeichen. (4)

(1) DNP (*Alchemie*); Rey (*bain*); Kluge (*hermetisch*); Liddell/Scott 2013, 1990; E. Schwyzer, Griech. Gramm., Hdb. d. Altertumswissensch., I,1,1, 1968, 186; Frisk II,1124; Plutarch 364c = Isis u. Osiris 33; Herodot II,12; W. Westendorf, Kopt. Handwörterbuch, 1977, 64; EI (*kīmiyāʾ*); LM (*Alchemie*); (2) EI (a. a. O.); Vernet 99; G. Strohmaier, Von Demokrit bis Dante, 1996, 365–375; Garbers 1; WKAS I,512–516; Tazi 106 ff.; Brock 15 ff.; LM (*Salmiak*); (3) MLW (*alchimia*); Arveiller 313; Vernet 168 ff.; Brock, LM (a. a. O.); (4) DF², DWB² (*Alchimie*); Tazi 113; DF² (*Chemie*); Rodinson, Fasz. Islam 49; Dilg, 367 ff.; Brock 19 f.; Thesaurus Evonymi Philiatri, 5 f.; Arveiller 310; MLW (*chemia*); Cobb 114 ff.

Algebra

(Nhd.) *Algebra*, im herkömmlichen Sinn die Lehre von den Gleichungen in der Mathematik, lässt sich zurückführen auf den Titel eines Buchs des persisch-arabischen Gelehrten Muḥammad ibn Mūsā al-Ḫuwārizmī (gest. um 847) (s. Algorithmus): (Ar.) »al-Muḫtaṣar fī ḥisāb *al-ǧabr wa-l-muqābala*« (›Abriss der mathematischen Operationen Einrenken und Gegenüberstellen‹). Mit diesen beiden

Begriffen bezeichnet al-Ḫuwārizmī zwei wesentliche Operationen zum Lösen von Gleichungen. Sie werden zwar bei dem griechischen Mathematiker Diophantes von Alexandria (um 250 n. Chr.) schon ähnlich definiert, das Neue aber ist, dass al-Ḫuwārizmī sie nun in praxisnahen Rechenoperationen innerhalb des erst kurz zuvor übernommenen indischen Zahlensystems anwendet (s. Ziffer). Zu Beginn seines Buchs gibt er ein einfaches Beispiel: Ausgangspunkt ist die Gleichung: Ein *māl* ist gleich vierzig »šai'« weniger vier »*māl*« (wobei »māl«, eigentlich ›Vermögen‹, hier offenbar das Quadrat der Unbekannten und »šai'«, ›etwas, Sache‹, die Unbekannte bezeichnet). Diese Gleichung wird durch *ǧabr* (Beseitigung des negativen Glieds durch Addition auf beiden Seiten) umgewandelt in: Fünf »māl« ist gleich vierzig »šai'«. Daraus folgt: Ein »māl« ist gleich 8 »šai'« usw. In heutiger Schreibweise also etwa:

$$1\,x^2 = 40\,x - 4\,x^2$$
$$5\,x^2 = 40\,x$$
$$x^2 = 8\,x$$

In den Gleichungen, die al-Ḫuwārizmī in der Folge behandelt, bedeutet dann *muqābala* die Vereinfachung durch (Gegenüberstellung und) Zusammenfassung gleichwertiger Glieder, also beispielsweise den Übergang von

$$50 + x^2 = 29 + 10\,x \quad \text{zu}$$
$$21 + x^2 = 10\,x$$

Das Verb (ar.) *ǧabara* mit dem Infinitiv *ǧabr* wird vor allem im medizinischen Bereich gebraucht und hat dort die Bedeutung ›Einrichten verrenkter oder gebrochener Knochen‹. Die bildliche Übertragung auf den Bereich der Mathematik hängt offenbar damit zusammen, dass negative Glieder in der Gleichung unerwünscht waren. In seiner medizinischen Bedeutung ist das Wort allerdings auch im Mittelalter in Europa übernommen worden, in der Form *algebra* (mit arabischem Artikel *al-*) taucht es Mitte des 13. Jh.s im Umkreis der Medizinschule von Salerno bei Neapel und Ende des 15. Jh.s im Spanischen auf. (1)

Im 12. Jh. wurden in Toledo in großem Umfang arabische wissenschaftliche Schriften übersetzt. In diesem Rahmen übertrug Robert von Chester (Robert von Ketton), der auch schon den Koran (s. d.) übersetzt hatte, 1145 den ersten Teil des Werks von al-Ḫuwārizmī unter dem Titel (mlat.) »Liber *algebrae et almucabola*« ins Lateinische; eine verbesserte Übersetzung unter dem Titel »De *jebra et almucabola*« verfasste etwas später Gerhard von Cremona. 1202 wird die Gleichungslehre in Leonardo von Pisas »Liber ab(b)aci« über das praktische Rechnen mit den indisch-arabischen Zahlen (s. Ziffer) »(compositum) *elgebre et elmuchabale*« genannt. Der Mathematiker Raffaelo Canacci aus Florenz bezeichnet die Disziplin dann im 14. Jh. einfach als (mlat./it.) *algebra*. (2)

Eine vermutlich um die Mitte des 15. Jh.s entstandene lateinische, in Teilen aber auch deutsch geschriebene Rechenanleitung trägt den Titel »*regule cose* vel *algobre*«. Die Formulierung geht aufs Italienische zurück. Mit »arte« bzw. »regola della *cosa*« wurde dort (mlat.) »ars« (›Kunst‹) »rei et census« wiedergegeben. Dies wiederum ist eine lateinische Bezeichnung der neuen Disziplin: (Lat.) »res« ›Sache‹ (it. *cosa*) steht dabei für (ar.) »šai'«, (lat.) »census« für (ar.) »māl«. 1461 heißt es in der Übersetzung eines Auszugs aus der Algebra des al-Ḫuwārizmī unter Anspielung auf deren mittellateinischen Titel: »Machmet in dem puech [Buch] *algebra und almalcobula*, hat gepruchet dise wort, census, radix, numerus«. 1489 wird dann in einem Rechenbuch von der »Regel *Algobre* ader *Cosse*«, 1562 von der »sinnreichen regel *algebre* oder *coß*« gesprochen. (Nhd.) *Coß* gibt (it.) *cosa* wieder, die neue Gleichungslehre wurde in der Tat im 16. und 17. Jh., dem Italienischen folgend, vielfach als »Regel *Coß*« bezeichnet; unveröffentlichte Schriften von Adam Ries(e) (gest. 1559) wurden 1664 unter dem Titel »*Coß*« publiziert. Mit dem Ausdruck »die edle Algebra« in einem Mathematikbuch von 1636 beginnt sich schließlich die heutige Wortform durchzusetzen. (3)

(1) EI (*al-djabr wa 'l-muḳābala, al-Kh^{w}ārazmī, riyāḍiyyāt*); J. Ruska, Zur ältesten arabischen Algebra, 1917, 7ff.; Vernet 135ff.; Wehr 163; Katz 244f.; MLW; Corominas/P. (*algebra*); (2) EI, Vernet (a. a. O.); (3) DF² (*Algebra*); Tazi 128, 131f.; Vernet (a. a. O.); Schirmer 13; LM (*Mathematik*, 387); A. Riese, Coß, 1992.

Algorithmus

Unter *Algorithmus* versteht man seit dem 19. Jh. ein komplexes Verfahren nach vorab festgelegten Schritten, das vor allem in der Mathematik und neuerdings auch in der Datenverarbeitung beim Programmieren angewendet wird. Das Wort hat seinen Ursprung in dem Beinamen (ar.) *al-Ḫuwārizmī*, unter dem der Mathematiker und Astronom Abū Ǧaʿfar Muḥammad ibn Mūsā (gest. um 847) bekannt wurde, da er aus der schon von dem griechischen Geschichtsschreiber Herodot um 430 erwähnten Landschaft *Choresmien* (ar. *Ḫuwārizm*) zwischen Kaspischem Meer und Aralsee stammte. (1)

Al-Ḫuwārizmī war nach Bagdad gekommen und arbeitete dort vermutlich einige Zeit in dem vom Kalifen al-Maʾmūn (813–833) gegründeten »Haus der Weisheit«, wo wissenschaftliche Werke vor allem aus dem Griechischen übersetzt wurden. Von seinen Büchern zu verschiedenen Themen wurden für Europa besonders wichtig seine Abhandlung über die Gleichungen (s. Algebra) und ein Buch über das Rechnen mit indischen Zahlen. Dieses ist allerdings nur teilweise und auch nur in lateinischen Überarbeitungen erhalten, die etwa ab 1140 im Umkreis der Übersetzerschule von Toledo in Spanien entstanden sind.

Eine von ihnen beginnt mit den Worten »Dixit *Algorizmi*« (›Algorizmi sagte‹); eine andere trägt den Titel ›Liber *alg(h)o(a)rismi* de practica arismetrice« (›Buch des Algorismus über das Rechnen‹). Sie enthalten eine Einweisung in den Gebrauch der indischen Zahlen (s. Ziffer), die Operationen mit den Grundrechenarten und die Multiplikation von Brüchen, vor allem den auf die Grundzahl 60 bezogenen Sexagesimalbrüchen, die für die Winkelmessung in Geometrie, Astronomie und Geographie wichtig waren. Sie wurden auch in einfacheren trigonometrischen Operationen verwendet. (Die sphärische Trigonometrie in ihrer modernen Form wurde erst ein Jahrhundert nach al-Ḫuwārizmī entwickelt.) In diesem Zusammenhang ist mit größter Wahrscheinlichkeit auch der europäische mathematische Terminus *Sinus* als Bezeichnung des Verhältnisses von Gegenkathete und Hypotenuse bzw. Radius im rechtwinkligen Kreisdreieck entstanden: Die Araber hatten den entsprechenden indischen Begriff *jīvā* ›Bogensehne‹ wegen der lautlichen Ähnlichkeit irrtümlich mit (ar.) *ǧaib* (eigentlich ›Brusttasche, Tasche eines Kleidungsstücks‹) wiedergegeben; die Europäer übersetzten dann das arabische Wort mit dem etwa bedeutungsgleichen (lat.) *sinus.* (2)

Auf die ersten Darstellungen des Rechnens nach indisch-arabischer Art folgten bald weitere, in denen der entstellte Name von *al-Ḫuwārizmī* auftaucht. (Mlat.) *algorismus* u. ä. wurde so zur Bezeichnung des Rechnens mit dem neuartigen Zahlensystem; so heißt es beispielsweise Ende des 12. Jh.s in der anonymen mittellateinischen *algorizmus*-Schrift aus dem Kloster Salem am Bodensee (übersetzt): »die erste Art des Algorismus [*algorizmi*] wird Addition genannt«. Wer sich mit dieser Kunst beschäftigt, wird in derselben Schrift (mlat.) *algorista* genannt. In der Tat begann nun eine lange währende Auseinandersetzung der sogenannten Algoristen mit den Abacisten, den Anhängern der traditionellen Rechenweise auf dem Abakus, dem Rechenbrett mit Rechensteinen. Für das neue Verfahren sprach, dass es die mathematischen Operationen sehr erleichterte, die im Rahmen des wirtschaftlichen Aufschwungs Westeuropas und der wachsenden Handelsbeziehungen und Geldgeschäfte notwendig wurden. Dagegen sprach außer seiner argwöhnisch betrachteten Neuartigkeit, dass die dazu verwendeten Ziffern (s. d.), die aus den westarabischen, ab dem 10. Jh. über Spanien verbreiteten Zahlzeichen entstanden waren, lange Zeit in unterschiedlichsten Formen geschrieben wurden und so Verwechslungen oder Veränderungen in betrügerischer Absicht ermöglichten. Erst Ende des 15. Jh.s war die Schreibweise zur heutigen Form vereinheitlicht; in dieser Zeit hatten sich die indisch-arabischen Zahlen und die damit verbundene Rechenart schon weitgehend in Europa durchgesetzt, was auch der Verwendung des inzwischen verbilligten Papiers (s. Ries) und, seit Gutenbergs Erfindung, dem Buchdruck zuzuschreiben war. (3)

Dem ihnen unverständlichen mittelalterlichen Wort für das neue Rechnen versuchten die Humanisten offenbar einen Sinn zu geben, indem sie es mit (gr.) *arithmós* ›Zahl‹ bzw. (mlat.) *arithmetica* ›Rechenkunst‹ verbanden und so generell *algorithmus* schrieben; im Deutschen ist diese Wortform zuerst belegt 1525 im »capitl von gemeinem *algorithmo* der prüch [Brüche]« eines Rechenbuchs aus Straßburg. In der Folgezeit, als es nicht mehr notwendig war, den Unterschied des arabischen Zahlen- und Rechensystems zum mittelalterlich-römischen hervorzuheben, wurde (nhd.) *Algorithmus* eher in der Bedeutung von »Arithmetik« gebraucht und so beispielsweise 1732 in Zedlers »Universal-Lexicon« als »die vier Rechnungs-Arten in der Rechen-Kunst« erklärt. Ab dem 19. Jh. (belegt 1822) erhielt es dann allmählich seine heutige Bedeutung. (4)

(1) EI (*al-Khʷārazmī*); Herodot, III,117; (2) EI (*bayt al-ḥikma*, *ʿilm al-ḥisāb*); A. P. Juschkewitsch, Geschichte d. Mathematik,

1964, 186 ff., 198 f.; Vernet 137, 85; LM (*Mathematik*); Katz 274 ff.; Tazi 128; Schirmer 67; Mayrhofer III,211; Wehr 221; Rey, Oxford Lat. Dict. (*sinus*); (3) LM (*Rechenkunst*, *Zahlsysteme*); MLW (*algorismus*, *algorista*); Juschkewitsch 349 ff.; (4) MLW (*arithmeticus*); Rey (*algorithme*); Pfeifer, DWB[2] (*Algorithmus*); Tazi 133.

Alkali

(Nhd.) *Alkali* als chemischer Fachbegriff erscheint heute in der Zusammensetzung *Alkali*-Metalle für Lithium, Natrium, Kalium usw.; mit dem Plural *Alkalien* bezeichnet man die Hydroxide bzw. Basen, manchmal auch die Carbonate dieser Metalle; ihre Laugen, also ihre Lösungen in Wasser, reagieren *alkalisch* (basisch). (1)

Das Wort geht zurück auf (ar.) *(al-)qily*, das seinerseits wohl auf (syr.) *qelyā* beruht, aber schon früh ins Arabische gelangt sein muss, wie die Existenz des Verbs (ar.) *qalā* ›rösten‹ vermuten lässt. Dieser Bedeutung entspricht auch die von *qelyā* bzw. *qily*: ein Produkt aus »gerösteten« Pflanzen bzw. aus der Asche von salzhaltigen Strandpflanzen, also das, was in Europa seit dem Mittelalter Soda (s. d.) (Na_2CO_3) genannt wurde. Oft wird auch Pottasche (K_2CO_3) dabei gewesen sein, die vergleichbare Eigenschaften aufweist und schon bei den Römern und später in Europa auf analoge Weise aus Holz gewonnen wurde. Um 800 beschreibt der arabische Philologe al-Lait̠ die Herstellung von (ar.) *qily*: Bestimmte Pflanzen werden noch grün verbrannt, die Asche dann mit Wasser gelöscht und ausgelaugt. Das so gewonnene Produkt wurde, ähnlich wie das chemisch mit Soda identische, aber aus Salzablagerungen von Seen stammende (ar.) »naṭrūn« (s. Natron), vielfältig verwendet: zum Waschen der Kleidung, zur Herstellung von Glas und medizinisch gegen Hautkrankheiten und Wucherungen. (2)

Entlehnt aus (ar.) *qily* (mit Artikel *al-qily*), wohl aus einer umgangssprachlichen Form **al-qaly* des muslimischen Spaniens, erscheint (mlat.) *alcali*, *alkali* bereits in Texten, die vermutlich um das 12. Jh. in Spanien entstanden sind. In seinen *Synonyma*, einer Erklärung medizinischer Fachtermini, erklärt Simon von Genua um 1290 (mlat.) *kali* als arabischen Namen einer salzhaltigen Strandpflanze, aus der man durch Verbrennen *sal* (›Salz‹) *alkali* gewinne, das zur Glasherstellung gebraucht werde. Um diese Zeit ist auch ein umfangreicher Export dieser Ware aus Alexandria nach Venedig bezeugt. (3)

Im Deutschen erscheint (nhd.) *alkali*, *alcali* zuerst 1525 bei dem Arzt Paracelsus. Bei ihm erhält das Wort allerdings eine veränderte Bedeutung, er versteht darunter allgemein Salze, die durch Auskristallisierung gewonnen wurden; 1612 wird *alcali* als »saltz auß aller gebrandter materi« definiert. (Nlat.) *kali* ist dagegen in dieser Zeit ein Name für die Strandpflanzen, eine von ihnen nannte der Naturforscher Carl von Linné daher 1753 *Salsola kali*. Mitte des 17. Jh.s entdeckte van Helmont die Verschiedenheit von Salzen aus Säuren und Basen, 1706 wird demgemäß in einer Naturgeschichte die »Zusamenkunft … *alcalischer* und saurer Theilen« in manchen Mineralbädern festgestellt. Die Definition von *Alkali* als »laugenhafftig[es] Saltz« findet sich auch 1732 in Zedlers Lexikon; ansonsten wird dort unter *Alkali*, *Alcali*, so wie auch unter *Kali*, noch eine Strandpflanze und ihr Produkt »Soda, Sude« verstanden, das zur Seifen- und Glasherstellung gebraucht werde. Auch die angegebenen medizinischen Wirkungen von *Kali* entsprechen teilweise noch denen der Araber. (4)

Der Berliner Chemiker Andreas S. Marggraf, der Entdecker des Rübenzuckers (s. Zucker), fand Mitte des 18. Jh.s heraus, dass Soda und Pottasche zwei chemisch verschiedene Arten von *Alkali* sind; 1796 bewies Martin H. Klaproth die chemische Identität von (pflanzlichem) Soda und (mineralischem) Natron (s. d.); 1807 gelang es Humphry Davy, zwei unterschiedliche Elemente herzustellen, die von ihm, nach den Ausgangsmaterialien, Sodium und Potassium, in Deutschland dagegen Natrium und *Kalium* genannt wurden. Als Sammelbegriff für Kaliumsalze führte Klaproth den Begriff *Kali* ein. *Alkalien* im heutigen Sinn scheinen erstmals 1822 belegt, der Begriff *Alkalimetall* stammt aus Alexander von Humboldts »Kosmos« (1845). (5)

(1) Römpp 105; (2) Wehr 1055; EI (*ḳily*); Schmucker 358f.; Goltz 234; Plinius 31, 107; (3) Corominas/P., Corriente (*álcali*); Goltz 298ff., 234; MLW, Abkürzungsverz. 95; Latham 48; Arveiller 262f.; (4) DWB[2] (*Alkali*, *Alkalinisch*); Goltz 236f.; Marzell IV,38; (5) Römpp 2049; Hollemann/W. 1161; Pfeifer (*Kali*); DWB[2] (a. a. O.).

Alkohol

(Nhd.) *Alkohol* geht ursprünglich zurück auf (ar.) (*al-*)*kuḥl* ›(das) Augenpulver‹, ein Wort, das viele Verwandte in anderen semitischen Sprachen hat. Schon im 2. Jt. v. Chr. ist das akkadische und später das assyrische *guḫlu* belegt, ein wertvolles Kosmetikum zum Färben von Augenpartien, vermutlich mit schwarzer Farbe. Dieses Mittel war im Altertum sehr verbreitet; unter anderem Namen wird es bei den Ägyptern, Griechen und Römern erwähnt; ähnlicher Natur scheint aber auch das (aind.) *kajal* zu sein (eine Namensverwandtschaft mit *guḫlu* bzw. *kuḥl* ist allerdings nicht nachweisbar). Das Kosmetikum bestand aus fein zerriebenen Mineralien wie Antimontrisulfid (Grauspießglanz) oder Bleisulfid, in Ägypten wohl auch Malachit, denen, wie beim Kajal, vielfach Rußanteile beigemischt waren. Auch als medizinisches Mittel gegen Augenkrankheiten wurde es verwendet. (1)

Bei den Arabern war dieses Mittel schon in vorislamischer Zeit sehr verbreitet. Die Bezeichnung (ar.) *kuḥl* ist zwar erst um 700 belegt, geht aber indirekt aus Fügungen wie *kaḥala min ar-ramad* (›die Augenlider gegen Entzündung mit *kuḥl* bestreichen‹, um 600) oder dem Adjektiv *akḥal*, pl. *kuḥl* ›(blau)schwarz, schwarzäugig‹ hervor, mit dem vor allem die Augenfärbung der Gazelle (s. d.) beschrieben wurde (welche vielleicht ein Vorbild für das bei den Frauen übliche Schwärzen der Lider und Augenwinkel abgab). In der frühislamischen Dichtung ist dann (ar.) *kuḥl* vielfach bezeugt, beispielsweise in der Textstelle »und ihre Tränen waschen den *kuḥl* aus« von ʿUmar ibn Abī Rabīʿa (gest. 712). Als Augenheilmittel wird es von Ärzten seit Mitte des 9. Jh.s beschrieben. (2)

In Europa ist (mlat.) *alkool*, *alcohol* in der Bedeutung ›Antimonpulver‹ zuerst im sogenannten »Liber Sacerdotum« erwähnt, einer Rezeptsammlung aus byzantinisch-lateinischen, aber auch arabischen Quellen, die wohl in Spanien entstand und ungefähr auf das 12. Jh. datiert wird. Dem mittellateinischen Wort dürfte dabei am ehesten eine hispanoarabische Dialektform *al-kuḥúl* zugrunde liegen; im Spanischen ist *alcohol* erstmals 1278 belegt. In seiner medizinischen Bedeutung taucht (mlat.) *kohol* oder *alkohol* als »arabisches Wort« in einem mittellateinischen Kontext um 1290 in Italien auf; 1336 wird (mlat.) *alcohol* mit »feinstes Pulver für die Augen« erklärt. Bezeichnenderweise ist das Wort allerdings nie in der Bedeutung ›Augenkosmetikum‹ erwähnt: Die Sitte, das Pulver zum Hervorheben der Augen zu verwenden, wurde im christlichen Europa nicht übernommen. Sie setzte sich erst zu Beginn des 20. Jh.s allmählich durch, wobei sowohl die Frauenemanzipation als auch die Filmindustrie eine Rolle gespielt haben dürften. (3)

In der zweiten Hälfte des 15. Jh.s erklärt der italienische Arzt und Pharmazeut Saladin von Ascoli (mlat.) *alcohol* mit »feines Pulver«, »atomi« (kleinste Partikel bzw. Staub) im Sonnenlicht. In dieser allgemeinen Bedeutung, also unabhängig von der ursprünglich gemeinten Substanz, verwendet 1525 auch der Arzt Paracelsus *alkool.* 1527 gebraucht er dann erstmals die Wendung »*alco(h)ol* vini«, also ›Feinstes des Weins‹. Nun war der Alkohol im heutigen Sinn von ›reiner Weingeist‹ vermutlich im 12. Jh. durch verbesserte Destillationsverfahren im Rahmen alchimistischer Versuche (s. Alchimie) in Süditalien entdeckt worden. Um 1300 wurde er unter der Bezeichnung »aqua vitae« (›Lebenswasser‹, auch »aqua ardens« ›Wasser, das brennt‹, genannt) von dem katalanischen Arzt Arnald von Villanova als medizinisches Heilmittel empfohlen. 50 Jahre später ging der südfranzösische Franziskanermönch Johannes von Rupescissa noch weiter, er glaubte im »aqua vitae« eine mögliche »quinta essentia«, also eine Art wirksamer Grundsubstanz, ein Allheilmittel, zu sehen, das dem Elixier (s. d.) entspreche. 1507 spricht der Straßburger Arzt und Alchimist Hieronymus Brunschwig von der »suptillitet« der durch Destillieren gewonnenen »Quinta essentia des weinß«, und davon, dass sie »unmaterlicher« als der Wein sei. Vorstellungen dieser Art dürften ebenfalls dazu beigetragen haben, dass Paracelsus das Destillationsprodukt des Weines als »*alco(h)ol* vini« bezeichnete. (4)

Auch im 17. Jh. wurde das in Apotheken erzeugte und vertriebene Produkt noch »*Alcohol* vini« u. a. (1616 erklärt als »brantwein«) genannt. Im 18. Jh. begann sich dann, vielleicht nach französischem Vorbild, die zusatzlose Bezeichnung *Alkohol* durchzusetzen. Noch in Zedlers Lexikon von 1732 hat sie allerdings nicht nur die Bedeutung »hochrektifizierter Spiritus, der … gleich brennet«, sondern auch noch »ein sehr zartes und gleichsam unbegreifliches Pulver«. Im 19. Jh. führte die Entdeckung dem Alkohol verwandter Stoffe dazu, dass im chemischen Bereich der Fachbegriff der Gruppe der *Alkohole* geprägt wurde, von denen einer der nunmehr *Äthylalkohol* (heute *Ethanol*) genannte Weingeist ist. Etwa gleichzeitig begann das Wort *Alkohol* im allgemeinen Sprachgebrauch nicht mehr nur den Spiritus und den Branntwein zu bezeichnen, der etwa seit dem 16. Jh. als Getränk genossen wurde: In dem Zitat »alle bei Säufern … vorkommenden … Leiden [sind] Folgen des Missbrauchs des *Alkohols*« (1852) sind vielmehr bereits jegliche alkoholische Getränke gemeint. (5)

(1) Wehr 1090; v. Soden 296; I. J. Gelb, Th. Jacobsen u. a., The Assyrian Dictionary, 1956, 125; Ohloff 45 f.; Panati 158 f.; Faure 160 f.; Periplus 208 f.; DNP (*Kosmetik*); Mayrhofer III,45; Lüschen 171; Plinius 33,101 f.; Make-up, Aus d. Geschichte d. dekorat. Kosmetik, Hrsg. V. Burhenne, 12; (2) WKAS I,71 ff., 549 ff.; EI, Schönig (*kuḥl*); (3) Goltz 298 ff., 238 f.; MLW, Abkürzungsverz. 95; Corominas/P. (*alcohol*); Tazi 116; Arveiller 326 ff.; Make-up 22 f.; (4) Dilg 362; DWB² (a. a. O.); LM (*Alkohol*); Braudel I,255 f.; Montanari 148; Brock 18, 32; Brunschwig, Liber de arte Distillandi de Compositis, 1507, XIᵛ; Ohloff 255; (5) DWB², DF², Kluge (*Alkohol*); Trésor (*alcool*); Römpp 1226 ff.

Alkoven

Alkoven ist die Bezeichnung für eine Bettnische bzw. einen fensterlosen kleinen Schlafraum, der meistens durch einen Vorhang vom eigentlichen Schlafzimmer abgetrennt ist. In Deutschland waren solche Alkoven im 18. Jh. vornehmlich in luxuriöseren Wohnungen üblich.

Ursprung des Worts ist (ar.) *(al-)qubba*. In den frühislamischen Traditionen über den Propheten Mohammed ist des öfteren von einer roten *qubba* die Rede – offenbar ein herrschaftliches Rundzelt in der Tradition der Beduinen –, aber auch von edelsteinbesetzten *qubbas*, die im Paradies stünden. 682/683 n. Chr. bezeichnet das Wort in den Inschriften des Felsendoms von Jerusalem dann das Gebäude selbst, das aus einer Kuppel auf relativ flachem Unterbau besteht. Mit ihr wollte der Kalif ʿAbd al-Malik vermutlich die Kuppel der christlichen Anastasis-Kirche aus der Zeit Konstantins des Großen am Ort der heutigen

Grabeskirche übertrumpfen – ähnlich wie viele Jahrhunderte später der osmanische Baumeister Sinān (gest. 1588) seine prachtvollen Moscheen in Auseinandersetzung mit dem Kuppelbau der byzantinischen Hagia Sophia in Konstantinopel konzipierte; Kuppeln galten im übrigen vielfach als Himmelssymbole (s. Baldachin). (Ar.) *qubba* jedenfalls bedeutet also in früher islamischer Zeit ein durch seine runde Form bestimmtes herrschaftliches Zelt bzw. Bauwerk. Etwa ab dem 10. Jh. werden mit *qubba* dann die Kuppelbauten bezeichnet, die man über Gräbern von vornehmen Personen oder – insbesondere in Nordafrika – von Heiligen errichtete (s. Marabu). In der Folgezeit kann unter *qubba* auch ein baldachinartiger Schirm als Herrschaftssymbol verstanden werden. (1)

Im westlichen Europa wurde das Wort anfangs in seiner ersten Bedeutung übernommen: Im 12. Jh. bezeichnet (afr.) *aucube* (aus ar. *al-qubba*) ein vermutlich kostbares Zelt im Heerlager. In dieser Bedeutung gebraucht auch Wolfram von Eschenbach um 1218 ein davon abgeleitetes *ekub*. Der Übergang zur heutigen Bedeutung hat sich dann im islamischen Spanien vollzogen. Angeregt durch überwölbte Nischen in Moscheen (s. d.) und vor allem im Hamam (s. d.), durch Räume mit Kuppeln und andere bauliche Eigentümlichkeiten, haben sich offensichtlich überwölbte Bettnischen herausgebildet, die vom Enzyklopädisten an-Nuwairī (gest. 1333) ebenfalls als *qubba* bezeichnet werden. Die christlichen Spanier übernahmen diese Neuerung unter der Bezeichnung (sp.) *alcoba* (aus dialektalem ar. *al-qúbba*). Das spanische Wort taucht in dieser Bedeutung im 16. Jh. auf, es ist aber schon seit dem 13. Jh. vornehmlich als ›Kuppel‹ belegt. (2)

Bettnischen waren im übrigen Europa nicht unbekannt. Michel de Montaigne beispielsweise beklagt sich 1582 über die dürftigen »pavillons« in Florenz. Die Tatsache aber, dass im 17. Jh. zuerst in Frankreich (*alcôve*, 1646) und Italien (*alcova*, 1658) Bezeichnungen für sie auftreten, die von (sp.) *alcoba* abgeleitet sind, zeigt, dass die Verbreitung zu einer Mode im europäischen Wohnungsbau offenbar von Spanien ausging. (3)

In Deutschland haben italienische Baumeister 1665–67 Alkoven in Zimmer der Münchner Residenz eingebaut. Das Wort selbst ist etwas später belegt: 1699 heißt es in einem Buch über Baukunst: »Die schönste und bequemste Eintheilung der Schlaf-Gemächer ist, wenn sie mit *Alcoven* [pl.] gemacht werden«; Anfang des 18. Jh.s ist dann die Rede von *Alcova* oder *Alcove*. Die heutige Wortform erscheint 1762 in einer Beschreibung der Hadriansvilla bei Rom durch den Kunsthistoriker Johann Joachim Winckelmann, der in manchen Zimmern dieser Villa Nischen zum Schlafen vermutet, »welche anstatt des Alkoven gewesen«; das End-*n* in *Alkoven* könnte dabei im neuhochdeutschen Sprachgebrauch durch Anlehnung an (ndd.) »Koven«, (nhd.) »Koben« (›kleiner Verschlag für Tiere‹) entstanden sein. (4)

(1) EI (*ḳubbat al-ṣakhra*, *ḳubba*, *miẓalla*, *Sinān*); Wehr 994; A. J. Wensinck u. a., Concordance … de la tradition Musulmane V, 1965, 220f.; Cardini 77f.; O. Mazal, Hdb. d. Byzantinistik, 1989, 155; LM (*Islamische Kunst*); Dozy II,297; (2) Tobler/L. (*aucube*); Willehalm 197,11, 316,7; EI (*ḥammām*); Corominas/P., Corriente (*alcoba*); (3) Feulner 50, 66; Montaigne 85; Rey (*alcôve*); Cortelazzo/Z. (*alcova*); (4) Residenz München, Amtlicher Führer, 1937, 19, 130ff.; DF^2, Pfeifer, Kluge, Adelung (*Alkoven*).

Amalgam

Amalgame sind Legierungen einiger Metalle mit Quecksilber, die je nach Mischungsverhältnis und Zustand in flüssiger, plastischer oder fester Form auftreten. Dem Wort (nhd.) *Amalgam* liegt ursprünglich (gr.) *málagma* zugrunde, in der Antike ein medizinischer Fachausdruck für bestimmte mit Pflanzenextrakten u. a. gefüllte Pflaster, die, wohl meist heiß aufgetragen, zum »Erweichen« benutzt wurden. In einem Fragment des ägyptischen Alchimisten Zosimos (Ende 3. Jh.) wird allerdings ein (gr.) *málagma* erwähnt, das von »Kupfer gelb gefärbt« ist, wahrscheinlich also eine Kupfer-Quecksilber-Legierung. Diese Verwendung des Begriffs in der Alchimie (s. d.) erklärt sich vermutlich dadurch, dass Quecksilber das jeweilige Metall in der entstehenden Legierung tatsächlich zu »erweichen« scheint. In der arabischen Zosimostradition erscheint nun (vermutlich vermittelt über syr. *mālagmā*) erstmals (ar.) *malġam* im Zusammenhang mit Metallmischungen, jedoch in nicht ganz klarer Bedeutung. In alchimistischen Schriften aus dem 9. Jh. wird dann deutlich, dass mit *malġam* eine Quecksilberverbindung und mit den daraus gebildeten Verbalsubstantiven *ilġām* und *talġīm* der Prozess des Amalgamierens gemeint sind. In seiner Schrift »Über die beiden Edelmetalle Gold und Silber« beschreibt der südarabische Autor al-Hamdānī (gest. 945), allerdings ohne die Termini *malġam/ilġām/talġīm* zu gebrauchen, wie man durch Ausdrücken des Amalgams in einem Lederbeutel das Quecksilber wieder vom Gold entfernen kann. Bei ihm wird auch dargestellt, wie man Gold aus goldhaltigem Sand oder feingemahlenen Erzen durch Amalgamieren mit Quecksilber herausfiltert, eine Technik, die wohl schon früher bekannt war, 1154 dann von dem Geographen al-Idrīsī für Westafrika bezeugt ist und auch in der Neuzeit häufig angewendet wurde, etwa zur Silbergewinnung in den spanischen Kolonien Lateinamerikas (in der Gegenwart verwenden sie immer noch Goldsucher im Amazonasgebiet – mit entsprechenden Folgen für Natur und Mensch durch das giftige Quecksilber). Al-Hamdānī erwähnt auch die Feuervergoldung (das zu vergoldende Teil wurde mit Amalgam bestrichen; durch anschließendes Erhitzen verflüchtigte sich dann der Quecksilberanteil); der Universalgelehrte al-Bīrūnī spricht ein Jahrhundert später von (pl.) *malāġim aḏ-ḏahab* (›Goldamalgamen‹), mit denen man eiserne Harnische und Helme vergolden könne. (1)

Im Mittellateinischen taucht *amalgama* (aus ar. *al-malġama*) in den Übersetzungen arabischer alchimistischer Schriften zuerst im 13. Jh. auf. Eine Textstelle enthält ein Rezept, um ein (mlat.) *amalgama* aus Blattgold und Quecksilber herzustellen, in einer anderen wird *amalgama* mit dem »Stein der Weisen«, dem Elixier (s. d.), gleichgesetzt. Diese Bedeutung, die wohl entstand, weil man gelegentlich Amalgame im Transmutationsprozess zur Herstellung künstlichen Goldes einzusetzen versuchte, scheint jedoch selten; im allgemeinen ist mit *amalgama* eine Quecksilberlegierung gemeint, die ähnlich wie im islamischen Kulturraum verwendet wurde. (2)

Im Neuhochdeutschen ist *amalgama* zuerst bei dem Arzt Paracelsus (gest. 1540) belegt, in einer Anleitung, in der offenbar gemahlenes Kupfererz vorausgesetzt wird, schreibt er: »Das quecksilber leg in ein … liderin sack, druks durch, so findestu ein *amalgama* dahinden. Das … laß abriechen [durch Erhitzen verflüchtigen?] so findestu ein … guts reins kupfer do«. Die heutige Wortform *Amalgam* scheint erstmals 1594 bezeugt, setzte sich jedoch erst im 19. Jh. durch. In übertragener Bedeutung wird *Amalgam(a)* seit Ende des 18. Jh.s gebraucht: »übrigens wird es künftig ein wunderlich *amalgam* geben, da so viele Franzosen und Engländer deutsch lernen«, schreibt Goethe 1798. (3)

Heute ist *Amalgam* vor allem aus der Zahnmedizin bekannt; Zahnfüllungen aus Amalgamen haben den Vorteil, dass sie in frisch bereitetem Zustand plastisch sind und dann aushärten. Es besteht allerdings, vor allem bei den früher häufiger verwendeten Kupferamalgamen, die Gefahr, dass im Laufe der Zeit durch Abrieb elementares Quecksilber in Dampfform vom Organismus aufgenommen werden kann. (4)

(1) Römpp 145; Hollemann/W. 1380f.; Liddell/Scott 1076; J. Ruska, Tabula Smaragdina, 1926, S. 30f.; Tazi 118ff.; WKAS II,901ff.; D. Goltz, J. Telle, H. J. Vermeer, Der alchemist. Traktat ..., 1977, 52ff.; Toll 28. 248ff.; Idrisi I. Klima, 8. Sekt. = I,66f.; Lombard, Blütezeit 118f.; Lettre International, Europas Kulturzeitung 69, 98; (2) MLW (*amalgama*); LM (*Amalgam*); (3) DWB², R. Hiersche, Dt. etym. Wörterbuch, 1986 (*Amalgam*); (4) Hollemann/W. (a. a. O.).

Ambra

Ambra ist das krankhafte Stoffwechselprodukt aus dem Darm von Pottwalen, das in meistens grauen Klumpen gelegentlich an das Meeresufer angeschwemmt wird und nach einiger Zeit der Lagerung einen angenehmen Duft entwickelt. (Ar.) *ʿanbar* ist bereits in der vorislamischen Dichtung belegt und gilt als Fremdwort ungeklärter Herkunft. Bei den frühislamischen Dichtern taucht *ʿanbar* häufig auf, oft zusammen mit Moschus, einem ähnlichen tierischen Duftstoff, der aus Zentralasien stammt. Beider Duft war auch in der Folgezeit sehr geschätzt: Im »Parfümbuch« des Gelehrten al-Kindī aus Bagdad (gest. um 870) ist die Ambra Bestandteil zahlreicher Mischungen; sie wurde aber auch – oft zusammen mit Moschus und Rosenwasser – verwendet, um Speisen zu parfümieren. Außerdem wurden ihr medizinische Wirkungen wie Stärkung von Herz und Gehirn zugeschrieben. Man diskutierte auch, ob Ambra am Meeresboden gebildet werde oder Exkrement eines Meerestiers sei, das eine besondere Pflanze verschluckt hat. Der Enzyklopädist an-Nuwairī (gest. 1333) berichtet schließlich auch von eigens abgerichteten Kamelen, die an südarabischen Stränden Ambraklumpen aufspüren. (1)

In Europa wird der Duft von (mlat.) *ambar* schon im 9. Jh. erwähnt. In dieser frühen Zeit könnte es durch jüdische Fernhändler importiert worden sein (s. Kampfer).

Ende des 11. Jh.s beschreibt Constantinus Africanus im Rahmen seiner Übertragungen medizinischer Werke aus dem Arabischen (mlat.) *ambra*. Vermutlich vermittelt über ein daraus entstandenes (afrz.) *ambre* taucht (mhd.) *amber* um 1205 im »Parzival« des Wolfram von Eschenbach auf: Auf der Gralsburg dient sein Duft zusammen mit dem der Gewürze Kardamom, Muskat und Nelken dazu, den Geruch der Wunde des Anfortas zu überdecken. (Aus dem Zusammenhang wird aber klar, dass die teuren orientalischen Aromastoffe auch die herausgehobene Stellung des Gralskönigs demonstrieren sollen.) Ab dem 14. Jh. setzt sich im Deutschen allmählich die Wortform *Ambra* durch, die entsprechend dem inzwischen üblichen Importweg wohl aus dem Italienischen übernommen ist. (2)

Die Spekulationen über den Ursprung von Ambra erhielten, beispielsweise im Mainzer »Hortus Sanitatis« (›Garten der Gesundheit‹, 1485), dadurch weitere Nahrung, dass inzwischen der sogenannte Walrat, eine ölige Masse im Kopf des Pottwals, bekannt war, er wurde (mlat.) *ambra alba* genannt und, wie eine Zeitlang offenbar auch die Ambra selbst, als »sperma ceti« (›Samen des Meerestiers‹) angesehen. Unabhängig davon wurde Ambra ab dem 14. Jh. aber auch zunehmend mit Bernstein gleichgesetzt, wohl weil beide aus dem Meer angeschwemmt werden. In westeuropäischen Sprachen setzte daher eine Bedeutungsverschiebung ein, die dazu führte, dass heute im Französischen zwischen *ambre jaune* (›Bernstein‹) und *ambre gris* unterschieden wird, und etwa im Englischen *amber* nur noch für Bernstein steht. (3)

Die Verwendung von Ambra als Duft und als medizinischer Wirkstoff zeigt sich auch in den sogenannten Pomandern. Diese waren kunstvoll gefertigte durchbrochene Riechkapseln, die unter anderm oft Ambra (daher *Pomander* aus mlat. *pomum ambrae* »Apfel aus Ambra«) oder Moschus (daher Bisamapfel mit dem Synonym mhd. *bisam* für Moschus) enthielten und an Ketten um den Hals, am Gürtel oder am Ende des Rosenkranzes (s. Sandel) getragen wurden. Sie scheinen zuerst im 12. Jh. in Palästina belegt; nach der Pestepidemie von 1348 in Europa sollten sie zum Schutz vor Ansteckung dienen, und im 16. Jh. wurden sie Mode an den Höfen. (4)

Im 17. Jh. erhielten Ambra und Moschus, inzwischen ergänzt durch einen weiteren tierischen Duftstoff, *Zibet* (aus ar. *zabād* zu ar. *zabad* »Schaum«) aus der Duftdrüse der afrikanischen Zibetkatze, besondere Bedeutung: Das Verbot der öffentlichen Bäder (s. Hamam), angeblich wegen Ansteckungsgefahr seit der Ausbreitung der Syphilis, führte dazu, dass auch privat kaum mehr gebadet wurde; Körpergerüche wurden nun, wie etwa am Hof von Versailles, durch schwere Parfüme aus dem Orient überdeckt. Zusätzlich kompensierten die Reichen den Rückgang der mittelalterlichen Mode, exotische Gewürze zu verwenden (s. Safran), dadurch, dass sie Essen und Genussmittel oft mit Düften parfümierten. Der um diese Zeit bekannt gewordene Sorbet (s. d.) wurde allerdings schon im Osmanischen Reich häufig mit Ambra versetzt. Im 18. Jh. traten dann aber zunehmend leichtere pflanzliche Düfte wie Jasmin (s. d.) oder Kölnisch Wasser (s. Orange) an die Stelle von Ambra und vor allem Moschus. In Goethes »West-Östlichem Divan« (1819) dient der Duftstoff in den Versen »Wenn den Schleier Liebchen lüftet / Schüttelnd Ambralöckchen düftet« nur noch dazu, eine orientalische Atmosphäre heraufzubeschwören. Heute wird Ambra, meist synthetisch hergestellt, in der Parfümindustrie als Fixativ, zum Binden leicht flüchtiger ätherischer Öle bzw. Duftstoffe, eingesetzt. (5)

(1) Brehm IV,246; Tazi 189f.; Wehr 885; Garbers 169ff.; Wiedemann II,111, 244ff., 416ff.; Rodinson, Recherches, 130, 156; Heine 52; Ibn Ǧulǧul Nr. 34; Ibn al-Baiṭār Nr. 1587; Idrisi 1. Klima, 7. Sekt. = I,64; (2) FEW (*ʿanbar*); MLW (*ambar*, *ambra*); Constant. Afric. 357; Rey (*ambre*); Parzival 789,29ff.; Cortelazzo/Z. (*ambra*); OED (*amber*); (3) Hortus, Kap. 46; LM (*Ambra*); Kiesler

141; (4) LM (*Bisamapfel*), MLW (a. a. O.); Pfeifer (*Bisam*); Groom 273 f.; (5) Müller 89; Kiesler 333; LM (*Hygiene*); Braudel I,351 ff., 331 ff., 235; Ohloff 265; Moulin 72 ff.; EI (*sherbet*); Muelhens, Cologne–Paris–New York, 1992, 13; Goethe, West-Östl. Divan, Buch d. Sängers, Hegire; Groom 7 f.

Anilin

Anilin ist eine auf chemischem Weg hergestellte Flüssigkeit, die als Ausgangsprodukt für synthetisch hergestellte Farben (daher früher »Anilinfarben«) und Arzneimittel dient. Die Bezeichnung geht zurück auf das altindische *nīla*, den Namen der strauchartigen Indigopflanze bzw. des daraus gewonnenen Farbstoffes, mit dem Stoffe dunkelblau gefärbt wurden (s. Lila). Dieser wurde in der Antike ins Römische Reich exportiert und erhielt dort auf Grund seiner Herkunft den Namen (gr.) *indikón* / (lat.) *indicum*. (1)

Die Araber lernten die Pflanze über den Seehandel mit Indien und ab dem 7. Jh. auch über Persien (pers. *nīl*) kennen und nannten sie, wie den Farbstoff, generell (ar.) (*an-*)*nīl*. Der Indigoanbau verbreitete sich in den von ihnen beherrschten Gebieten offenbar bis ins heutige Marokko, das Färbemittel war als Kosmetikum und Textilfarbe gleichermaßen beliebt. Am meisten geschätzt wurde aber immer noch der Farbstoff, der aus Indien nach Bagdad gelangte, von wo er ab dem 12. Jh. nach Venedig und Genua exportiert und als Luxusgut gehandelt wurde; belegt wurde er dabei mit dem alten lateinischen Namen *indicum*. Vermutlich über oberitalienische Formen wie *indego* (1246, Venedig) oder *indigo* (16. Jh.) entwickelte sich daraus die Bezeichnung (nhd.) *Indigo*. (2)

Die Spanier und Portugiesen dagegen, bei denen große Teile der Bevölkerung lange Zeit unter islamischer Herrschaft standen und die ab dem 13. Jh. eigene Handelskontakte nach Nordafrika knüpften, übernahmen die arabische Bezeichnung mit dem Artikel (ar.) *an-* in der Form (sp.) *anil* (13. Jh., später *añil*) und (port.) *anil* (12./16. Jh.). Nach Vasco da Gamas Fahrt um Afrika war der direkte Kontakt nach Indien hergestellt. Portugiesen führten nun den Farbstoff in großem Umfang nach Europa ein. Dabei verbreitete sich auch die portugiesische Bezeichnung. *Anil* taucht ab dieser Zeit in verschiedenen Sprachen, u. a. im Französischen (1582) und dem Latein der Botaniker auf. Im Deutschen ist das Wort, wenn auch relativ selten, vom Ende des 16. Jh.s bis Anfang des 20. Jh.s bezeugt. (3)

1826 gelang es dem Chemiker Otto Unverdorben, bei der Kalkdestillation des Indigos eine Flüssigkeit zu gewinnen, die er Krystallin nannte; 1840 wurde sie von C. Fritsche, der sie durch Erhitzen von Indigo und Kalilauge (s. Alkali) erhalten hatte, *Anilin* (aus *Anil* und der terminologischen Endung *-in*) getauft. Als Ausgangsprodukt gewann Anilin in der chemischen Industrie schnell große Bedeutung. Das lässt sich beispielsweise daran ablesen, dass 1865 in Ludwigshafen die Badische Anilin- und Soda-Fabrik (s. Soda) gegründet wurde, die heute unter der Abkürzung BASF firmiert. Ihr gelang es, nach langen Forschungen 1897 erstmals künstliches, synthetisches Indigo auf Anilinbasis auf den Markt zu bringen. Da es reiner und billiger war als das natürliche Indigo, das inzwischen hauptsächlich von Engländern aus den indischen Kolonien importiert wurde, konnte es dieses schnell vom Markt verdrängen. Heute wird praktisch nur noch synthetisches Indigo verwendet. Wichtig geworden ist es nach dem Zweiten Weltkrieg durch die Blue Jeans, die sich von den USA her ausgebreitet haben und für deren Färbung es sich als besonders geeignet erwiesen hat. (4)

(1) Römpp 197, 1284; Mayrhofer II,51; Liddell/Scott 831; Periplus 39; Oxford. Lat. Dict. (*indicum*); (2) Steingass 1444; Wehr 1334; aṭ-Ṭabarī 415; EI, Schönig (*nīl*); Tazi 190f.; Schweppe 292f.; Lom-

bard, Textiles 139ff.; Heyd II,597ff.; LM, Pfeifer (*Indigo*); Rey, Battaglia, Corominas/P. (*indigo*); (3) LM (*Mittelmeerhandel*); Tazi (a. a. O.); Corominas/P. (*anil*); Machado (*anil*); K. G. Ponting, A dictionary of dyes, 1980, 104f.; Rey (*aniline*); Genaust (*indigofera*); Zedler (*Anil*); Marzell II,1006f.; (4) Römpp 197, 1904; H. Cottez, Dictionnaire des structures, 1980, 25; Schweppe (a. a. O.); Ponting 117; L. Dartmann u. a., Jeans, 1993, 177f.

Aprikose

Die Aprikose stammt ursprünglich, wie der verwandte Pfirsich, aus China und verbreitete sich bereits in der Antike bis ans östliche Mittelmeer. Als die Römer dieses Gebiet eroberten, lernten sie beide Obstsorten kennen. Im 1. Jh. n. Chr. wurden sie nach Italien eingeführt. Nach der vermeintlichen Herkunft nannten die Römer den Pfirsich (*malum*) *Persicum* (›persischer Apfel‹) und die Aprikose (*malum*) *Armeniacum* (›armenischer Apfel‹). Da sie aber früher reif ist als verwandte Früchte, wurde sie auch (*Persicum*) *praecox* bzw. *praecoquum* (›frühzeitiger, frühreifer Pfirsich‹) genannt. (1)

Als das Weströmische Reich im 5. Jh. zerfiel, wurde auf seinem ehemaligen Gebiet die relativ mühsame Aprikosenkultur vernachlässigt. Immerhin erhielt sich im Norden Italiens und nördlich der Alpen eine Frucht, die später – wohl vermittelt über das italienische Dialektwort *armellino* (aus lat. *armeniacum*) – im deutschen Sprachgebiet mit Formen wie *Marille* bezeichnet wurde (wobei *Amarelle*, *Morelle* u. a. als Bezeichnungen meist säuerlicher Kirschen auf die sprachliche Form mit eingewirkt haben). (2)

Von Italien aus hatte sich die Kultur der Aprikose allerdings auch wieder nach Osten ausgebreitet. Der Name (lat.) *praecoquum* ergab griechische Wortformen wie *brekókkion*, *prekók(k)ion* (1./2. Jh.) und taucht später, vielleicht vermittelt übers Griechische, in der Form *barqūqā*

u. ä. im Aramäischen in Syrien auf. Als die Araber im 7. Jh. dieses Gebiet eroberten, lernten sie dort auch die Aprikose kennen. In den folgenden Jahrhunderten kultivierten sie die Frucht in den kunstvoll bewässerten Obstgärten ihres riesigen Reiches. Der Geograph al-Idrīsī berichtet 1154 von Aprikosen in Marokko, um 1400 soll es in einer Stadt Nordmarokkos 16 verschiedene Sorten gegeben haben. Aus Kochbüchern sind die verschiedensten Verwendungen der Aprikose überliefert, als Zutat zu Fleischgerichten und in Süßspeisen (wie schon gelegentlich bei den Römern – und wie noch heute im Nahen Osten), aber auch als Grundlage für Erfrischungsgetränke. Der Name (ar.) *barqūq*, unter dem die Araber die Aprikose ursprünglich übernommen hatten, wurde in den meisten arabischsprachigen Gebieten früh durch (ar.) »mišmiš« ›Aprikose‹ ersetzt, war aber im 13. Jh. auf der Iberischen Halbinsel noch so weit gebräuchlich, dass dort (ar.) *al-barqūq* (mit Artikel) die Grundlage abgab für romanische Formen wie (sp.) *albaricoque* (um 1330) oder (kat.) *a(l)bercoc* (1350). (3)

Die Kultur des Baums breitete sich von der spanischen Halbinsel nach Frankreich aus; die Bezeichnung *abricot*, die sich dort Mitte des 16. Jh.s durchsetzte, stammt wahrscheinlich aus einer katalanischen Dialektform. Von Frankreich gelangte die Frucht unter dem Namen *abricoos* (vermutlich aus der Pluralform frz. *abricots*) in den niederländischen Obstbau. Sie wurde zuerst in den Norden Deutschlands vermittelt, wo ab 1644 *Apricosen* bzw. *Abricos* erwähnt werden. Gegenüber den *Marillen* galten sie als größer, saftiger und süßer; sie verbreiteten sich deshalb zusammen mit der neuen Bezeichnung (1774 *Aprikosen*) bald im gesamten deutschen Sprachgebiet. In Österreich allerdings blieb die Bezeichnung *Marillen* erhalten. (4)

(1) B. Hasselrot, L'Abricot, Studia Neophilologica 13, 1941, 45 f.; DNP (*Aprikose, Pfirsich*); Plinius 15,39 ff., 16,103; (2) Hasselrot

(a. a. O.) 46, 52ff.; Kretschmer 90ff.; (3) Hehn 432; Hasselrot (a. a. O.) 60f.; Dioskurides I,115; R. Strömberg, Griech. Pflanzennamen, Göteborg 1940, 160; Payne I,595; Fraenkel 139; EI (*mishmish*); Idrisi, 3. Klima, 1. Sekt. = I,208, 211; Watson 1; Rodinson, Recherches 131, 138; Heine 54–78; Apicius, De re coquinaria, 1993, IV,3,6 u. 5,4; Başan 96f.; Dietrich I,89; Ibn al-Baiṭār Nr. 274; Corominas/P. (*albaricoque*); Coromines (*albercoc*); (4) Rey (*abricot*); Kiesler 156f.; Kretschmer 91; Tazi 297; Adelung (*Aprikose*).

Arabeske

Arabesken sind vielfach verschlungene Rankenornamente. Die Araber lernten bei ihrer Expansion im 7. Jh. die dekorativen pflanzlichen Muster aus späthellenistischer Zeit kennen und schmückten mit ihnen schon Schlösser und Moscheen der Umaiyadenherrscher des 8. Jh.s aus. Das aus der Koraninterpretation abgeleitete Verbot figürlicher Darstellung führte dazu, dass sie die Pflanzenornamentik in sehr stilisierter, abstrahierender Form zu einer eigenen Kunstform werden ließen, die sich seit dem 9. Jh. in den islamischen Gebieten ausbreitete. Sie wurde vielfach (ar.) *taurīq* ›Hervorbringen von Zweigen und Blättern‹ (aus ar. *waraq* ›Blatt‹) genannt und in den verschiedensten Bereichen, von der Architektur übers Kunstgewerbe bis zur Ausschmückung der Korane, angewendet. (1)

In den Westen des christlichen Europas gelangte diese künstlerische Technik ab dem 15. Jh. einerseits übers muslimische Spanien, wo die Arabeske im 12. Jh. zum vorherrschenden Ornament geworden war, weshalb sie insbesondere in Frankreich auch als *mauresque* ›maurische Kunst‹ (aus sp. *morisco*, dem Adjektiv zu sp. pl. *moros* ›Muslime der Iberischen Halbinsel, Mauren‹, und dies aus lat. *Mauri*, ein Volk Nordwestafrikas) bezeichnet wurde; andererseits über Venedig, wo man islamisches Kunsthandwerk imitierte (s. Intarsie). Die kunstvollen Wappenmotive aus der Schule Leonardo da Vincis, die Albrecht Dürer auf seiner

Italienreise um 1506 kopierte, weisen wohl diesen Einfluss auf; 1537 entwarf dann Hans Holbein d. J. einen Krug mit Arabesken. Einige Jahre zuvor hatte Francesco Pellegrini ein Musterbuch für Arabesken zur Verwendung in Buchgestaltung, Waffenschmiedekunst, Keramik u. a. herausgegeben, das richtungweisend wurde. (2)

Die Bezeichnung (it.) *arabesco* für die künstlerische Technik ist erstmals 1566 belegt und wurde ins Französische in der Form *arabesque* (1611) übernommen. Älter ist sie in ihrer ursprünglichen Bedeutung: In Boccaccios »Decameron« (um 1350) bezeichnet *abito arabesco* das ›sarazenische Gewand‹ (mit mlat. *Saraceni* aus gr. *Sarakênoi* wurden im Mittelalter vielfach die Muslime bezeichnet) eines Gastfreunds von Sultan Saladin in Ägypten. Abgeleitet ist es vom Volksnamen (it. pl.) *Arabi*, der allerdings wohl nicht durch den Kontakt mit den Muslimen entstand, die »arabisch« (ar. *ʿarabī*) sprachen, sondern durch Buchgelehrsamkeit aus dem antiken Ländernamen (lat.) *Arabia* und dem zugehörigen Adjektiv *arabicus* neu gebildet wurde und im italienischen Erstbeleg bei Dante (um 1315) etwas unspezifisch die Punier unter Hannibal bezeichnet. Bei den Römern allerdings hatten *Arabia* bzw. *arabicus* eine klar umrissene Bedeutung als Bezeichnungen für die Arabische Halbinsel und ihre Bewohner, insbesondere den für den begehrten Weihrauch gepriesenen Südteil *Arabia Felix* (›Glückliches Arabien‹) (s. Myrrhe). Selbst gehen sie zurück auf (gr.) *Arabía*, *Arabíê*, das »äußerste bewohnte Land im Süden« der Erde, von dem der griechische Geschichtsschreiber Herodot um 430 v. Chr. mehrfach berichtet. Auf welcher Grundlage ihm allerdings dieser Name übermittelt wurde, ist unklar. Es scheint eine Eigenbezeichnung der verschiedenen Beduinenstämme der Arabischen Halbinsel zugrunde zu liegen, die auch in einer assyrischen Inschrift aus dem 9. Jh. v. Chr. wiedergegeben wird, wo berittene Kamelnomaden aus dem Norden der Halbinsel *aribi* genannt werden. Genaueres ist schwer zu ermitteln, da erst um 300 n. Chr. arabische Inschriften auftauchen. Im Koran, Anfang des 7. Jh.s n. Chr., ist dann das Adjektiv *ʿarabī* für die Sprache und *aʿrāb* als eine Sammelbezeichnung für beduinische Stämme der Arabischen Halbinsel belegt. (3)

(Nhd.) *Arabesque(s)* ist erstmals 1716 bezeugt; 1732 definiert Zedler in seinem Universallexikon: »*Arabesques* oder *Rabesques* werden von denen Franzosen nach der Phantasie gebildte Zweige mit Blättern oder auch anderes Schnitzwerk genennet, womit in der Bau-Kunst der Borten oder Frieß … ingleichen in dem Garten die Parterres ausgezieret werden … Der Name … kommet daher, weil die Araber und andere Mahometaner sich derer selbigen bedienten«. Ab dem Ende des 18. Jh.s wird (nhd.) *Arabeske* dann auch in übertragenen Bedeutungen gebraucht: allgemein als ›Schnörkel‹ oder ›Beiwerk‹; in der Literatur bei den Frühromantikern etwa als Fülle verschiedener, nicht streng aufeinander bezogener Elemente; seit Robert Schumanns *Arabeske* (op. 18, 1838/39) auch für ein spielerisches (Klavier-)Stück in freier Form und ab Mitte des 19. Jh.s für eine Ballettfigur. (4)

(1) EI (*arabesque*, *tawrīḳ*); LM (*Islamische Kunst*); E. Kühnel, Die Arabeske, 1949, 13 ff.; (2) Rey (*mauresque*); The Dictionary of Art, II, 1996 (*Arabesque*); Arabesques, Panneaux décoratifs, 1995/1999, 12,38; Kühnel 28 ff.; (3) Cortelazzo/Z. (*arabo*); Rey (*arabesque*); F. Montanari, Vocabulario della lingua Greca, 1995 (*Sarakênós*); Decameron, 10. Tag, 9. Novelle (Ende); Dante, Paradiso VI, 49; Herodot III, 107 u. a.; DNP (*Araber*, *Arabia*); EI (*al-ʿarab*, *ʿarabiyya*); Koran 12,2; 16,103; 9,97 ff.; Wehr 824 f.; (4) DF[2] (*Arabeske*).

Arsenal

(Nhd.) *Arsenal* geht übers Italienische auf (ar.) *dār aṣ-ṣināʿa* zurück, was gewöhnlich mit ›Haus des Handwerks‹ übersetzt wird. Allerdings konnten mit (pl.) *ṣināʿāt* im islamischen Mittelalter die verschiedenartigsten Fertigkeiten bis hin zu den Künsten bezeichnet werden. Die Verbindung *dār aṣ-ṣinā'a* wurde in der Regel für staatliche Betriebe benutzt; im muslimischen Spanien beispielsweise für die Werkstätten, die für den Herrscher Schmuck oder Waffen herstellten. Im besonderen wurde der Begriff aber auf Einrichtungen angewendet, in denen die Kriegsflotte gebaut wurde und lagerte. (1)

Die muslimischen Araber, die aus Wüstengebieten ab 632 ans Mittelmeer vordrangen, übernahmen nicht nur die Werften der Byzantiner, sondern eigneten sich auch die Kenntnisse der einheimischen Bevölkerung an. Auf diese Weise konnte der damalige Gouverneur von Syrien, der spätere Kalif Mu'āwiya, schon 649 den Bau einer Werft in Akkon an der palästinensischen Küste anordnen; in Ägypten wurde beispielsweise 674 auf einer Nilinsel in der Nähe des späteren Kairo ein *dār aṣ-ṣinā'a* erbaut, und 694 wurden zum Bau in der Nähe von Kairuan im heutigen Tunesien angeblich koptisch-christliche Arbeiter aus Ägypten herangezogen. Die islamischen Schiffsbauzentren und Flottenstützpunkte, die auf diese Weise – mit Ausnahme des christlichen Nordens – um das Mittelmeer herum entstanden waren, verloren allerdings ab dem 11. Jh. zunehmend an Bedeutung, unter anderem wegen des Holzmangels durch Raubbau an den Wäldern. Parallel zu diesem Niedergang vollzog sich der Aufstieg italienischer Hafenstädte zu Seemächten im Mittelmeer. (2)

Aus *dār aṣ-ṣinā'a* entlehntes (mlat.) *Larsena* bzw. *Arsena* taucht zuerst um 1100 in der unteritalienischen Hafenstadt Amalfi auf; 1147 ist in Genua (mlat.) *darsana* belegt, das im Italienischen in der Form *darsena* ›Hafenbecken‹ weiterlebt. 1104 begannen die Venezianer, die sich gerade von der byzantinischen Herrschaft befreit hatten, mit dem Bau einer Werft, deren Bezeichnung allerdings erst 1206 durch (mlat.) *arsana* und wieder ein Jahrhundert später in der venezianischen Form *arsenà* (1305) belegt ist. (Der

Wegfall des anlautenden *d-* aus ar. *dār* beruht vermutlich darauf, dass es irrtümlich für die Präposition mlat. *de* bzw. it. *di* gehalten wurde.) Um 1315 schildert Dante im »Inferno« das geschäftige Bauen und Ausbessern von Schiffen im (it.) *arzanà* von Venedig. Tatsächlich entstand dort ein Komplex, der bald Tausende von Menschen beschäftigte und die Vorherrschaft Venedigs im Mittelmeer ermöglichte. (3)

Es ist daher nicht verwunderlich, dass auch im ersten deutschen Beleg 1483/84 das *Arzenal* erklärt wird als »ein umbgemauert orth in der Stadt Venedig wenig kleiner denn Ulm«. Die neu gebildete Wortendung ist in (it.) *arsenale* erst in der ersten Hälfte des 16. Jh.s belegt, taucht aber schon 1423 in (mfrz.) *arc(h)enal* auf, wo die Lage der Werft im neuen Hafen von Alexandria in Ägypten beschrieben wird. Es ist daher anzunehmen, dass aus Wortformen wie Dantes *arzanà* durch Anhängen der italienischen Endung *-ale* schon im 15. Jh. entsprechende italienische Formen entstanden sind, die dann von anderen Sprachen entlehnt wurden. (4)

Im zweiten erhaltenen deutschen Beleg ist 1509 die Rede vom »Zeughaus, das sy *Arsenal* nennen, zu Venedig«. Bemerkenswert ist hier die Wortschöpfung »Zeughaus«, die von nun an häufig für *Arsenal* steht. In ihr kündigt sich aber auch bereits eine Bedeutungsänderung von *Arsenal* an, von der Schiffswerft hin zur Lagerstätte für militärische Ausrüstung, die später auch »Magazin« (s. d.) genannt wird. Wieder ist diese Verschiebung zuerst im Französischen dokumentiert. Der Beleg »l'*arsenac* où est l'artillerie de la ville« (gemeint ist Venedig) von 1459 könnte aber auch eine Erklärung dafür liefern: Die Kriegsschiffe wurden seit Bekanntwerden des Schießpulvers (s. Natron) und der Erfindung von Geschützrohren im 14. Jh. (s. Kaliber) allmählich mit Kanonen bestückt, die man offenbar, zusammen mit anderem Kriegsgerät, ebenfalls im Arsenal lagerte. In einem Beleg von 1627 (»er ... nennet mich ein *Arsenal* / Rüstkammer oder Zeughauß aller schönheit / seine ... allerliebste Gebieterin«) deutet sich schließlich erstmals im Deutschen die Bedeutung an, die heute überwiegt, nämlich ganz allgemein ›Vorrat‹ u. a. statt ›Vorratsraum für Waffen‹. (5)

(1) Wehr 413, 728 f.; EI (*dār al-ṣināʿa*); (2) EI (a. a. O.); Lombard, Blütezeit 42; F. Braudel u. a., Die Welt d. Mittelmeers, 1987, 57; (3) Pellegrini, Ric. 100 ff.; Cortelazzo/Z. (*arsenale*); LM (*Arsenal*); Kiesler 169 f.; Inferno XXI,7 ff.; Braudel 162 f.; (4) Wis 95; DF[2] (*Arsenal*); Arveiller 72 ff.; Rey (*arsenal*); (5) DF[2], Kluge (*Zeughaus*); Arveiller (a. a. O.).

Artischocke

Die Artischocke (Cynara Scolymus), von der der Blütenboden und die Unterseiten der Blütenhüllblätter essbar sind, ist vermutlich von den Arabern aus der distelartigen Kardone oder spanischen Artischocke (Cynara Cardunculus) gezüchtet worden. Bei dieser sind Blätter und Stängel essbar; sie wird seit der Antike im Mittelmeergebiet angebaut. (1)

Der Arzt aṭ-Ṭabarī beschreibt Mitte des 9. Jh.s medizinische Wirkungen einer von ihm *ḥaršaf* genannten Pflanze, mit der wohl schon nicht mehr die Kardone, sondern die Artischocke gemeint ist. Meistens wird sie – aber auch die Kardone – in der Folge als (ar.) *ḫuršūf* bezeichnet; es handelt sich jedenfalls um ein Fremdwort im Arabischen, das wahrscheinlich auf die mittelpersischen Wörter *ḫār* (›Stachel‹) und *čōb* (›Stock‹) zurückgeht, mit denen die Gestalt der Kardone beschrieben würde. (2)

Die Artischocke scheint in der mittelalterlichen arabischen Medizin und Küche keine allzu große Rolle gespielt zu haben. Immerhin wurde sie wie andere Gemüsesorten in dem von den Arabern beherrschten Mittelmeerraum verbreitet und kultiviert. Dass sie in Spanien von den Christen übernommen wurde, wird durch (sp.) *carchofa* (1423) bzw. – mit arabischem Artikel – (sp.) *alcarchofa* (Ende des 15. Jh.s) bezeugt, denen (ar.) *(al-)ḫaršūfa* als Bezeichnung der einzelnen Pflanze zugrunde liegt. Nach der Nordhälfte Italiens gelangte die Artischocke offenbar im 15. Jh. über den Mittelmeerhandel, das entsprechende Wort (it.) *carciofo* ist allerdings erst um 1540 belegt. (3)

In Deutschland wurde die Pflanze im 16. Jh. bekannt. Montaigne fand 1580 auf seiner Reise nach Italien in einem Garten der Fugger in Augsburg neben anderen Gemüsepflanzen (frz., pl.) *artichaus* vor. Dieses Wort ist allerdings wie (nhd.) *Articoca* (1542) und dann *Artischock* (1556), (pl.) *Artischocken* (1716) von einer norditalienischen Dialektform *articiocco* abgeleitet, die selbst wohl im Rahmen des Genueser Spanienhandels aus (sp.) *alcarchofa* entstanden und Mitte des 16. Jh.s in verschiedenen Schreibweisen bezeugt ist: »I *carcioffi*, chiamati [genannt] *archichiochi* in Lombardia« schreibt etwa der Arzt Mattioli. (4)

In der heutigen Zeit ist die Artischocke nicht nur in der Küche von Bedeutung, Extrakte aus ihren Blättern sind auch Bestandteil des Kräuterlikörs »Cynar«, dessen Name von der botanischen Bezeichnung der Artischocke, Cynara Scolymus, abgeleitet ist. Vor allem aber hat die medizinische Forschung in den letzten Jahrzehnten entdeckt, dass insbesondere der in den Blättern enthaltene Wirkstoff Cynarin die Leberfunktionen fördert, den Gallenfluss anregt und cholesterinsenkend wirkt. Aus der Artischocke sind deshalb in jüngster Zeit zahlreiche Medikamente entwickelt worden. (5)

(1) Marzell I,292f., Hegi VI, 921ff.; Watson 64; Plinius 19,54f. u. 152f.; (2) aṭ-Ṭabarī 379, Schmucker 162, Wehr 329; Corriente (*alcachofa*); MacKenzie 94, 23; (3) Corominas/P. (*alcachofa*); Cortelazzo/Z. (*carciofo*); (4) Montaigne 46; Tazi 253; Marzell, Corominas/P. (a. a. O.); Rey (*artichaut*); Battaglia (*articiòcco; carciòfo*); LM (*Mittelmeerhandel*); (5) Pini 189; Frohne 219.

Aubergine

Die Bezeichnung *Aubergine* für die Frucht der früher »Eierpflanze« (engl. »eggplant«) genannten Gemüsepflanze ist im Deutschen erst in der zweiten Hälfte des 20. Jh.s aus dem Französischen übernommen worden, offenbar als man die Küche der Mittelmeerländer näher kennen lernte. In Österreich gebraucht man stattdessen den aus dem Italienischen stammenden Namen *Melanzani*.

Die Pflanze wurde in den ersten Jahrhunderten n. Chr. in Indien kultiviert. Die Herkunft der altindischen Bezeichnungen *vātingaṇa* bzw. *bhaṇṭākī* ist allerdings ungeklärt. In Persien taucht die Pflanze unter Bezeichnungen wie *bādenǧān*, *bādingān* u. a. auf. Die Araber lernten Pflanze und Frucht kennen, als sie im 7. Jh. das Land eroberten, und bauten sie in den von ihnen beherrschten Gebieten an. Bereits im 10. Jh. wird sie in Spanien erwähnt. (1)

Bei dem persischstämmigen Arzt aṭ-Ṭabarī (gest. um 865) werden medizinische Wirkungen der Pflanze beschrieben, die bei ihm (ar.) *bādinǧān*, später gemeinhin (ar.) *bāḏinǧan* heißt. Wichtiger war die Frucht aber in der Küche. Nach mittelalterlichen arabischen Kochbüchern zu urteilen war sie, wie heute noch im Vorderen Orient, eine der am meisten verwendeten Gemüsepflanzen. Schon damals wird erwähnt, dass man sie zuerst aufschneiden und salzen muss, damit ihre Bitterstoffe austreten können (was bei heutigen Züchtungen allerdings kaum mehr nötig ist). Es tauchen auch Gerichte auf, deren Zubereitung der gegenwärtigen Küche des östlichen Mittelmeergebiets entspricht, insbesondere eines mit abwechselnden Schichten von Auberginen und (Hack-?)Fleisch, ähnlich dem *mousakás* der griechischen Küche (welches aber selbst aus dem osmanischen Bereich stammt; das Wort geht über (tk.) *musakka* auf ein arabisches Wort zurück, das z. B. im ägyptisch-arabischen *musaqqaʿa* belegt ist). (2)

Aus den arabischen Gebieten gelangte die Pflanze auf verschiedenen Wegen nach Europa: Um 1075 taucht bei dem byzantinischen Gelehrten Simeon Seth das aus (ar.) *bāḏinğān* abgeleitete Wort (byz.-gr.) *matizánion* für die Pflanze auf. Das Wort (byz.-gr.) *melanzana*, das der arabische Geograph al-Idrīsī Mitte des 12. Jh.s im damals noch byzantinisch beeinflussten Sizilien bezeugt, ist wohl entstanden aus einer Kreuzung von (ar.) *bāḏinğān* und (byz.-gr.) *melanós* ›schwarz, dunkel‹. Ende des 13. Jh.s steht die Frage, ob man vom Genuss der Frucht verrückt werden kann, im Zentrum einer Anekdote, die an der medizinischen Fakultät der Universität Bologna spielt. (Tatsächlich enthalten unreife, rohe Auberginen das giftige Alkaloid Solanin.) In der Anekdote wird die Frucht (it.) *petronciano* genannt. Bis zum 16. Jh. hat sich aber in Italien der Name *melanzana* durchgesetzt, vielleicht auch, weil man in ihm das Wort (it.) *mela* ›Apfel‹ zu finden vermeinte. (3)

Im muslimischen Spanien führte der für das gesprochene Arabisch typische Lautwandel von *a* zu *e* zu Aussprachen wie *bēdenğēn*; vermutlich aus einer dazu gebildeten Form *(al-)bēdenğēna* entstanden (sp.) *berenjena* (Anfang 15. Jh.) und – über eine Zwischenform – (kat.) *alberginia* (1328). Nach der Aussage von Don Quijote betrachteten die christlichen Spanier offenbar noch um 1600 die Aubergine als typische Pflanze der Mauren, also der islamischen Spanier. Cervantes nennt den maurischen Verfasser der Handschrift aus Toledo, die dem Roman angeblich zugrunde liegt, (Hamete) *Benengeli*, an einer anderen Stelle sogar *Berenjena.* (Merkwürdigerweise bedient er sich eines literarischen Kunstgriffs, um seiner Erzählung Autorität zu verleihen, den schon 400 Jahre früher Wolfram von Eschenbach im »Parzival« angewendet hatte: Wolfram zufolge beruht auch die Gralsgeschichte auf einer arabischen Handschrift aus Toledo, zu seiner Zeit ein Zentrum für Übersetzungen aus dem Arabischen.) (4)

Über Katalonien gelangte die Pflanze nach Frankreich:

Die Bezeichnung (frz.) *aubergine* (aus kat. *alberginia*) ist zwar erst ab 1750 bezeugt; die Pflanze wird aber schon im 17. Jh. unter Namen wie *melonge*, *melongène* etc. erwähnt, die der botanischen Bezeichnung (nlat.) *melongena* entsprechen. (5)

(1) Tazi 193; Steingass 140; Enzycl. Iranica (*bādenjān*); Watson 70f.; Mayrhofer III,362, 465; Ibn Ǧulǧul Nr. 56; (2) aṭ-Ṭabarī 379; Wehr 61, 578; Lane 145; Rodinson, Recherches 133ff., 141f.; Heine 50, 57, 88f.; Başan 229f.; Steuerwald (*musakka*); (3) Reallex. Byz. 400; Cortelazzo/Z. (*melanzana*); Novellino XXXV; Pini 48f.; (4) Corominas/P. (*berenjena*); Coromines, Corriente (*alba/ergina*); Don Quijote I, Kap. 9, II, Kap. 2; Parzival 416, 453; Kunitzsch, Reflexe 58ff.; (5) Rey (*aubergine*); Le Grand Robert 2001 (*mélongène*); FEW (*bāḏingān*); Marzell IV,361.

Azur

(Nhd.) *Azur* ist Ende des 17. Jh.s aus (frz.) *azur* übernommen worden und bezeichnet die aus dem blauen Halbedelstein Lapislazuli gewonnene Farbe, ab Ende des 18. Jh.s in der Dichtung dann auch das tiefe Blau des Himmels. Der zugrunde liegende Lapislazuli oder Lasurstein wurde lange Zeit nahezu ausschließlich in Badachschan, einer Nordprovinz des heutigen Afghanistan, gewonnen. Er diente schon in Babylon und im alten Ägypten als Schmuck, die Griechen und Römer nannten ihn in der Antike zumeist (gr.) *sáppheiros*, (lat.) *sapp(h)irus* (eine Bezeichnung, die im späten Mittelalter auf einen anderen Edelstein, den heutigen Saphir, übertragen wurde); zu Pulver zerrieben wurden ihm auch medizinische Wirkungen, beispielsweise gegen Augenkrankheiten zugeschrieben. (1)

Im Mittelalter gelangte er auf zwei verschiedenen Wegen ins westliche Europa. Zum einen müssen Handelskontakte der Byzantiner mit Persien dazu geführt haben, dass sie den Stein unter seiner persischen Bezeichnung (pers.) *lāǧward*, *lāžward* u. a. kennen lernten und importierten: In einem Kommentar aus dem 7. Jh. wird offenbar (byz.) *lazoúrion* für die Farbe des Himmels gebraucht. Ab dem folgenden Jahrhundert erscheint daraus abgeleitetes (mlat.) *lazur(i)* in frühmittelalterlichen Abhandlungen zur Herstellung von Farben; Anfang des 9. Jh.s bestellt der Erzbischof von Toul in Frankreich neben anderen Farben auch (mlat.) *Lazur* zur Bemalung von Wänden. (2)

Mit dem Stein und seiner persischen Bezeichnung machten aber auch die Araber Bekanntschaft, als sie im 7. Jh. Persien eroberten. (Ar.) *lāzaward* bzw. *lāzuward* scheint zuerst Mitte des 9. Jh.s bei dem aus Persien stammenden Arzt aṭ-Ṭabarī belegt. Der Stein wurde zu Schmuck und wertvollen Gefäßen verarbeitet; die aus ihm gewonnene Farbe, die als blau wie der (Nacht-)Himmel beschrieben wird, diente, oft zusammen mit Gold, zur Ausgestaltung von Räumen – etwa in einem Palast bei Kairo und der Moschee von Córdoba, wie der Geograph al-Idrīsī um 1150 erwähnt. Das Pulver des Steins sollte nach Meinung der Ärzte unter anderem die Melancholie vertreiben, außerdem wurden dem Stein, wie anderen Edelsteinen, auch magische Wirkungen zugeschrieben. Vermutlich durch die Übersetzung arabischer Bücher zu Medizin, Alchimie und Steinkunde entstanden aus (ar.) *lāzuward* in Westeuropa Wortformen wie (sp.) *azul* (944), später (mlat.) *azurium*, *azur* u. a., und daraus wohl abgeleitet (frz.) *azur*, das zuerst im »Rolandslied« (um 1180) die blaue Farbe auf dem Schild eines Kampfgefährten von Roland, später aber auch den Lasurstein selbst bezeichnet. Der Wegfall des Anfangsbuchstabens *l-* ist dabei vermutlich darauf zurückzuführen, dass er als arabischer Artikel *al-* missverstanden und deshalb weggelassen wurde. (3)

Anscheinend haben sich die Wortformen aus dem Byzantinischen (mit anlautendem *l-*) und aus dem Arabischen gegenseitig beeinflusst, wobei vielleicht auch das *l-* im Anlaut von Sprechern romanischer Sprachen in Westeuropa gelegentlich als Artikel empfunden worden und deshalb weggefallen ist (etwa bei **lazurro* > it. *l'azzurro*); außerdem mag (ar.) *lāzuward* zuweilen als (mlat.) *lazuri* u. a. übersetzt worden sein. (4)

Im Mittelhochdeutschen jedenfalls taucht *lâsûr* als Farbbezeichnung Anfang des 13. Jh.s auf: Wolfram von Eschenbach lässt im »Parzival« Cundrie einen Mantel von Seide »noch blâwer denn ein lâsûr« tragen, womit nun offensichtlich der Stein bzw. seine Farbe gemeint ist. Diese aus dem zerriebenen Stein gewonnene Farbe war im übrigen zeitweise teuer wie Gold, man verwendete sie in Buchminiaturen und der Malerei. Ab dem 16. Jh., zuerst in Briefen Albrecht Dürers aus der Zeit nach seiner ersten Italienreise, wird sie allerdings zunehmend als *Ultramarin* bezeichnet, ein Ausdruck, der aus (it.) (*azurro*) *oltremarino* bzw. entsprechendem (mlat.) *ultramarinus* (›jenseits des Meeres‹) abgeleitet ist. Er bezeichnete in Italien ab dem 13. Jh. die Farbe des Lasursteins, der aus den östlichen Mittelmeerhäfen nach Europa importiert wurde. Aus (mhd.) *lâsûr* entstandenes (nhd.) *Lasur* erhielt dagegen nach einer ähnlichen Bedeutungsentwicklung wie bei (nhd.) *Lack* (s. d.) ab dem Ende des 18. Jh.s die heutige Bedeutung ›farbloser Überstrich‹. Diese Entwicklung setzt schon im Mittelalter ein, vielleicht ist sie beeinflusst worden durch die Lautähnlichkeit mit *Glasur* (16. Jh.) oder durch die Tatsache, dass Ultramarin ein zu Lasuren verwendbares Pigment ist. (5)

Die heute übliche Bezeichnung *Lapislazuli* für den Halbedelstein schließlich ist offenbar Ende des 11. Jh.s entstanden: Aus (lat.) *lapis* (›Stein‹) und einer Form (mlat.) *lazulum* hatte wahrscheinlich Constantinus Africanus im Rahmen seiner Übertragung arabischer Texte für die Medizinschule von Salerno die Genetivverbindung *lapis lazuli* gebildet, mit der der Stein in den folgenden Jahrhunderten vor allem in medizinischen Schriften bezeichnet wurde. Zedlers Lexikon von 1737 führt *Lapis*

Lazuli auf und erwähnt in der Tradition der Araber seine Wirksamkeit gegen Melancholie. Zusammengeschriebenes *Lapislazuli* hat sich offenbar erst im 20. Jh. eingebürgert. (6)

(1) DF²; Lüschen 262f., 309ff.; Plinius 37,120; Dioskurides V,139; (2) Goltz 263f.; Steingass 1110f.; Thesaurus Gr. Ling. VI,34; E. Ploss, Lasur, ZDPh 74, 1955, H. 3, 287; Svennung 70ff.; Du Cange (*lazur*); (3) Wehr 1136; WKAS II, 35ff.; aṭ-Ṭabarī 364; Tazi 146; Idrisi III. Klima, 4. Sekt. = I,305, IV. Klima, 1. Sekt. = II,59ff.; Ibn al-Baiṭār Nr. 2000; Tazi 78f.; Corominas/P. (*azul*); Corriente (*atzur*); MLW, Rey (*azur*), Mappae Clavicula 26f., 94f.; Chanson de Roland 1557 (1600); Latham 58; (4) Cortelazzo/Z. (*azzurro*); Goltz (a. a. O.); (5) Lexer (*lâsûr*); DWB (*Lasur*); Parzival 313,4f. Doerner 82, 30; DF (*Ultramarin*), Ploss 290; Cortelazzo/Z. (*oltre*); DF², Pfeifer (*Lasur*); DWB (*Glasur*); Du Cange (a. a. O.); (6) Trésor, Rey (*lapis-lazuli*); Pfeifer (*Lapislazuli*); Constant. Afric. 362.

Baldachin

(Nhd.) *Baldachin* liegt der Ortsname Bagdad zugrunde. 762 n. Chr. hatte der Abbasidenkalif al-Manṣūr, um das Zentrum des Reichs von Damaskus nach Osten zu verlagern, am Ufer des Tigris seine neue Hauptstadt gegründet, die er (ar.) *Madīnat as-Salām* (›Stadt des Friedens‹, s. Islam) nannte. Bald setzte sich für sie aber der lokale Ortsname (ar.) *Baġdād* durch, dessen Ursprung in altbabylonische Zeit, Mitte des 2. Jt. v. Chr., zurückgehen könnte. Bagdad wuchs als Sitz des Kalifen in kürzester Zeit zur größten Metropole des islamischen Reichs heran. Unter anderem entwickelten sich dort Textilmanufakturen, da die Araber in den eroberten Gebieten alsbald begonnen hatten, selbst Seide und Baumwolle zu produzieren (s. Musselin, Kattun). Sie stellten zahlreiche Gewebearten her und arbeiteten sowohl für die Bedürfnisse des Hofs – kostbare Kleidung war die verbreitetste Form, Luxus und

Macht zu demonstrieren – als auch für den einheimischen Markt und den Export. (1)

Um das Jahr 1000 taucht nun an zwei Orten in Europa der Begriff (mlat.) *baldequinus/baldekinus* auf: Einmal wird er unter den Schenkungen an die Kirche Notre-Dame in Paris erwähnt, das andere Mal ist es ein Stoff, mit dem der spätere König Boleslav im polnischen Gnesen »den Weg auslegen lässt«, den Kaiser Otto III. bei seinem Besuch nimmt. Es handelt sich offenbar um ein wertvolles Gewebe, wahrscheinlich einen golddurchwirkten Seidenbrokat, dessen Ursprung in Bagdad vermutet wurde. Da Bagdad in den Volkssprachen des frühen Mittelalters *Baldac*, *Baldach* u. a. genannt wurde (noch bei Wolfram von Eschenbach um 1200 tritt Parzivals Vater als Ritter in die Dienste des Herrschers von *Baldac*), ergab sich für das Herkunftsadjektiv (ar.) *Baġdādī* (›aus Bagdad‹) die Form (mlat.) *baldakinus* u. a. Nach solchen Seidengeweben herrschte eine steigende Nachfrage. Im frühen Mittelalter wurden sie vor allem von der Kirche für Messgewänder und liturgische Zwecke benötigt und anfangs meistens aus Konstantinopel, dann auch aus den islamischen Gebieten importiert (s. Karmin). Etwa ab dem 12. Jh. wurden sie zudem Teil der höfisch-ritterlichen Kultur, zusammen mit anderen Luxusimporten aus dem islamischen Orient wie Gold und Edelsteinen (s. Lapislazuli), Gewürzen (s. Safran) und Duftstoffen (s. Ambra). (Wolframs Schilderungen der Gralsburg im »Parzival« liefern dafür anschauliche Beispiele.) Unter den Seidenstoffen erscheint dann (mhd.) *baldekîn* (wohl aus afrz. *baldekin*) ab Ende des 12. Jh.s auch im Deutschen. (2)

Im 15. Jh. wird das Wort in der Form (frnhd.) *balke(n)* erwähnt, aber schon in einer anderen Bedeutung, die der heutigen entspricht, nämlich »Trag-, Thron-, Altar- und Betthimmel«. Diese Bedeutungsänderung hatte sich kurz zuvor im Italienischen vollzogen, wo (it.) *baldacchino* neben dem Seidenstoff selbst auch einen Gegenstand, den

›Himmel‹, zu bezeichnen begann, der mit ihm bespannt werden konnte. Vielleicht hatte dabei auch eine Neuerung bei Bauten oder Wohnungen mitgespielt, die italienische Kaufleute im Orient kennen gelernt hatten: im Osmanisch-Türkischen bedeutet *Baġdādī* nämlich auch ›Gips- oder Stuckdecke‹. (3)

Baldachine im modernen Sinn des Worts tauchen unter anderen mittellateinischen Bezeichnungen im westlichen Europa seit dem 12. Jh. bei Prozessionszügen und feierlichen Auftritten geistlicher und weltlicher Herrscher auf. Bei der Sitte, sie zu verwenden, verbinden sich offenbar zwei Traditionsstränge ähnlicher Herrschaftssymbole, die beide zuerst bei den Assyrern belegt scheinen. In dem einen wird über dem Herrscher oder seinem Thron ein (oft sternenbesäter) Himmel errichtet; über Alexander den Großen, die Römer und Byzantiner hat diese Symbolik zu den (steinernen) Überdachungen über Altären und gotischen Statuen geführt. Ausgangspunkt der anderen Traditionslinie ist ein Schirm, der vor oder über dem Herrscher getragen wurde oder über seinem Sitz aufgestellt war. Solche Schirme, etwa aus Brokat, waren wohl schon unter dem Abbasidenkalifen al-Mustaʿīn gebräuchlich, denn unter ihm ist erstmals das offizielle Amt des »Schirmträgers« belegt. Vermutlich über die Normannen in Sizilien sind sie nach Italien gelangt, wo sie bei päpstlichen Prozessionen verwendet wurden. Im hohen Mittelalter entwickelte sich aus beiden Traditionen der viereckige, auf Stangen ruhende oder getragene, mit wertvollen Stoffen bespannte Baldachin, der den Ort des Herrschers kennzeichnete oder die Heiligkeit von Reliquien oder der Hostie hervorhob. Die neuhochdeutsche Wortform *Baldachin* (1667) wurde in diesem Zusammenhang Anfang des 17. Jh.s aus dem Französischen bzw. Italienischen neu entlehnt. 1603 ist von einem »König under einem Baldequin oder Himmel« die Rede; 1609 wird eine »Tapezerey und Baldachino zu einem Bett« erwähnt. Diese Sitte, zusätzlich luxuriöse

Betten mit einem »Betthimmel« auszustatten, die sich ab dem späten Mittelalter langsam verbreitete, dürfte, abgesehen vom Repräsentationsbedürfnis, auch mit einer Tendenz zur Individualisierung der Schlafgewohnheiten bei den gesellschaftlichen Eliten zusammenhängen (s. Alkoven). 1580 moniert Michel de Montaigne, dass die Betten in München zwar Vorhänge, aber keine »Himmel« (frz. »ciels«) hatten. (4)

Die gesellschaftlichen Veränderungen im 19. Jh. bewirkten, dass der aristokratische Baldachin, ab dem 13. Jh. meistens »Himmel« genannt, im weltlichen Bereich allmählich verschwand und heute fast nur noch bei den traditionellen Prozessionen der katholischen Kirche zu sehen ist. (5)

(1) EI (*Baghdād*); Lombard, Blütezeit 43, 138, 185ff.; Lombard, Textiles 90ff., 249ff.; Serjeant 16ff., 27ff.; (2) Schramm III,724; Miracula S. Adalberti, MGH (SS) IV,615; Tazi 139; Du Cange, MLW (*baldakinus*); M. Bambeck, Boden und Werkwelt, 1968, 154, 230; LM (*Baldachin*); Parzival 13ff.; 228–236, 789ff., 810; Latham 58f.; Lombard, Textiles 93; LM (*Seide*; *Textilien*; *Araber III. Handel*); Schivelbusch 17ff.; Tazi 161ff.; Lexer (*baldekîn*); Rey (*baldaquin*); (3) Frühnhd. Wb. (*baldekin*); Cortelazzo/Z., Battaglia (*baldacchino*); Pellegrini Ric. 85; C. Tagliavini, Storia di parole, 1963, 438ff.; Steuerwald (*bağdadî*); (4) LM (a. a. O.); Schramm III,716–727; Reallex. f. Antike u. Christ. I,1150ff.; Lombard, Textiles 186; EI (*miẓalla*); Pfeifer, DF² (*Baldachin*); LM (*Bett, Wohnen*); Montaigne 50; (5) Zedler (*Baldachin, Himmel*); DWB (*Himmel II*).

Benzin

(Nhd.) *Benzin* ist abgeleitet von *Benzoe* und dieses wieder von (ar.) *lubān Ǧāwī* (›Weihrauch aus Java‹). (Ar.) *lubān* ›Weihrauch‹ geht wahrscheinlich auf ein altsüdarabisches Wort zurück, das *libān gelautet haben dürfte, jedoch nicht belegt ist (und selbst vermutlich mit einer semitischen Wurzel *l-b-n* ›weiß‹ zusammenhängt). In der Tat stammt der Strauch, Boswellia sacra bzw. carteri, der das berühmteste Weihrauchharz liefert, aus Jemen und Gegenden des heutigen Somalia, und besonders angesehen waren offenbar weiße Körner. (1)

Weihrauch wurde im Altertum vor allem im Rahmen religiöser Opferriten verbrannt und war deshalb seit Mitte des 2. Jt. v. Chr. begehrtes Handelsobjekt von Ägypten bis Persien. Zusammen mit Myrrhe (s. d.) und anderen, teilweise aus Indien importierten Aromata machte er ab dem 1. Jt. v. Chr. den Reichtum des »Glücklichen Arabien« (lat. »Arabia felix«) aus. Entlang der sogenannten Weihrauchstraße wurde er in Kamelkarawanen bis ans Mittelmeer gebracht und von dort aus verschifft: Um 600 v. Chr. erwähnt die Dichterin Sappho (gr.) *líbanos* (vermutlich aus südar. *libān*) als Duft, der einen Hochzeitszug begleitet; bei den Römern, die ihn in Alexandria oder Gaza (s. Gaze) abholten, war er hoch geschätzt und wurde auch im Kaiserkult gebraucht. Die frühen Christen lehnten den kultischen Gebrauch des Weihrauchs deshalb anfänglich kategorisch ab, verwendeten ihn aber ab dem 5./6. Jh. selbst im Gottesdienst. Der Weihrauch, der heute in der katholischen Kirche verwendet wird, ist allerdings meistens mit anderen Duftstoffen, z. B. Benzoeharz vermischt. Im kirchlichen Latein wurde der Weihrauch ab dem Mittelalter *olibanum* (aus byz.-gr. *(t)ò líbanos* oder lat. *oleum* + gr. *líbanos*) genannt, daher sein wissenschaftlicher Name *Olibanum*, unter dem heute ätherisches Weihrauchöl in Reformhäusern angeboten wird. Auch bei den islamischen Arabern war er beliebt. Zahlreich sind die Stellen in »1001 Nacht«, wo etwa Ehrengäste mit Weihrauch beräuchert werden. (2)

Um 1300 berichtet der Kosmograph ad-Dimašqī von einen Baum auf einer südostasiatischen Insel, den er *šağarat šāhaṣīnī* (›Baum des Kaisers von China‹, s. Schach) nennt, und erwähnt dabei auch dessen Harz unter dem

Namen *lubān Ǧāwī* ›Weihrauch aus *Ǧāwa*‹. Diese Bezeichnung bestätigt wenige Jahrzehnte später der Reisende Ibn Baṭṭūṭa in seinem Bericht aus Sumatra, das damals wie die Nachbarinsel (und andere Inseln der Region) Java (ar. *Ǧāwa*) genannt wurde. Es handelt sich bei dem Baum um eine Styraxart, Styrax benzoin, dessen Harz einen angenehmen Duft verströmt. Dieses Harz (und das des verwandten Styrax tonkinense) ist bald in die arabischen Gebiete verschifft worden, in der zweiten Hälfte des 15. Jh.s soll es von Mameluckenherrschern Ägyptens als wertvolles Geschenk beispielsweise dem Dogen von Venedig übersandt worden sein. (3)

Nach Westeuropa gelangte es vermutlich durch den katalanischen Mittelmeerhandel. Zuerst belegt ist nämlich 1430 (kat.) *benjuí*, offenbar entstanden, weil man in der ersten Silbe von (ar.) *lubān Ǧāwī* den Artikel (kat.) *lo* zu sehen vermeinte und ihn deshalb abtrennte. Der Handelsartikel gelangte mit der katalanischen Bezeichnung nach Frankreich und Italien, wo er ab dem Ende des 15. Jh.s in Formen wie *benjui*, *belgoino* oder *belzoino* auftaucht. Aus einer dieser Wortformen wurden die wissenschaftlichen Bezeichnungen (nlat.) *Benzoe*, *Benzoin*(*um*) abgeleitet. 1732 werden in Zedlers Lexikon verschiedene medizinische Wirkungen von (nhd.) *Benzoe*, *Benzoin* aufgeführt, auch seine Verwendung in einer Art Gesichtsmilch wird beschrieben. (4)

Eine 1825 von dem englischen Physiker Michael Faraday entdeckte chemische Verbindung wurde 1833 von dem Chemiker Eilhard Mitscherlich durch Destillation der aus dem Benzoeharz sublimierten Benzoesäure dargestellt und von ihm (durch Anfügung einer gängigen Ableitungssilbe) *Benzin* genannt. Ein Jahr später gab Justus von Liebig diesem flüssigen Kohlenwasserstoff den heute noch gültigen Namen *Benzol*. Die Bezeichnung *Benzin* konnte deshalb in der zweiten Hälfte des 19. Jh.s auf eine andere Substanz übertragen werden: das flüssige Kohlenwasserstoffgemisch, das aus Erdöl gewonnen wird. Seit Beginn des 20. Jh.s wird es als Reinigungsmittel, vor allem aber als Treibstoff für die ständig wachsende Zahl von Kraftfahrzeugen benutzt. (5)

(1) W. W. Müller, Zur Herkunft v. libanos, Glotta 52, 1974, 53ff.; Groom 130f.; (2) DNP (*Weihrauch*, *-straße*); Ohloff 131f.; Sappho, Hrsg. Max Treu, [5]1976, 55 b D., 53; Plinius 12,51ff.; LM (*Weihrauch*); Faure 266ff.; R. Fattinger, Pastoralchemie, 1930, 179; Du Cange (*olibanum*); Reallex. Byz. 369; Müller (a. a. O.); 1001 Nacht, z. B. Ende 20. Nacht, dt. I,231, ar. I,153; (3) WKAS II,172; Ibn Baṭṭūṭa frz. 282f., ar. 617, 621; EI (*djāwī*); K. Miller, Weltkarte des Arabers Idrisi, 1981, 13; Marco Polo dt. 269f.; Groom 32; Heyd II,575f.; (4) Coromines (*benjuí*); Tazi 255f.; Pellegrini Ar., 122; Cortelazzo/Z. (*benzoino*); Zedler (*Asa dulcis*); (5) DF[2], Pfeifer (*Benzin*); H. Cottez, Dictionnaire des structures, 1980, 50; Römpp 392f.

Berberitze

Berberitze oder »Sauerdorn« ist der Name eines vom Mittelmeerraum bis Mitteleuropa verbreiteten Strauchs mit gelblicher Rinde. Sein hartes Holz wird für Drechsler- oder Einlegearbeiten (s. Intarsie) benutzt, aus seinen säuerlichen roten Früchten kann man einen wohlschmeckenden Saft bereiten. (1)

Der Name geht zurück auf arabische Bezeichnungen unklarer Herkunft, die im 9. Jh. bei dem Arzt aṭ-Ṭabarī *an-* oder *ambarbārīs* und verkürzt *barbārīs* (so die später übliche Form) lauten. Möglicherweise ist das Wort an die arabische Bezeichnung *barbar* ›Unzivilisierte, Berber‹ angeglichen worden, das sich vom Verb *barbara* ›durcheinander reden, plappern‹ herleitet; *barbar* nannten nämlich die arabischen Eroberer die Völker, auf die sie im 7./8 Jh. in Nordafrika trafen, interessanterweise ein Verfahren wiederholend, das schon die Griechen angewandt hatten, als sie die fremden Völker auf Grund ihres unverständlichen »Ge-*brabbels*« als Barbaren (gr. *bárbaroi*) bezeichneten. (2)

Die Berberitze wurde von den Arabern vor allem zu medizinischen Zwecken gebraucht, nach Rhazes/ar-Rāzī beispielsweise gegen Entzündungen der Leber, aber auch als durstlöschendes Getränk. Seit den freien Übersetzungen von Constantinus Africanus für die Medizinschule von Salerno Ende des 11. Jh.s taucht dann (mlat.) *berberis* im medizinischen Schrifttum der Europäer in ähnlichen Verwendungen auf. (Daraus im Mittelhochdeutschen gelegentlich in Formen wie *erbisib*, wohl in volkstümlicher Anlehnung an (mhd.) »erbîz« ›Erbse‹.) Anfang des 17. Jh.s wird (mlat.) *berberis* ins Latein der Botaniker übernommen. 1574 findet sich ein neuhochdeutscher Beleg *Berberes*; die heutige Form *Berberitze* hat sich um 1800 im Hochdeutschen durchgesetzt. (3)

In den arabischen und europäischen mittelalterlichen Schriften wird die Berberitze immer wieder mit dem Weißdorn (Crataegus oxyacanthus u. a.) verwechselt, der mit der Mispel verwandt ist und im Arabischen meist (*az-*)*zuʿrūr* heißt. Mit dem Wort und seinen Abkömmlingen in den romanischen Sprachen (sp. *acerola*, port. *azarola*, it. *lazzaruola*) wurden in der Folgezeit insbesondere die kleinen, orangefarbenen, apfelähnlich schmeckenden Früchte des *Crataegus azarolus* (dt. *Azerolenbaum*, 1773) der Mittelmeerländer bezeichnet. (4)

Eine merkwürdige Umbenennung scheint in den letzten Jahren in Brasilien erfolgt zu sein. Dort wurde die Bezeichnung des wohl nur dem Namen nach bekannten (port.) *azarolo* auf einen ganz anderen, aus der Karibik stammenden Baum (Malpighia glabra oder punicifolia) übertragen. Dieser hat kleine rote Früchte, die sogenannten Barbados-Kirschen, die einen außergewöhnlich hohen Vitamin-C-Gehalt haben. Seit kurzem kann man daher in deutschen Apotheken oder Reformhäusern *Acerola*-Saft, -Pulver oder -Tabletten kaufen. (5)

(1) Marzell I,568ff.; Hegi³ IV,1, 6ff.; (2) aṭ-Ṭabarī 252, 291f., 401; Schmucker 90, 214; Wehr 77; EI (*Berbers*); Frisk I,219; Pfeifer, Kluge (*Barbar*); (3) Ibn al-Baiṭār Nr. 146; Tazi 93f.; MLW (*berberis*); Constant. Afric. 364; LM (*Berberitze*); Marzell (a. a. O.); Pfeifer (*Erbse*); (4) Ibn Ǧulǧul Nr. 21; Dietrich I,62; Marzell I,1215ff.; Philipps 106; Wehr 523, Schmucker 216f.; Corominas/P. (*acerola*); Machado (*azarola*); Cortelazzo/Z. (*lazzeruolo*); Genaust (*azarolus*); (5) Dicionário da Língua Portuguesa Contemporânea, 2001 (*acerola*).

Bor

Die Bezeichnung des chemischen Elements (nhd.) *Bor* stammt aus dem frühen 19. Jh. Sie ist offenbar angelehnt an (frz.) *bore*, *borium* bzw. (engl.) *boron*, Bezeichnungen, die das Element nach seiner Entdeckung (1808) erhielt. Diese wiederum sind letztlich gekürzt aus (frz., engl.) *borax*, dem Namen des Natriumtetraborsulfats, eines Borsalzes. *Borax* selbst geht übers Mittellateinische zurück auf (ar.) *bauraq*, das aus dem Persischen zu stammen scheint (vgl. npers. *būra*). (1)

Bereits bei dem persischstämmigen Mediziner aṭ-Ṭabarī (gest. um 865) wird die medizinische Verwendung von (ar.) *bauraq* erwähnt, etwa als Augenheilmittel oder gegen Krätze. In der systematischen Darstellung alchimistischer Substanzen und Verfahren durch den Arzt Rhazes (mlat. aus ar. *ar-Rāzī*, gest. um 930) ist (ar.) *bauraq* ein Oberbegriff. Unter ihn fallen (ar.) *naṭrūn* (s. Natron, Soda), aber auch ein Baumharz, ein »*bauraq* der Bäcker«, mit dem Brote vor dem Backen bestrichen werden, um sie ansehnlich und glänzend zu machen (also wohl Soda bzw. verdünnte Natronlauge wie bei den Laugenbrezeln), ein kostbarer »*bauraq* der Goldschmiede« und ein künstlicher *bauraq*, (ar.) *tinkār* genannt. Bei den beiden letztgenannten Stoffen könnte es sich tatsächlich um das heutige Borax handeln, denn Borax eignet sich zum Löten von Gold, und (ar.) *tinkār* wurde wohl ebenfalls von Goldschmieden gebraucht (zusätzlich aber auch als Mundantiseptikum). Seine Bezeichnung, die vielleicht aus dem Malayischen stammt, wurde später in der Form (nhd.) *Tinkal* (aus mlat. *atincar*) ein Synonym für Borax. (2)

Die europäischen Ärzte und Alchimisten übernahmen (ar.) *bauraq* in Formen wie (mlat.) *borax*, *boraga*, *bauras* u. a., die ab dem 12. Jh. belegt sind: In einer Handschrift wird beispielsweise *atincar* durch *burrago* erklärt. Die Unklarheit, welcher Stoff nun eigentlich damit gemeint sei, wurde allerdings eine Zeitlang noch dadurch vermehrt, dass man (lat.) »nitrum«, mit dem *baurac* beispielsweise bei dem deutschen Gelehrten Albertus Magnus (gest. 1280) gleichgesetzt wurde (»Arabes nitrum *baurac* nominant«), inzwischen auch für Salpeter verwendete (s. Natron). Im 14. Jh. ist (mhd.) *boras* in nicht ganz klaren Zusammenhängen erwähnt. Der Arzt Paracelsus (gest. 1547) führt (mlat.) *borax* unter den Mineralien auf. Erst allmählich schälte sich die moderne Bedeutung von Borax heraus. In Zedlers Lexikon von 1733 herrschen zwar noch einige Unsicherheiten über den Stoff, der unter dem Stichwort *Borax* (»Teutsch *Borras*, *Borres*«) beschrieben wird, insgesamt geht jedoch daraus hervor, dass es ein Salz sei, das vermutlich aus Indien komme, in Venedig bzw. von Holländern und Engländern verarbeitet werde und das man zum Löten von Gold und Silber, als Flussmittel bei Metallen (zur Erleichterung der Schmelze) und in der Seifenproduktion verwende. Von heute aus betrachtet fehlt an dieser Aufzählung, abgesehen von der ungenauen Herkunftsangabe, im wesentlichen nur die Verwendung bei der Herstellung von Emaille, Glasuren und Glas. (3)

(1) Lüschen 192; Hollemann/W. 987; Rey (*borax*); OED (*boron*); Wehr 122; EI (*bawraḳ*); Steingass 206; (2) Schmucker 123; aṭ-Ṭabarī 137, 395, 410; Goltz 248ff., 281f.; EI (a. a. O.); Garbers 357f.;

LM (*Borax*); MLW (*atincar*); (3) MLW (*borax*); Mappae Clavicula 57f., 108; Goltz 249f., 371f.; Ahd. Wörterb., Hrsg. E. Karg-Gasterstädt u. a., Berlin 1968ff. (*boras*); Lüschen (a. a. O.); Römpp 495.

Elixier

Unter (nhd.) *Elixier* versteht man heute meistens nicht mehr einen Heiltrank, sondern im übertragenen Sinn ein beflügelndes Element, ein »Lebenselixier«. Das Wort selbst geht auf (ar.) *al-iksīr* zurück. Mit diesem Begriff wurde das spätgriechische *xêríon* (aus gr. *xêrós* ›trocken‹) wiedergegeben, das ab dem 3. Jh. n. Chr. in der Bedeutung ›Pulver zur Wundbehandlung‹ belegt ist. Der nestorianische Arzt und Übersetzer Ibn Māsawaih (gest. 857), Krankenhausdirektor in Bagdad, zählt verschiedene (ar., pl.) *akāsīr* zur Augenbehandlung auf; der Arzt ar-Rāzī (mlat. Rhazes, gest. um 930) benutzt für das Augenpulver die aufs syrische *ksīrīn* zurückgehende Wortform (ar.) *iksīrīn*, mit der in anderen Texten auch allgemein ein Pulver zur Wundbehandlung bezeichnet wird. Nun ist allerdings (ar.) *iksīr*, wie die Äußerungen des Literaten al-Ǧāḥiẓ aus Basra (gest. um 869) zeigen, bereits Mitte des 9. Jh.s auch schon zu einem Schlüsselwort der arabischen Alchimie geworden, wo es statt eines medizinischen Pulvers die Substanz bezeichnet, die unedle Metalle in Silber und Gold verwandeln helfe. Das könnte darauf hindeuten, dass die Übertragung aus dem medizinischen Bereich, die wohl auf der alchimistischen Idee des »Heilens kranker Metalle« beruht, schon im Griechischen stattgefunden hat. Aus verständlichen Gründen hat die arabische Alchimie um die genaue Rezeptur des *iksīr*, das aus mineralischen, pflanzlichen oder tierischen Stoffen bestehen konnte, stets ein großes Geheimnis gemacht; es wurde daher mit zahlreichen Decknamen belegt, darunter (ar.) »ḥaǧar al-falāsifa« bzw. »ḥağar al-ḥukamāʾ«, was als (mlat.) »lapis philosophorum« bzw. (nhd.) »Stein der Weisen« zu einem zentralen Begriff der europäischen Alchimie wurde. (1)

Im Westen Europas, dem »Abendland«, findet sich (mlat.) *iksir* in der »Turba philosophorum«, einer möglicherweise schon im 11. Jh. ins Mittellateinische übersetzten arabischen Schrift, in der neun vorsokratische griechische Philosophen unter Vorsitz des Pythagoras kosmologische und alchimistische Theorien diskutieren. In Übersetzungen und Abhandlungen sind später die Formen (mlat.) *elixyr*, *elixir*, *elixirium* belegt. Albertus Magnus spricht Mitte des 13. Jh.s in einer etwas obskuren Bemerkung von einem (mlat.) *elixyr alkymicum*, »mit dem die Metalle verwandelt werden«. In diesem Sinn erwähnt es 1266 auch der Gelehrte Robert Bacon, er fügt allerdings hinzu, dass das *Elixir* auch kranke Körper heilen und das Leben verlängern könne. Diese neue Bedeutung verbreitet sich nun; unter (mlat.) *elixir* u. a. wird mehr und mehr eine lebenserhaltende oder -verlängernde Substanz verstanden, die in Anlehnung an Aristoteles' Elementenlehre auch als (mlat.) »quinta« (›fünfte‹) »essentia« (daraus nhd. »Quintessenz«) bezeichnet wird. Dabei dürfte wieder die Idee, das Elixier könnte »kranke« Metalle heilen, eine Rolle gespielt haben, vielleicht auch allegorische Bezüge auf Christus als den Heiler der Kranken. Ein möglicher Einfluss der chinesischen Medizin, die schon lange zuvor nach einem »Elixier der Unsterblichkeit« suchte, ließ sich bisher nicht schlüssig beweisen. (2)

Im Deutschen erscheint (frnhd.) *elixir* erstmals um 1416 in einem Volkslied (»der stain … *elixir*«); dort und auch 1500 im Buch über die Kunst des Destillierens von Hieronymus Brunschwig (»*elixier*«) ist damit noch der »Stein der Weisen« gemeint. Als lebenserhaltendes Prinzip »ein quinta essentia« taucht das Wort 1525 bei dem Arzt Paracelsus auf, schon fünf Jahre zuvor bezeichnet er es allerdings auch als »liquidum« (›Flüssigkeit, Trank‹). Diese konkrete Bedeutung setzt sich in der folgenden Zeit in der Medizin durch: 1539 ist »ein *Elixier* oder Tinktur« erwähnt; 1616 das »*Elixier* ... ein auserlesene artznei«. Tatsächlich ist dann das Elixier im 17. Jh. offensichtlich zu einer bevorzugten Arzneiform geworden; in Zedlers Lexikon von 1734 werden etwa 150 Elixiere gegen die verschiedensten Beschwerden und Krankheiten beschrieben, die meistens aus verschiedenen in Alkohol aufgelösten Kräuterextrakten bestehen. Die frühere Bedeutung ›Trank zur Gesundung oder Lebensverlängerung‹ spiegelt sich um diese Zeit im oft abwertend gemeinten Gebrauch von Elixier als ›Zaubertrank‹ und heute noch in dem Ausdruck *Lebenselixier.* (3)

(1) Wehr 33; Liddell/Scott 1190; Frisk II,336; EI (*al-iksīr*); Ullmann, Natur- u. Geheimwiss. 115, 249f., 257ff.; al-Ǧāḥiẓ I,6f.; III,385 usw.; Tazi 111; (2) MLW (*elixir*, persönl. Mitteilung); LM (*Turba philosophorum*); Albertus Magnus, De animalibus XXV,19; OED (*elixir*); LM (*Elixirium*, *Alchemie*); Ullmann, Natur- und Geheimwiss., 260; Cobb 62, 76f., 83f., 90f.; Strube 65; (3) DWB², DF² (*Elixier*); Tazi 122; Zedler (*Elixir*).

Estragon

Die Gewürzpflanze Estragon stammt aus dem südlichen Sibirien. Wohl über Persien ist sie in den arabischen Kulturraum gelangt. (Ar.) *ṭarḫūn* wird erstmals von dem Arzt aṭ-Ṭabarī (gest. um 865) erwähnt; wenig später beschreibt der Gelehrte ar-Rāzī (mlat. Rhazes) medizinische Wirkungen der Pflanze. Diese werden in der Folgezeit von anderen Ärzten und Botanikern ergänzt, etwa durch die Eigenschaft, den Appetit anzuregen. Die arabische Bezeichnung der Pflanze scheint dabei, vielleicht über das Syrische, auf den griechischen Namen *drakóntion* ›kleiner Drache‹ zurückzugehen. Mit ihm bezeichneten allerdings

Griechen und Römer (lat. *dracunculus*) eine andere Pflanze, wahrscheinlich unter anderem die, die heute ›Drachenwurz, Schlangenkraut‹ (Arum dracunculus) genannt wird und der bis ins Mittelalter, wohl des Namens wegen, magische Kräfte vor allem gegen Schlangenbisse zugesprochen wurden. (1)

Möglicherweise ist der Estragon durch die Kreuzzüge nach Europa gelangt. Die Wortform (mlat.) *tarcon* ab Ende des 13. Jh.s wird allerdings durch die Übersetzung arabischer medizinischer Schriften zustande gekommen sein. Bei dem französischen Schriftsteller François Rabelais (gest. 1553) wird der Übergang von der medizinischen Verwendung zum Gebrauch in der Küche deutlich: In einer Satire macht er sich über Kleriker lustig, die fürs Essen in der Fastenzeit Kräuter wie frz. *targon* (aus mlat. *tarcon*) empfehlen, obwohl diese doch, entgegen den Intentionen des Fastens, aphrodisierende Wirkungen hätten. Offenbar über die Gartenbaukultur setzte sich dann ab dem 17. Jh. die Form (frz.) *estragon* durch. (2)

Im Deutschen wird die Pflanze erstmals 1574 unter dem Namen *Dragon* erwähnt, der wohl auf eine gleichlautende französische Nebenform zurückgeht. An ihr zeigt sich, dass man mit dem (mlat.) *tarcon* offenbar immer wieder das lateinische *draco* ›Drache‹ und seine Abkömmlinge in den romanischen Sprachen (frz. *dragon*, it. *dragone*) assoziierte und das Wort dementsprechend veränderte. Ganz deutlich wird dies bei Botanikern der Renaissance, die auf die alte lateinische Bezeichnung *dracunculus* für den oben genannten Drachenwurz zurückgriffen, um den Estragon zu benennen. Die seit dem 18. Jh. übliche botanische Bezeichnung *Artemisia Dracunculus* geht auf diese Tradition zurück. Der Philologe Adelung führt die Pflanze 1773 noch unter *Dragun* auf; der aus ihr gewonnene Essig wird allerdings bei ihm *Estargon* genannt. Die aus dem Französischen übernommene Bezeichnung *Estragon* für die Pflanze hat sich dann im 19. Jh. in Deutschland durchgesetzt. (3)

Estragon wurde lange Zeit als Salatkraut verwendet, heutzutage nimmt man es nach dem Vorbild der französischen Küche eher als Zutat zu Geflügelgerichten und Soßen wie der »Sauce béarnaise«. (4)

(1) Hegi VI,635ff.; Tazi 199f.; Wehr 770; Schmucker 289f.; Ibn Gulǧul Nr. 59; Ibn al-Baiṭār Nr. 1459; Liddell/Scott 448; Plinius 24, 143ff.; Wolfram, Parzival 483 (*trachontê*); Albertus Magnus, veget. VI,290 (*dracontea*); Corriente (*estragón*); (2) Hegi, Tazi (a. a. O.); FEW (*ṭarḫūn*); Rabelais, Quint livre, Kap. 28; Rey (*estragon*); (3) Marzell I,428f.; Tazi, FEW, Hegi (a. a. O.); Adelung (*Dragun*); (4) Pini 283, 74.

Falafel

Die Bezeichnung *Falafel* für die frittierten Kroketten aus dicken Bohnen (Saubohnen) und Kichererbsen sowie anderen Zutaten ist mit größter Wahrscheinlichkeit entlehnt von (ar.) *falāfil*, dem Plural von *filfil* (auch *fulful*) ›Pfeffer‹, das selbst, vielleicht über ein persisches *pilpil*, auf (aind., mind.) *pippalī* ›Pfeffer‹ zurückgeht. Das indische Wort steht aber auch am Anfang der Wortgeschichte von (nhd.) *Pfeffer*: Angeblich schon im 5. Jh. v. Chr., gehäuft aber nach dem Zug Alexanders des Großen nach Indien (325 v. Chr.) ist (gr.) *péperi* als Bezeichnung des von dort importierten Pfeffers belegt. Er wurde zuerst im medizinischen Bereich verwendet, etwa gegen Augenleiden und Schmerzen sowie zur Beförderung der Verdauung (letzteres übrigens bis ins 18. Jh.). Ab dem 1. Jh. n. Chr. drang (lat.) *piper* mehr und mehr in die Küche der Römer ein und galt dort als teures Luxusgewürz, das in man großen Mengen über Arabien einführte. Auch nach dem Zusammenbruch des Weströmischen Reiches ist der Pfeffer offenbar nicht ganz in Vergessenheit geraten: Von (lat.) *piper* abgeleitetes *pheffar* u. a. ist im 8. Jh. n. Chr. im Althochdeutschen belegt, und um 973 wundert sich der spanische Jude Ibrāhīm ibn Yaʿqūb, in Mainz »Pfeffer (ar. *filfil*)« und andere Gewürze aus dem »fernsten Orient« vorzufinden. Zwei Jahrhunderte später begann dann die große Zeit der exotischen Gewürze wie Pfeffer, Nelken, Ingwer oder Zimt: Neben dem medizinischen Gebrauch wurde beispielsweise (mhd.) *pheffer* in Adels- und später auch reichen Bürgerkreisen in heute kaum vorstellbaren Portionen den verschiedensten Speisen beigefügt, vor allem um durch Zurschaustellen des teuren Luxusobjekts aus dem Orient gesellschaftlichen Status zu dokumentieren (s. Safran). Das Bestreben, unter Umgehung des arabischen Zwischenhandels direkt zur Heimat der Gewürze vorzustoßen, war neben der Suche nach Gold dann das wichtigste Motiv für die Schiffsreisen von Kolumbus und Vasco da Gama am Ende des 15. Jh.s. Die durch da Gama eröffnete direkte Verbindung nach Indien (s. Monsun) ermöglichte den Import großer Mengen von Pfeffer; er wurde damit breiteren Kreisen zugänglich und verlor allmählich seinen Nimbus als Statusobjekt, blieb jedoch Bestandteil der westeuropäischen Küche. (1)

Die Bezeichnung (ar.) *filfil* für den aus Indien importierten Pfeffer ist im islamischen Raum seit Mitte des 9. Jh.s vielfach belegt als Name verschiedener Pfefferarten, die medizinisch und in der Küche verwendet wurden, ohne dass sie allerdings die außergewöhnliche Bedeutung erlangten, die sie im späten Mittelalter im westlichen Europa innehatten. Der Name (ar.) *falāfil* für die Kroketten, ursprünglich ein ägyptisches Gericht namens »ṭaʿmiyya«, entstand wohl in der ersten Hälfte des 20. Jh.s im libanesisch-palästinensischen Raum. Dort wurde das Gericht unter Namen wie (ar.) *umm al-falāfil* (›Mutter des Pfeffers‹) bekannt, offenbar weil die Kroketten stets Pfeffer, oft aber auch (grüne) Peperoni enthalten, welche auf Arabisch ebenfalls *filfil* heißen. In der zweiten Hälfte des 20. Jh.s wandelten sich die *falāfil* in Libanon und Palästina zum urbanen Fast Food in der handlichen Brottasche und fanden in dieser Form auch bei den Juden Israels großen Zuspruch; inzwischen ist (hebr.) *falafel* sogar zu einem israelischen Nationalgericht geworden. (2)

In Deutschland scheint sich die *Falafel* (mit »ṭaḥīna«-Sauce aus Sesamöl) seit einigen Jahren als vegetarische Alternative zum türkischen Döner Kebap (aus tk. »döner« ›Dreh-‹ und »kebap«, ›geröstetes Fleisch‹, dies aus ar. »kabāb« ›kleine am Spieß gebratene Fleischstücke‹) allmählich durchzusetzen. (3)

(1) Wehr 980; Lane 2434f.; Schmucker 320; Mayrhofer II,133; Frisk II,508; Liddell/Scott 1363; DNP (*Pfeffer, Gewürze*); Zedler (*Pfeffer*); Küster 192ff.; Plinius 12,26ff; Pfeifer (*Pfeffer*); Arabische Berichte 31; Braudel I,231ff.; Montanari 75ff.; Schivelbusch 14ff.; (2) Ibn al-Baiṭār Nr. 1696ff.; Rodinson, Recherches 152; Heine 57; G. N. Rayess, Rayess' Art of Lebanese Cooking, 1966, 29; Başan 113; J. Kantor, A History of the Mideast in the humble chickpea, New York Times 10. 6. 2002; (3) Steuerwald (*döner, kebap*); Wehr 1080; WKAS I,14ff.

Gamasche

(Nhd.) *Gamasche* geht letztlich zurück auf (ar.) *ǧild Ġadāmisī* ›Leder aus Ghadames‹, einer kleinen Oasenstadt am Schnittpunkt der heutigen Staaten Algerien, Tunesien und Libyen, die früher vornehmlich vom Transsaharahandel lebte (Sklaven, Gold, Leder aus dem Innern Afrikas gegen Baumwollstoffe, Zucker etc.). (Ar.) *Ġadāmis* gibt dabei (lat.) *Cydamus* (*Cidamus*) wieder, den alten Namen der Stadt, die 20 v. Chr. von den Römern erobert und in byzantinischer Zeit angeblich christianisiert worden war, bis sie 667 den Arabern in die Hände fiel. (1)

Von (ar.) *ǧild Ġadāmisī* als einem besonders feinen und weichen Leder berichtet bereits der Geograph Abū ʿUbaid al-Bakrī (gest. 1094) aus Córdoba in Spanien. In der Tat war der islamische Westen bekannt für seine Lederarbeiten, und hier insbesondere Córdoba, wo Muslime Ledermanufakturen aufgebaut hatten (daher frz. »cordonnier« ›Schuster‹ und dt. »Korduan« ›feines Leder‹). Ihre Kenntnisse brachten sie später wieder nach Nordafrika mit, wo dann vor allem Fes in Marokko für seine Gewebe und Lederarbeiten berühmt wurde. (Von ar. »Marrākuš« ›Marrakesch‹ ist nicht nur nhd. »Marokko«, sondern übers Französische auch die Bezeichnung nhd. »Maroquin« für eine bestimmte feine Lederart abgeleitet.) (2)

Im »Cantar de mio Cid« (um 1140), der Verserzählung vom Leben des Rodrigo Ruy Diaz, El Cid (aus ar. »saiyid« ›Herr‹) genannt, der sowohl in den Diensten der Christen als auch der Muslime kämpfte und später zum spanischen Nationalhelden wurde, veranlasst der Cid, dass zwei angebliche Schatztruhen mit rotem *guada(l)meçí* und goldenen Nägeln beschlagen werden. (Sp.) *guadamecí* im Sinne von ›feines, mit Reliefs versehenes Leder‹ wurde 1316 auch in Barcelona hergestellt; und im 16. Jh. berichtet ein spanischer Reisender von Tischdecken in Fes aus (sp.) »cuero [Leder] *guadamecil*«, offenbar feinem Leder mit goldenen Mustern. (3)

Im Provenzalischen sind, aus dem Spanischen abgeleitet, 1307 *godamessin*, eine Art Leder, und 1383 *gamacha*, angeblich schon in der Bedeutung ›lederner Überstrumpf‹, bezeugt. Die nächsten Belege finden sich erst zwei Jahrhunderte später im Französischen, wo (frz.) *gamache* (1591) einen Überstrumpf bezeichnet, der aus unterschiedlichen Materialien bestehen konnte. Die Bedeutungsverschiebung vom ›feinen Leder‹ zum ›Überstrumpf‹ dürfte dabei über die strumpfartigen, oft aus Leder gefertigten sogenannten Beinlinge stattgefunden haben, die Männer im späten Mittelalter trugen. Aus dem Französischen abgeleitet, sind »*Gammachen* oder zugeschnierte wullin Strimpff« im Deutschen erstmals 1615 erwähnt. Im folgenden Jahrhundert wurden mit (nhd.) *Gamaschen* (1637) Überstrümpfe bezeichnet, die von Reitern, Reisenden und Soldaten getragen wurden. Eine zweifelhafte Berühmtheit erlangten die Gamaschen durch die Tatsache, dass der Soldatenkönig Friedrich Wilhelm I. im Jahr 1713 seinen Soldaten kniehohe, seitlich zuknöpfbare Gamaschen aus weißem Leder verordnete. Aufgrund des sprichwörtlichen preußischen Drills, der sich auch daran festmachte, dass die Gamaschen stets ordentlich sitzen und sauber gehalten werden mussten, wurde etwa ab 1800 (nhd.) *Kamasche* zum Symbol für ein übertriebenes, sich an Äußerlichkeiten festmachendes Reglement und führte zu Wortschöpfungen wie *Kamaschendienst*, *Kamaschenhengst* usw. Die volkstümliche Redeweise »*Gamaschen* [Angst] haben« bezieht sich ebenfalls auf den preußischen Militärdienst. (4)

Seit der Französischen Revolution breiteten sich die ursprünglich aus dem einfachen Volk stammenden langen Hosen in Europa aus. Dies führte dazu, dass Gamaschen nun meistens in Knöchelhöhe hergestellt wurden. Bis ins 20. Jh. dienten sie immer wieder als modische Accessoires. In der Gegenwart werden sie fast nur noch von Bergsteigern oder Skifahrern als Schutz vor Nässe benutzt. (5)

(1) EI (*Ghadames*); DNP (*Kidame*); Plinius 5,35 f.; (2) Dozy/Engelmann 280 f.; Müller 90 f.; Lombard, Blütezeit 94; Rey (*cordonnier*); Tazi 164; DWB (*Korduan*); FEW (*Marrākuš*); EI (*Fās*); LM (*Araber*, 841); Wehr 1197; Tazi 213 f.; Rey (*maroquin*); (3) Tazi 276 f.; Cid, V. 87 f.; Corominas/P. (*guadamecí*); Corriente (*godomecil*); Dozy/Engelmann (a. a. O.); (4) FEW (*ġadāmasī*); Huguet, Trésor (*gamache*); Reclams Kostümlex., DF (*Gamasche*); Zedler (*Kamaschen*); Küpper (*Gamaschen*); DWB (*Kamasche*); (5) Reclams Kostümlex. (a. a. O.).

Gaze taucht in Europa zuerst im Französischen auf: 1461 wird bei einer Art Inventur ein »Männergewand aus *gaze*« erwähnt. Im folgenden Jahrhundert bedeutet dann (frz.) *gaze* und daraus abgeleitetes (engl.) *gauze* offenbar einen leichten, mehr oder weniger durchsichtigen Stoff, der ursprünglich wohl aus Seide, dann aber auch aus anderen Rohstoffen verfertigt wurde. Gelegentlich war er mit Gold- oder Silberfäden durchzogen und dann vermutlich recht wertvoll. (Dass es sich bei einem schon 1279 im ungarischen Buda erwähnten Stoff (mlat.) *gazzatum*, der den Mönchen eines Klosters zu tragen verboten war, um eine frühe Form desselben Worts handelt, ist wahrscheinlich, aber nicht sicher.) (1)

Ins Deutsche ist (frz.) *gaze* wohl übers Niederländische *gaas* gelangt. Zuerst belegt ist es 1649, als Friedrich von Spee »fliessend Silber*gas*« als Bild für das Wasser des Bachs gebrauchte. Die heutige Form taucht im Plural 1679 in einer Aufzählung aus dem Handel auf: »Die Seidene Tuch / und allerhannd dünne Zeug / Crispes, *Gazes* … genant«. 1717 erwähnt Lady Montagu in ihren Briefen aus Adrianopel/Edirne im Osmanischen Reich Hemden für Frauen aus dünner, kostbarer Gaze (engl. *gauze*), und noch 1785 imaginiert Christoph Martin Wieland eine Szene im Harem (s. d.), wo eine Frau, die von *Gase* »wie ein leichter Schatten … hier und da umwallet, nicht verhüllt« ist, erfolglos versucht, einen braven deutschen Ritter zu verführen. In der Bedeutung ›dünnes, durchsichtiges, lockeres Gewebe‹ ist (nhd.) *Gaze* dann auch in anderen Bereichen verwendet worden; heute bezeichnet man damit verschiedene Gewebe, die im Siebdruck, in der Buchbinderei und als Verbandsmull zur Wundversorgung Verwendung finden. (2)

Auf welchem Weg Stoff und Wort nach Europa gelangt sind, ist unklar; sie stammen jedoch mit einiger Sicherheit aus dem arabisch-islamischen Kulturraum. Dort sind schon ab dem 9. Jh (ar.) *qazz* sowie (weiter östlich) (ar.) *ḫazz* gebräuchlich für zwei der Seidenstoffe, die in großer Menge produziert wurden, nachdem die Araber die Seidenraupenzucht übernommen und in dem von ihnen dominierten Mittelmeerraum weiter verbreitet hatten (s. Baldachin). Insbesondere (ar.) *qazz* ist ursprünglich wohl auch für die noch unbehandelte Roh- oder Flockseide gebraucht worden. Möglich ist, dass beide Bezeichnungen einen gemeinsamen Ursprung haben, der in einem persischen Wort vermutet wird, das sich in (npers.) *kaz* ›Rohseide‹ erhalten hat. Tatsächlich haben die Araber die chinesische Technik der Seidenweberei auch in Persien kennen gelernt. Nicht ausgeschlossen ist es aber auch, dass den europäischen Wörtern (ar.) *Qassī* zugrunde liegt, mit dem, angeblich nach einer alten Stadt *al-Qass* oder *al-Qais* nahe dem Hafen *Gaza* (ar. *Ġazza*) in Palästina, ein Seidenstoff bezeichnet wurde, der vielleicht identisch ist mit einem auf Grund seiner Transparenz gelegentlich geschmähten »koptischen« Textil. (3)

(1) Trésor, Rey (*gaze*); FEW (*Ġazza*); OED (*gauze*); Du Cange (*gazzatum*); Tazi 201 f.; (2) Brunt 318; F. Spee, Trutz-Nachtigall, Hrsg. van Oorschot, Stuttgart 1985, 132; Montagu, Briefe v. 1. u. 18. 4. 1717, 240, 260; Wieland, Oberon XII,17; (3) Wehr 332, 1022; EI (*ḥarīr*) Serjeant, Indices (*ḳazz, khazz, Ḳassī*); Lombard, Textiles 79–104, 180, 241; Lombard, Blütezeit 187 f.; Goitein 454; Steingass 1027; Corriente (*alchaz*).

Gazelle

(Nhd.) *Gazelle* geht auf (ar.) *ġazāl* (fem. *ġazāla*) zurück, das als Oberbegriff für die »Gazellen«, aber auch als Name einer bestimmten Art (Gazella subgutturosa oder Gazella dorcas) verwendet wird. Seit jeher waren die Gazellen als Quelle nahrhaften Fleischs für die Nomaden des

Nahen Ostens von besonderer Bedeutung. Die alte Jagd zu Pferde, ein Thema der altarabischen Dichtung, ist bereits in frühislamischer Zeit zu einem beliebten Zeitvertreib der Reichen geworden, die neben Hunden auch abgerichtete Geparden und Raubvögel zu Hilfe nahmen. Den gesellschaftlichen Stellenwert dieser Veranstaltungen zeigen etwa die Memoiren des syrischen Ritters Usāma ibn Munqiḏ (gest. 1188), der eine Fülle von Jagdszenen schildert, darunter auch eine detaillierte Beschreibung der Gazellenjagd mit Hilfe eines Hundes und vier Würgfalken (ar. *ṣaqr*). Solche aus Asien stammenden *Sacker*falken (vermutlich übers Mittellateinische oder Altfranzösische aus ar. *ṣaqr*, das allerdings auf unklare Weise mit lat./mlat. *sacer* zusammenzuhängen scheint) werden übrigens von Kaiser Friedrich II., welcher angeblich Falkner aus Syrien beschäftigte, in seinem Buch über den ritterlichen Sport der Falkenjagd (s. Papagei) unter der Bezeichnung (mlat.) *sacer* (pl. *sacri*) ausführlich beschrieben. (1)

Schon in der altarabischen Dichtung aber war die Gazelle, etwa auf Grund des schlanken Halses, der grazilen Bewegungen und der großen Augen, Inbegriff des weiblichen Schönheitsideals und *ġazāla* ein gängiger poetischer Name für die Geliebte (gelegentlich steht die Gazelle allerdings, wie im alttestamentlichen Hohenlied, auch für den Mann). Ein Beispiel dafür sind die Verse des umaiyadischen Kalifen al-Walīd ibn Yazīd (743–744) »Ich jagte eine Gazelle ... doch als ich sie gerade töten wollte / schien sie Dir ... als sie ihren scheuen Blick auf mich richtete und mich ansah plötzlich so ähnlich / und ich ließ sie am Leben«. Der hier anklingende Vergleich der Gazellenaugen mit denen der Geliebten hängt sicherlich auch mit der traditionellen Sitte der Beduinenfrauen zusammen, sich die Augen mit Antimonschminke (ar. »kuḥl«, s. Alkohol) schwarz zu umranden. Der auf diese Weise künstlich betonte Schwarz-Weiß-Kontrast der Augen dürfte übrigens auch der koranischen Bezeichnung (fem. pl.) *ḥūr*-

ʿīn (wörtlich ›Groß- und Weißäugige‹) für die paradiesischen Jungfrauen zugrunde liegen, welche über (pers./osman.-tk.) *ḥūrī* zu (nhd.) *Huri* wurde. (2)

Die Westeuropäer lernten die Gazelle auf den Kreuzzügen und Pilgerfahrten nach Jerusalem offenbar in der üblichen Aussprache (ar.) *ġazēl(a)* kennen. In einem lateinischen Kreuzzugsbericht von Anfang des 12. Jh.s ist die Rede von einem »Pferd, das in der Sprache der Sarazenen [also Araber] [mlat.] *Gazela* genannt wird«. Im Altfranzösischen, der vorherrschenden Sprache auf den Kreuzzügen, sind im 12. und 13. Jh. Wortformen wie *gacele* und *gazel* bezeugt; im Italienischen taucht *gacello* u. a. Ende des 14. Jh.s auf, im 16. Jh. setzte sich (it.) *gazzella* durch. Aus den italienischen Formen sind die ersten Belege im Deutschen abgeleitet: 1483/84 heißt es im Bericht einer Pilgerfahrt ins Heilige Land »da gingen ... junge *Gazelli* im hofe umb«; 1611 ist dann (nhd.) *gazella* belegt. *Gazella* ist auch die Form, in der das Wort in Zedlers Lexikon von 1735 aufgeführt ist. Die anschließende kurze Beschreibung, »Egyptische wilde Ziegen, welche Haare und Schwäntze wie die Cameele haben«, zeigt allerdings, dass der Verfasser das Tier nur aus Büchern kannte. Ab Ende des 18. Jh.s setzt sich im Deutschen dann die wahrscheinlich an (frz.) *gazelle* angeglichene Wortform (nhd.) *Gazelle* durch. (3)

Auf Grund der Verwendung von (ar.) *ġazāl* (›Gazelle‹) in der Poesie ist auch ein Einfluss des Wortes auf das ähnlich lautende (ar.) *ġazal* (›Liebesdichtung‹, dt. *Ghasel*) vermutet worden, welches allerdings von (ar.) *ġazala* ›spinnen‹, wahrscheinlicher noch von *ġazila* ›flirten‹ abgeleitet sein dürfte. (Ar.) *ġazal* als Gedichtform jedenfalls, entstanden in der zweiten Hälfte des 7. Jh.s, wurde schnell zu einer eigenständigen poetischen Gattung, die im Gegensatz zur altarabischen *qaṣīda* (nhd. *Kasside*, ein Langgedicht mit wechselnden Themen) ganz dem Liebesthema gewidmet war und von neupersischen Dichtern wie Ḥāfiẓ (gest. um 1390) fortgeführt wurde. Seit dem 19. Jh. wurde die Form des Ghasel gelegentlich in der deutschen Dichtung nachgeahmt. (4)

(1) Wehr 914, 720; EI (*ghazāl*, *bayzara*); Grzimek XIII,472ff.; Usama dt. 244f., ar. 166f.; Du Cange (*sacer*); Federico II. di Suevia, De arte venandi, 2000, V,1 u. passim; Albertus Magnus, De animalibus XXIII, Kap. 5; Rey (*sacre*); Spies 17; (2) E. Wagner, Grundzüge d. klass. ar. Dichtung, 1987, I,186; 1001 Nacht dt. II,415, ar. I,755; Hoheslied 2,9, 8,14; W. Fischer, Farb- u. Formbezeichnungen, 1965, 284, 60f., 6, 75; EI (*ḥūr*); Koran 44,54, 52,20, 55,72, 56,22; Devellioğlu (*hûrî*); (3) Müller 89; Du Cange (*gazela*); Tazi 304; Tobler/L. (*gazel*); Cortelazzo/Z., Battaglia (*gazzella*); Wis 129; DF (*Gazelle*); Tazi 202; (4) EI (*ghazal*); Wehr 914, 1030.

Giraffe

(Nhd.) *Giraffe* geht übers Italienische auf (ar.) *zarāfa* ›Giraffe‹ zurück. Dies Wort ist im Arabischen aber ein Fremdwort. Es könnte, der Herkunft des Tiers entsprechend, aus einer äthiopischen Sprache stammen, im altäthiopischen Geʿez beispielsweise wird die Giraffe *zarāt* bzw. *zārāt* genannt. Nun waren aber Giraffenarten vor einigen Jahrtausenden noch weiter nördlich als heute verbreitet und im Alten Ägypten durchaus bekannt, wie Abbildungen und sogar eine Hieroglyphe bezeugen. (Ar.) *zarāfa* könnte deshalb auch auf ein unbekanntes ägyptisches Wort zurückgehen. (1)

In der europäischen Antike kannte man die Giraffe seit der Zeit des Hellenismus. Julius Caesar ließ 46 eine Giraffe bei seinem Triumphzug in Rom mitführen. Sie wurde u. a. (gr./lat.) »camelopardalis«, also ›Kamelpanther‹ genannt, da sie die Figur bzw. den Kopf eines Kamels, aber das gefleckte Fell eines Panthers habe oder da sie, wie auch behauptet wurde, ein Mischwesen aus diesen Tieren sei. (2)

In islamischer Zeit wird die Giraffe zuerst von dem Gelehrten al-Ǧāḥiẓ (gest. 868) erwähnt, der in seinem »Tierbuch« die antike Theorie von der (ar.) *zarāfa* als einem Bastard diskutiert und widerlegt. In der zweiten Hälfte des 9. Jh.s sind Giraffen neben anderen Tieren in der Menagerie der Herrscher von Kairo bezeugt, etwas später auch an den Höfen von Córdoba und Bagdad; als exotische Rarität sollen sie auch beispielsweise den Kaisern in Byzanz geschenkt worden sein. (3)

Im Westen des mittelalterlichen Europas hat offenbar nur der mit der islamischen Kultur eng vertraute Friedrich II. in der ersten Hälfte des 13. Jh.s in Süditalien eine Menagerie besessen, in der es auch eine Giraffe gab. Ansonsten kannte man die Giraffe nur aus den spärlichen Textstellen der Antike und im Lauf der Zeit dann auch aus Berichten anlässlich von Kreuzzügen, Kauffahrts- und Pilgerreisen. Es ist daher nicht verwunderlich, dass (ar.) *zarāfa* ab Mitte des 13. Jh.s in unterschiedlichen Formen in europäische Sprachen übernommen wurde, als (afrz.) *giras*, (mlat.) *seraph*, (mlat.) *orasius*, (afrz.) *orafle* und wahrscheinlich auch in einem mhd. Beleg als *schraffe*. Ein Grund dafür, dass sich in der Folgezeit die vielleicht durch eine Dialektform (ar.) **ž(a)rāfa* oder **ǧ(a)rāfa* beeinflusste, in der zweiten Hälfte des 13. Jh.s zuerst bezeugte italienische Form *giraffa* durchsetzte, dürfte die nach 1298 einsetzende Verbreitung von Marco Polos Reisebuch gewesen sein, in dem von (afrz., pl.) *giraf(f)e* bzw. (it., pl.) *giraffe* in Äthiopien und an der ostafrikanischen Küste berichtet wird. (4)

Die deutschen Wortformen aus Reiseberichten von 1385 und 1434/35, »ein wunderlich tier, das heist man *seraffe*« oder »sahen wir tzwene *seraphen* auch czu Alkeier [Kairo]«, dürften noch unmittelbar (ar.) *zarāfa* wiedergeben. Aber schon 1377 taucht im Bericht einer Pilgerreise zum Heiligen Grab die aus dem Italienischen übernommene Form *geraff* auf, in Übersetzungen aus Marco Polo steht dann Ende des 14. Jh.s (pl.) *giraffin* und 1477 (pl.) *Giraffe*. (5)

Im 15. und 16. Jh. hielten sich italienische Renaissancefürsten Giraffen neben anderen exotischen Tieren in Menagerien. Danach gab es in Europa keine Giraffen mehr zu sehen. So ist erklärbar, dass Zedlers Lexikon von 1733 das Tier unter dem antiken Namen »Camelopardel« aufführt und dabei bemerkt, es sei aber nicht, wie manche glaubten, »von einem Leopard und Cameel gezeuget worden«. Erst 1826 gelangten wieder Giraffen nach Europa, und zwar als Geschenke, die Mehmet Ali (ar. Muḥammad ʿAlī), der selbstherrliche Statthalter des türkischen Sultans in Ägypten, aus diplomatischen Gründen nacheinander den Herrschern in Paris, London und Wien sandte und die großes Aufsehen erregten. Einige Zeit später gelangten sie dann in größerer Zahl in die inzwischen gegründeten Tierparks bzw. zoologischen Gärten. (6)

(1) Wehr 522; Müller 89; W. Leslau, Comparative Dictionary of Geʿez, 1987, S. 644; Urania Tierreich, 1982, VI,462; Brehm IV,115; (2) DNP (*Giraffe*); Oxford Lat. Dict. (*camelopardalis*); Horaz, Briefe, II,1,194; (3) EI (*zarāfa*); al-Ǧāḥiẓ I,142 f., V,151, VII,241 ff.; Vernet 51; A. Littlewood u. a., Byzantine Garden Culture, 2002, S. 69–86; (4) LM (*Giraffe*); FEW (*zarāfa*); Rey (*giraffe*); DWB (*Giraffe*); Tazi 256 f.; Kiesler 342; Cortelazzo/Z., Battaglia (*giraffa*); Marco Polo afrz. 207, 212; dt. 304 ff.; (5) Wis 132 f.; A. Gardt u. a. (Hrsg.), Sprachgeschichte als Kulturgesch., 1999, 273 f.; (6) J. Burckhardt, Die Kultur d. Renaissance in Italien, 4. Abschn., 2. Kap.; Michael Allin, Zarafa, A Giraffe's True Story, 1998.

Gitarre

Am Anfang der Wortgeschichte steht (gr.) *kítharis*, dessen Ursprung unbekannt ist. Mit ihm wird bei Homer (um 700 v. Chr.) ein Saiteninstrument bezeichnet, auf dem beispielsweise ein Sänger den Freiern von Odysseus' Frau

Penelope vorspielt. Es enthielt auf einem Resonanzkörper zwei U-förmig auslaufende Arme, die durch einen Quersteg als Saitenträger verbunden waren. Zwischen diesem und dem Resonanzboden waren vier, später sieben Saiten gespannt, die gezupft wurden. In der klassischen Antike wurde (gr.) *kithára* dann mehr noch als die verwandte Lyra (nhd. »Leier«) zum angesehensten Instrument für virtuoses Spiel. (1)

Im 9. Jh. n. Chr. erscheint (ar.) *qiṯāra/qīṯāra* bei muslimischen Gelehrten als Bezeichnung einer zwölfsaitigen Leier, die bei den byzantinischen Griechen in Gebrauch sei. Wie aus diesem Instrument, das bei den Arabern offenbar nicht sonderlich beliebt war, auf seiner Wanderung in das muslimische Spanien ein lautenähnliches Saiteninstrument werden konnte, aus dem sich ab dem 13. Jh. Vorformen der späteren Gitarre entwickelten, lässt sich nicht mehr nachvollziehen. Ebenfalls unklar ist, ob der hispano-arabische Dichter Ibn Bassām (gest. 1147) mit der Wortform (ar.) *kaiṯār* bereits das neue Instrument meint. Jedenfalls dürfte die im westlichen Nordafrika bis heute gebräuchliche (ar.) *kuwaitira* (eine Verkleinerungsform von *kītāra*), eine kleine, birnenförmige Laute (s. d.) mit vier Doppelsaiten, ein Überbleibsel dieses Vorläufers der Gitarre sein. (2)

Um 1330 schildert der spanische Dichter Juan Ruiz in seinem »Libro de buen amor«, wie die Menschen am Ostertag Amor, also wohl den Frühling, begrüßen, und zwar mit dem Spiel von etwa 30 Instrumenten, von denen ein Drittel mit Wörtern bezeichnet werden, die aus dem Arabischen stammen (s. Laute, Tamburin). Unter ihnen führt Juan Ruiz auch eine *guitarra* (aus ar. *qiṯāra* u. a.) *moresca* »mit schrillem Ton« und eine *guitarra ladina* auf. Das erste Adjektiv steht dabei für ›maurisch‹, also ›muslimisch-spanisch‹ (aus lat. »Mauri«, dem Namen eines nordafrikanischen Volks), das zweite für ›lateinisch‹, also westeuropäisch. Etwa um dieselbe Zeit wird in Spanien auch eine *guitarra serranista* erwähnt (abgeleitet von sp. »sierra« ›bergige Gegend‹), was darauf hindeutet, dass das so bezeichnete Instrument nicht der höfisch-städtischen Kultur zugerechnet wurde. Schon im 13. Jh. sind in Frankreich Bezeichnungen wie *giterre*, *quitaire* und schließlich *guiterne* bezeugt, die wohl aus (nicht belegten) spanischen Formen stammen und vielleicht von südfranzösischen Troubadouren vermittelt wurden, die Einflüsse der spanisch-arabischen Lyrik aufgenommen hatten. Das Aussehen der Instrumente, die mit diesen Wortformen bezeichnet wurden, ist allerdings nicht eindeutig geklärt; bildliche Darstellungen, die ihnen zugeordnet werden, lassen darauf schließen, dass es verschiedenartige lautenförmige Instrumente mit drei oder vier (Doppel-)Saiten waren. In den Zeilen »uf der lauten und *quinternen* [aus frz. *guiterne* u. a.] / chan er gar süszen clang« aus dem Liederbuch der Augsburgerin Clara Hätzlerin Mitte des 15. Jh.s dürfte ein solches Instrument gemeint sein. (3)

Ab dem 16. Jh. werden mit den aufgezählten Wortformen dann allerdings Instrumente bezeichnet, welche, offenbar beeinflusst von der spanischen Vihuela (einem Instrument des 14.–16. Jh.s), in ihrem Aussehen eher der heutigen Gitarre entsprechen. In der ersten Hälfte des 16. Jh.s erhielt in Spanien die (sp.) *guitarra* eine fünfte (Doppel-)Saite. Vermutlich in Verbindung mit der zu dieser Zeit herrschenden spanischen Mode verbreitete sich nun dieser neue Gitarrentypus. In einem deutschen »Sprachbuch« findet sich 1621 die Eintragung »(span.) una *guitarra*: (deutsch) ein Spannische *gitarre*«. Diese Wortform (nhd.) *Gitarre* setzte sich allerdings erst im 20. Jh. durch, bis dahin schrieb man im allgemeinen (nhd.) *Guitarre*. (4)

Das Instrument selbst genoss allerdings – wie schon in den Jahrhunderten zuvor die *guiterne*/*quinterne* – sehr viel weniger Ansehen als etwa die Laute, vermutlich weil man auf ihm auch mit schon wenig Fertigkeit Akkorde zur Begleitung von Liedern spielen konnte. Um 1700 galt es beispielsweise, wie Watteaus Bilder zeigen, als typisches Instrument der italienischen Komödianten, und noch Anfang des 19. Jh.s lästert E. T. A. Hoffmann: »die Guitarre … ist doch das miserabelste, unvollkommenste Instrument von allen Instrumenten, nur wert, von girrenden, liebeskranken Schäfern in die Hand genommen zu werden« – eine Anspielung auf entsprechende Moden des Rokoko. (5)

Ende des 18. Jh.s konnte ihren Saiten auf Grund von technischen Neuerungen eine sechste Basssaite hinzugefügt werden, etwas später fiel die doppelte Besaitung weg. Im 20. Jh. schließlich gewann die Gitarre neue Bedeutung, in den 20er Jahren als »Klampfe« der Jugendbewegung, ab den 60er Jahren – in veränderter Form – als elektrische Gitarre in Popmusik und Jazz. (6)

Bis ins 19. Jh. ist (nhd.) *Guitarre* gelegentlich mit der »Zither« (aus lat. »cithara« und dies aus gr. »kithára«) verwechselt worden. Neben der Wortähnlichkeit wird das, besonders in der Zeit um 1800, auch daran gelegen haben, dass die Zither damals vielfach eine gitarrenähnliche Form hatte. (7)

(1) Frisk I,850f.; Odyssee I,153ff.; DNP (*Musikinstrumente*, 543); (2) EI (*ḳithāra*); Corriente (*guitarra*); H. G. Farmer, Studies in Oriental Music II, 1997, 17f.; (3) Ruiz 1227–34; Corominas/P. (*guitarra*); K. Baldinger, Dictionnaire étym. de l'Ancien Français, 1997 (*guitarre*); Tobler/L. (*guiterne*); B. Nagel, Staufische Klassik, 1977, 287f.; New Grove Dict. (*gittern*), MGG (*Gitarre*); DWB (*Laute*); (4) New Grove Dict. (*guitar*, *vihuela*); DF, DWB (*Gitarre*); (5) P. Paeffgen, Die Gitarre, 1988, 81f., 116f.; DWB (a. a. O.); (6) Paeffgen 123ff.; (7) DWB (*Gitarre*, *Zither*); Oxford Lat. Dict. (*cithara*); MGG (*Zither*).

Hamam

Hamam, bisher ein Fremdwort für ›Türkisches Bad‹, scheint sich mit der Einrichtung von Hamams in Kurbädern und Hotels allmählich ins Deutsche einzubürgern.

(Tk.) *hamam* geht über (osm.-tk.) *ḥammām* zurück auf (ar.) *ḥammām* ›Bad‹, das selbst wiederum (syr.) *ḥammamā* ›heiße Quelle, Badehaus‹ wiedergibt. In der Tat finden sich die frühesten muslimischen Badehäuser um 700 in den Schlössern der umaiyadischen Kalifen in der syrischen Wüste. Bei der Eroberung Syriens und Ägyptens im 7. Jh. waren die Muslime nämlich auf die öffentlichen Bäder und wohl auch auf die (größeren) Thermen gestoßen, mit denen die Byzantiner die hellenistisch-römische Tradition fortgeführt hatten. Trotz anfänglicher Bedenken der Religionsgelehrten und immer wieder aufflammender Diskussionen wegen möglicher Nacktheit haben sich die daraus entwickelten Badehäuser bald im gesamten islamischen Raum verbreitet. Sie boten nämlich den Vorteil, dass man in ihnen den in frühislamischer Zeit entwickelten religiösen Vorschriften Genüge tun konnte, die nach dem Zustand der »großen rituellen Unreinheit« durch Samenfluss oder Menstruation eine »große Waschung« vorsahen, welche durch Untertauchen in Wasser vollzogen werden konnte. Die aus der Antike stammende Abfolge verschiedener Räume vom unbeheizten Ankleideraum bis zum Schwitzbad wurde leicht abgewandelt; das Schwimmbad im Kaltraum wurde oft durch ein dekoratives Becken oder einen Springbrunnen ersetzt; Tauchbecken im Heißraum ermöglichten das Eintauchen nach der Massage und dem Abreiben der Haut. Die einzelnen Räume und Nebenräume waren meistens mit Kuppeln überdacht (s. Alkoven), die oft Bullaugen aus Glas hatten, um das Tageslicht eindringen zu lassen. Wie die Bäder in der Antike war auch das *ḥammām* ein gesellschaftlicher Treffpunkt, allerdings scheint an die Stelle der antiken Funktion der Körperertüchtigung eher das Streben nach Entspannung und körperlichem Wohlbefinden getreten zu sein. Bei Frauen, die von den Männern getrennte Badezeiten hatten, war das Badehaus auch deshalb beliebt, weil sie auf diese Weise den abgeschlossenen Bereich des Hauses verlassen und sich mit anderen Frauen treffen konnten; Lady Montagu beschreibt 1718 in einem Brief die quasi rituellen Hochzeitsvorbereitungen für eine Braut in einem Hamam in Konstantinopel/Istanbul. (1)

Im westlichen Europa hatte der Zusammenbruch des Weströmischen Reiches dazu geführt, dass die antiken Bäder verfielen und sich kleine Baderäume nur noch in Klöstern hielten. »Du siehst nichts Schmutzigeres als sie [die Franken] … sie reinigen und waschen sich nur ein oder zweimal im Jahr mit kaltem Wasser«, zitiert der Geograph al-Qazwīnī (gest. 1283) aus dem Reisebericht des spanischen Juden Ibrāhīm ibn Yaʿqūb aus dem 10. Jh. Berichte über muslimische Hamams, auf die die Europäer bei den Kreuzzügen und auf der Iberischen Halbinsel gestoßen sein müssen, sind offenbar nicht erhalten; dennoch dürfte deren Kenntnis eine Ursache für den gewaltigen Anstieg von Badestuben (bei den Reichen) und öffentlichen Badehäusern im Hochmittelalter gewesen sein. Ab dem 16. Jh. nahm das Baden allerdings, u. a. aus Furcht vor ansteckenden Krankheiten wie Syphilis und wegen Moralvorschriften der Kirche, wieder rapide ab. Vorhandene private Badestuben wurden fast nur medizinisch genutzt, an die Stelle des regelmäßigen Waschens trat der Gebrauch orientalischer Parfüms (s. Ambra). Indirekt bestätigt das Carsten Niebuhr 1772 in seinem Bericht über Arabien: »Mohammedaner beobachten in Ansehung ihres Körpers gewiss eine größere Reinlichkeit als die Europäer. Sie waschen und baden sich … fleißig«. (2)

Ein fester Bestandteil des Aufenthalts im Hamam ist die Ganzkörpermassage durch einen Bademeister. Möglicherweise hat die islamische Massage sowohl die Technik des Massierens beeinflusst, wie sie sich in Europa im 19. Jh. durchsetzte, als auch das Wort dafür geliefert. Der französische Reisende Anquetil du Perron beschreibt 1771 in einem Bericht aus Surat an der muslimisch geprägten Westküste Indiens die Prozedur des Knetens, Ziehens und

Klopfens der Körperpartien in einem wie ein Hamam beschriebenen Badehaus unter der Bezeichnung *masser*. Mit *masser* oder *macer* bezeichnet Le Gentil 1779 in »Voyage dans les mers de l'Inde« ebenfalls die entsprechende Tätigkeit. Er beobachtet sie allerdings an der Ostküste und offenbar nicht im Badehaus und verweist auf ihre Verbreitung in Indien, wo sie tatsächlich eine lange Tradition zu haben scheint. Da eine Beziehung von *masser* zu sprachlichen Wurzeln in indischen Sprachen nur auf Umwegen herzustellen wäre, hat man vermutet, dass dem Wort ein von indischen Muslimen verwendetes (ar.) *massa* ›berühren‹ oder *masaḥa* ›abreiben‹ zugrunde liegt. In der speziellen Bedeutung ›massieren‹ scheinen die beiden arabischen Verben allerdings nicht bezeugt zu sein. Auch ein (vereinzelter) Erstbeleg von 1788 im Deutschen, in dem *massiren* das Bestreichen des Arms im Rahmen der damals üblichen Mode des »Magnetisierens« bedeutet, trägt nicht dazu bei, größere Klarheit über den Ursprung des Worts zu schaffen. (3)

(1) Steuerwald (*hamam*); Devellioğlu (*hammâm*); Wehr 291f.; Payne Suppl. 146; EI (*Ḥammām al-Ṣarakh*, *ḥammām*, *ghusl*, *djanāba*); LM (*Bad*); H. Grotzfeld, Das Bad im ar.-isl. Mittelalter, 1970, 5ff., 21ff., 101ff.; Montagu 295; (2) LM (a. a. O.); Arabische Berichte 32; Braudel I,352f.; Niebuhr 39; (3) H.-D. Hentschel, Zur Etymologie v. Massage, Sprachwissensch. 27, Nr. 3, 2002, 321ff.; Anquetil, Zend-Avesta I, 1771, Repr. 1984, 332f., 354ff., II,724; Le Gentil, 128ff.; Auboyer 341, 349; Wehr 1203; Pfeifer, DF (*massieren*).

Harem

Am Anfang der Wortgeschichte von (nhd.) *Harem* steht eine semitische Sprachwurzel *ḥ-r-m*, aus der das Verb (ar.) *ḥaruma* ›verboten sein, heilig sein‹ abgeleitet ist. Im Koran heißt das zugehörige *ḥarām* meistens ›heilig‹, aber auch

›verboten‹, eine Bedeutung, die von den Gelehrten des religiösen Rechts verallgemeinert wurde. Dieselbe Doppelbedeutung bekommt im Lauf der Zeit auch (ar.) *ḥaram*; im Koran bezeichnet es allerdings nur den »heiligen Bezirk« in Mekka, später auch beispielsweise den Tempelberg in Jerusalem (*al-ḥaram aš-šarīf* ›das erhabene Heiligtum‹). Interessanterweise wird aber auch das hebräische *ḥērem* schon in der Thora bzw. dem Alten Testament in ähnlich ambivalenter Weise für Dinge oder Vorgänge verwendet, die dem menschlichen Gebrauch entzogen sein sollen, weil sie entweder Gott geweiht oder von ihm verflucht sind. (1)

Aus dem Wortgebrauch von (ar.) *ḥarām* entwickelte sich die spezielle Bedeutung ›abgetrennter, für Außenstehende verbotener, sakrosankter Bereich für die Frauen im Haus‹; später wurde diese Bedeutung auch von dem Adjektiv *ḥarīm* übernommen und wie bei *ḥarām* auch auf ›Ehefrau(en)‹ übertragen. In diesen Bedeutungen, am anschaulichsten und eindrucksvollsten in der Form des umfangreichen Wohntrakts im Sultanspalast in Istanbul/Konstantinopel für die Ehefrauen und Konkubinen des Sultans (und der Prinzen), für die Dienerinnen bzw. Sklavinnen und für die Eunuchen als Wachen, haben die Europäer in der Neuzeit die Institution des Harems (osm.-tk. *ḥarem*) kennen gelernt. (2)

Nur Weniges an ihr ist allerdings aus dem Koran ableitbar. Zwar ist dort Polygamie mit bis zu vier Frauen erlaubt, allerdings nur wenn der Mann sie versorgen kann (so dass praktisch stets nur die Reichen mehrere Frauen haben konnten). Die Ausschließung der Frauen aus dem öffentlichen Raum mag in einem Ausspruch des Korans angedeutet sein, wo Fremde die Gattinnen des Propheten nur durch einen Vorhang sprechen sollen, und für die damit korrespondierende, in nachkoranischer Zeit üblich werdende Verschleierung der Frauen in der Öffentlichkeit wurden und werden zwei Koranstellen angeführt, aus denen im wesentlichen hervorgeht, dass Frauen sich so weit bedecken sollen, dass sie als ehrbare Frauen erkannt werden. Diese ›Bedeckung‹ (ar. *ḥiǧāb*) geht aber auf eine städtische Sitte zurück, die seit den alten Babyloniern verbreitet war und noch von Paulus im Korintherbrief gefordert wird; durch sie konnte sich beispielsweise die (verheiratete) Frau besseren Standes von Sklavinnen äußerlich abheben. Auch die Abschottung der Frauen hat Vorbilder, etwa im antiken Griechenland und dann in Byzanz; die Einrichtung oft riesiger Frauenabteilungen in Herrscherpalästen schließlich wird in der Antike u. a. bei Salomo, den Persern (s. Myrrhe) und Indern und im Mittelalter von China bis ins muslimische Córdoba erwähnt; sie scheinen letztlich eine Statusfrage der Herrscher gewesen zu sein. (3)

Abgesehen von zwei Belegen in französischen Texten aus der zweiten Hälfte des 16. Jh.s, aus denen hervorgeht, dass *haram* in islamischen Ländern das religiös Verbotene, bzw. die »Sünde« (»péché«) bezeichne, tauchen engl. *haram* und frz. *haram* erst 1634 bzw. 1661 in der Bedeutung ›Frauenteil des Hauses in islamischen Ländern‹ auf. 1673 erwähnt Antoine Galland, der später »1001 Nacht« übersetzte und in Europa populär machte, den (frz.) *harem* des Sultans in Konstantinopel und meint damit die Bewohnerinnen des Frauenteils. Die verwendete Wortform mit *-e-* stammt aus (osm.-tk.) *ḥarem*, das aus (ar.) *ḥaram* abgeleitet ist. Im Deutschen wird allerdings noch bis zu Lessings »Nathan« (1779), wo der Sultan Saladin ins »*Haram*« seiner Schwester eingeladen wird, die Form mit *-a-* gebraucht; ab 1782 erscheint dann (nhd.) *Harem*. In der ersten Hälfte des 19. Jh.s regte der Harem noch Phantasien der Europäer über den »Orient« an, wie beispielsweise Bilder von Ingres zeigen; nach dem Niedergang des Osmanischen Reichs bekam (nhd.) *Harem* dann allerdings seine heutige, spöttische Bedeutung als ›Gruppe von Frauen um einen Mann‹. (4)

Vermutlich ist von der Wurzel *ḥ-r-m* auch der Name der *Marranen* abgeleitet, eine Bezeichnung für spanische und portugiesische (zwangs-)getaufte Juden, welche verdächtigt wurden, insgeheim noch dem alten Glauben anzuhängen. Um der Inquisition, die ab Ende des 15. Jh.s im christlich-katholischen Spanien erstarkte, und damit beispielsweise dem drohenden Scheiterhaufen zu entgehen, wanderten deshalb viele von ihnen in benachbarte europäische Länder, aber auch ins Osmanische Reich und sogar nach Amerika aus. Die Bezeichnung (mlat. pl.) *Marrani* ist erstmals 1291 belegt; einer interessanten Hypothese zufolge könnte sie von Juden, also ehemaligen Glaubensbrüdern der neu Bekehrten, stammen, die den hebräischen Terminus *ḥērem* bzw. das entsprechende (hebr.) *muḥram* im erweiterten Sinn von ›aus der Gemeinde Ausgestoßener‹ mit (ar.) *maḥrūm*, *muḥram* oder *muḥarram* ähnlicher Bedeutung wiedergaben. Schon 965 ist aber auch (sp.) *marrano* ›Schwein, Schweinefleisch‹ belegt, das aus (ar.) *maḥram*, *muḥarram* ›verboten, Verbotenes‹ abgeleitet sein dürfte (da der Genuss von Schweinefleisch Juden und Muslimen verboten ist). Es ist daher wahrscheinlich, dass die Bedeutung ›Schwein‹ zum Zustandekommen der Personenbezeichnung (sp.) *marrano* zumindest beigetragen hat, und zwar als Schimpfwort der »Alten Christen« gegenüber den bekehrten »Neuen Christen«, entweder weil diese weiterhin kein Schweinefleisch aßen oder weil sie als vermeintliche Juden mit Schweinen verglichen wurden. (5)

(1) Wehr 249f.; Lane 553ff.; EI (*al-ḥaramayn*, *al-ḥaram al-sharīf*); Koran 28,57; Cardini 78; Encycl. Judaica (*ḥerem*); (2) Wehr (a. a. O.); EI (*ḥarīm*); R. Gost, Der Harem, 1994, 60ff., 165ff.; Devellioğlu (*harem*); (3) EI (*ḥarīm*, *mar'a*, *ḥidjāb*); Koran 4,3, 33,50ff., 24,31; 1 Kor 11,5ff.; Gost 57; The Oxford Dictionary of Byzantium, 1991 (*Gynaikeion*, *Women*); 1 Kön 11,3; Est 2,3ff.; Auboyer 338ff.; Idrisi II. Klima, 10. Sekt. = I,195; Lombard, Blütezeit 197; (4) Arveiller 168; OED (*harem*); DF (*Ha-*

rem); Nathan II,3; Rodinson, Fasz. Islam 79; (5) Encycl. Judaica (*ḥerem*, *Marrano*); A. Farinelli, Marrano, 1925, 28ff.; Corriente, Corominas/P. (*marrano*).

Hasard

(Nhd.) *Hasard*, seit dem 19. Jh. in der Bedeutung ›Glücksspiel‹, geht übers Französische wahrscheinlich auf (ar.) (*az-*)*zahr* zurück, das im klassischen Arabischen ›(die) Blüten, Blumen‹, im modernen Arabisch aber auch ›(der) Würfel‹ meint. (1)

Im Westen Europas ist erstmals um 1150 (afrz.) *hasart* ›ein Würfelspiel‹ belegt, im 13. Jh. kann das Wort auch den glücklichen oder den unglücklichen Wurf bezeichnen. In diesen drei Bedeutungen ist es im 13. Jh. in der Form *hasehart* ins Mittelhochdeutsche übernommen worden, später aber untergegangen. (Afrz.) *hasart* geht, mit *h-* vor dem Anfangsvokal wie öfter bei fremden Wörtern, auf (sp.) *azar* zurück, das allerdings erst um 1250 belegt ist. In dem unter König Alfons dem Weisen in Spanien verfassten Buch über »Schach [s. d.], Würfel und Brettspiele« von 1283 ist einem *azar*-Spiel ein eigenes Kapitel unter den Würfelspielen gewidmet, mit *azar* wird darin aber auch ein (offenbar glücklicher) Wurf bezeichnet. Dass dieses Buch wohl nach arabischen Vorlagen entstand, dass ab Ende des 13. Jh.s unabhängig vom Spanischen (it.) *zara* ›ein Würfelspiel‹ im Italienischen auftaucht und dass schließlich auch im Byzantinisch-Griechischen *azári* in der Bedeutung ›Würfel‹ belegt ist, deutet darauf hin, dass schon um diese Zeit (ar.) *zahr* in der Umgangssprache auch die Bedeutung ›Würfel‹ bzw. ›ein Würfelspiel‹ gehabt haben muss und so in die europäischen Sprachen einging. Als Brücke zur ursprünglichen Bedeutung ›Blume(n)‹ könnte beispielsweise eine (nicht belegte) Wortfügung (ar.) *kaʿb az-zahr* ›Blumenwürfel‹ gedient haben, die dadurch entstanden wäre, dass eine Seite des Würfels, vielleicht die Eins, mit einer Blume gekennzeichnet war. Das Vorbild mag ein Spiel mit langer Tradition im Mittelmeerraum gewesen sein, welches statt mit Würfeln mit Hals- oder Fußwirbelknochen von Schafen u. a. gespielt wurde; diese hatten nur je eine Gewinner- und Verliererseite, von denen eine etwa durch ein Bild markiert war. Gleichzeitig könnte die Benennung ›Blume‹ auch die Funktion einer Verharmlosung, also eines Euphemismus gehabt haben, da Glücksspiele nach frühislamischer Tradition eigentlich verboten waren – so war beispielsweise das alte und beliebte Backgammonspiel (ar. »nard«, heute auch »ṭāwila«, nach it. »tavola« ›Brett, Tisch, Würfelspiel‹) nur dann erlaubt, wenn nicht um Geld gespielt wurde. Glücksspiele wurden übrigens wegen der üblichen hohen Wetteinsätze auch in Europa stets kritisch betrachtet: In einem der ersten Belege über das neu eingeführte Schachspiel (s. Schach) aus dem 11. Jh. verteidigt sich ein italienischer Bischof gegenüber den Vorwürfen seines Vorgesetzten mit dem Argument, Schach sei kein Würfelspiel, und noch im 18. Jh. liefen Kaffeehäuser (s. Kaffee) immer wieder Gefahr, geschlossen zu werden, wenn dort *Hasardspiele* gespielt wurden. (2)

Aus der Bedeutung ›unglücklicher Wurf‹ in (frz.) *hasart* (*hazard*) verallgemeinerten sich im 15. und 16. Jh. die Bedeutungen »Risiko, Gefahr« und dann die heutige Bedeutung »Zufall«. Zuerst als »Wagnis, Gefahr« wurde das Wort im 17. Jh. wieder neu ins Deutsche übernommen: »*hazard* und wagen« findet sich in einem Beleg von 1617, »etwas … ins werk zu setzen, das die größste tapferkeit und verwegenste *hazarde* erforderte«, steht in Grimmelshausens »Simplizissimus« (1668). Als Lehnübersetzung von (frz.) *jeu de hasard* ›vom Zufall bestimmtes Spiel‹ entstand Ende des 17. Jh.s (nhd.) *Hasardspiel*, das im 19. Jh. zu *Hasard* abgekürzt wurde. Und aus dem nach (frz.) *hasarder* Anfang des 17. Jh.s gebildeten Verb (nhd.) *hasar-*

dieren entstand schließlich, ebenfalls nach französischem Vorbild, (nhd.) *Hasardeur* (*Hazardeur*, 1736). (3)

(1) Wehr 532f.; Dozy I,608; (2) Rey, Trésor (*hasard*); FEW (*zahr*); Lexer (*hasehart*); Alfonso X, 292, 300; LM (*Spiel*, *Astragal*); Cortelazzo/Z. (*zara*); Du Cange, Glossarium … mediae … Graecitatis, 1958, 31; Corominas/P., Corriente (*azar*, *taba*); DNP (*Spiele*); EI (*laʿib*, *kaʿba*, *ḳimār*); Battaglia (*tavola*); Petzold 66; Heise 149; (3) Rey, Le Grand Robert 2001 (*hasard*); Tazi 203f.; Jones 372; Brunt 331; DWB, DF (*Hasard*).

Haschisch

Haschisch ist eine Droge, die Rauschzustände hervorruft. Sie wird aus dem Harz der weiblichen Hanfpflanze gewonnen, das sich überwiegend an den Blütenständen befindet. Dort ist deshalb auch am meisten von dem psychoaktiven Wirkstoff THC zu finden, den die Pflanze produziert. Dies geschieht allerdings nur bei ausreichender Wärme, vorwiegend in subtropischen Gebieten. Die Kulturpflanze hat den botanischen Namen Cannabis sativa, ihre Heimat wird in Zentralasien oder Indien vermutet. (1)

Der Hanf wurde schon im Altertum wegen seiner Textilfasern, aber auch in der Medizin genutzt; für die Verwendung als psychoaktive Droge gibt es allerdings von China bis Ägypten nur schlecht überprüfbare Hinweise, beispielsweise die vielzitierte Aussage des griechischen Historikers Herodot (um 430 v. Chr.), die Skythen (nördlich des Schwarzen Meeres) berauschten sich an gerösteten Samen des Hanfs (gr. *kánnabis*) – die allerdings kaum THC enthalten. (2)

Die muslimischen Araber übernahmen (gr.) *kánnabis* im 9. Jh. in der Form *qinnab* (*qunnab*) und benutzten die Pflanze zu medizinischen Zwecken, etwa gegen Kopfschmerzen. Der Gebrauch als Genussdroge ist erst im 13.

Jh. eindeutig belegt. In dieser Verwendung setzte sich in der Folgezeit der (Spitz-)Name *ḥašīš(a)* durch, der, abgeleitet vom Verb *ḥašša* ›mähen, trocknen‹, im eigentlichen Sinn ›(trockenes) Kraut‹ bedeutet. So zum Beispiel noch in einem Beleg des Geographen al-Bakrī aus Córdoba (gest. um 1094), der wiederum einen Bericht aus dem 10. Jh. zitiert, in dem saunaartige Dampfbäder bei den Slawen beschrieben werden, »wobei jeder ein Bündel dürres Kraut [*ḥašīš*] in der Hand hält, mit dem er Luft zu sich fächelt«. Auch der spanische Pharmakologe Ibn al-Baiṭār (gest. 1248) benutzt *ḥašīš* noch im ursprünglichen Sinn von ›Kraut‹, erwähnt aber auch eine Hanfart in Ägypten, die er *qunnab Hindī* (›indischen Hanf‹) nennt und die dort *ḥašīša* heiße; ihre Einnahme, oft durch Fakire (s. Scheich), führe zu Rauschzuständen mit meist unerfreulichen Folgen. Der ägyptische Geograph al-Maqrīzī berichtet um 1400 von der weiteren Ausbreitung des Konsums. Von Beginn an scheint er übrigens eher bei den ärmeren Schichten verbreitet und deshalb wenig angesehen gewesen zu sein – die Reichen tranken stattdessen lieber Wein. (3)

Die Einführung des Tabaks aus Amerika im 16. Jh. bedeutete, dass Haschisch in Verbindung mit Tabak nun auch geraucht wurde, und trug zu seiner Verbreitung im inzwischen entstandenen Osmanischen Reich bei. Ab dieser Zeit taucht das arabische Wort gelegentlich in Berichten europäischer Reisender auf, so im Französischen (*hasis* in Tunis 1556) und im botanischen Latein (*assis* in Ägypten 1591). Im Deutschen ist es vermutlich zuerst 1772 in Carsten Niebuhrs »Beschreibung von Ägypten« in der Form *Haschîsch* belegt. (4)

Wahrscheinlich durch Soldaten von Napoleons Ägyptenexpedition (1799–1802) wurde Haschisch in Frankreich bekannt. 1843 gründete sich in Paris der »Club des *Hachichins*«, um Haschisch zu rauchen und seine Wirkungen zu untersuchen. Baudelaire hat dazu 1851 und 1857 zwei

Essays geschrieben. Dieses Interesse am Haschisch fand aber im übrigen Westeuropa kaum Widerhall. Auch medizinische Nutzung des Haschischs, eine Zeitlang versucht, wurde bald aufgegeben. Erst mit den Büchern der amerikanischen Schriftsteller William Burroughs und Jack Kerouac, die in Marokko Mitte der 50er Jahre des 20. Jh.s Haschischplätzchen aßen oder *Kif* rauchten (s. kiffen), wurde Haschisch wieder bekannter. Medizinisch wird er in neuester Zeit beispielsweise gegen Appetitlosigkeit bei AIDS-Patienten eingesetzt. (5)

Mit Haschisch wird gewöhnlich auch der Name der sogenannten *Assassinen* in Verbindung gebracht, einer schiitischen, genauer gesagt: ismailitischen Gruppierung, auf die die Kreuzfahrer in den syrischen Bergen trafen. Sie war streng hierarchisch und als Geheimbund organisiert. Mitglieder dieser Gruppe führten gezielte Attentate zumeist auf sunnitische, gelegentlich aber auch auf christliche Fürsten aus. Sie wurde deshalb insbesondere von den Sunniten ideologisch und praktisch bekämpft. Von ihnen wurde sie u. a. als (ar.) *ḥašīšiyya* (1123) bezeichnet. 1154 schreibt der Geograph al-Idrīsī in Palermo über die *ḥašīšiyya*: »Sie sind keine Muslime … Ihre Sekte sei verflucht«. Ende des 12. Jh.s spricht der syrische Ritter Usāma ibn Munqiḏ von ihnen verächtlich als »Bauern und Baumwollentkerner«. (6)

Auf europäischer Seite wird erstmals um 1173 im Reisebericht des spanischen Rabbiners Benjamin von Tudela ein »Volk« erwähnt, das man (hebr.) *al-ḥašīšīn* nenne, sie glaubten nur an ihren Anführer, den »Ältesten«, (hebr.) *šaikh al-ḥašīšīn* (s. Scheich). (Bei den Kreuzfahrern wurde daraus der »Alte vom Berg«.) Sie täten alles, was er befehle, und seien gefürchtet, da sie, sich selbst opfernd, Herrscher umbrächten. Diese Beschreibung wird in den folgenden Jahrzehnten durch weitere Berichte über die (mlat.) *Heysessini* oder *Assissini* ergänzt und negativ zugespitzt. In der Chronik des deutschen Abts Arnold von

Lübeck taucht außerdem um 1200 zum ersten Mal das Motiv auf, dass sie durch einen Trank, den ihnen der Alte vom Berg zusammen mit dem Dolch fürs Attentat reiche, trügerische Träume von Glückszuständen als Vorgeschmack auf das nach dem Tod versprochene Paradies erlebten. Dieses Paradiesmotiv wird nun – möglicherweise schon nach dem Vorbild von Schilderungen aus dem Koran – breit ausgewalzt in Marco Polos Bericht von 1298. Dort verabreicht der Alte vom Berg (hier übrigens in Persien) seinen (afrz.) *asciscins* einen Schlaftrank (afrz. »bevraje[s] por lo quel il s'adormoit«) und lässt sie dann in ein geheimes Schloss bringen, wo sie im Luxus leben und liebevoll von Frauen umsorgt werden. Wieder eingeschläfert, werden sie zurückgebracht und glauben im Paradies gewesen zu sein, welches ihnen der Alte dann auch für den Fall ihres Todes beim Attentat verspricht. (7)

Die geschilderte Legendenbildung zeigt, dass die Europäer offenbar von dem für sie merkwürdigen Verhalten dieser Ismailiten auf eigenartige Weise fasziniert waren. Zuerst durch den unbedingten Gehorsam: So taucht der Name als *assissis* u. a. schon bei den provenzalischen Troubadouren des 12. Jh.s auf, um die blinde Hingabe an die verehrte Dame zu kennzeichnen. Etwas später interessieren dann eher die Morde: Bei Dante wird um 1320 ein Papst in der Hölle beschrieben, der vor dem Dichter steht wie ein »perfido *assessin*[*o*]« – gemeint ist hier ›(Meuchel-)Mörder‹. In dieser Bedeutung ist das Wort dann allgemein in die romanischen Sprachen eingegangen (frz. *assassin*, sp. *asesino* u. a.). (8)

Über die Herkunft des Worts wurde lange gerätselt. 1809 führte es der französische Philologe Antoine Silvestre de Sacy auf (ar.) *ḥašīš* ›Haschisch‹ zurück, das der Anführer der Assassinen seinen Anhängern gelegentlich gegeben habe, um sie die Freuden des Paradieses erleben zu lassen. Der österreichische Orientalist von Hammer-Purgstall ergänzte kurz darauf diesen Ansatz unter Verweis auf einen obskuren Text, der im wesentlichen Marco Polo entspricht und in dem das Schlafmittel mit Haschisch in Verbindung gebracht wird. In seiner 1818 erschienenen »Geschichte der Assassinen« kann er sich allerdings nicht enthalten, den Paradiesgarten noch mit »begeisterndem Wein«, »wollüstigen Knaben« und »handgreiflich« werdenden »Huris« (also den Paradiesjungfrauen aus dem Koran, s. Gazelle) auszuschmücken. Sein Fazit: »So weihten sich diese bethörten Jünglinge blindlings zu Werkzeugen des Mordes und suchten gierig die Gelegenheit das irdische Leben zu opfern«. (9)

Solchen Darstellungen sind westliche Gelehrte bis in die jüngste Zeit gefolgt. Die einen schrieben, der Name der Assassinen leite sich aus der Tatsache ab, dass sie »fanatisiert durch ihren Anführer und berauscht von Haschisch« ihre Attentate vollbracht hätten, woanders wird gesagt, auch ohne Haschischgebrauch sei »die fanatische Hingabe an einen Führer« im Nahen Osten weithin die Regel. Derartige Aussagen dürften allerdings wohl eher einen westlichen Blick auf den islamischen Orient im Sinne eines Raums von Gewalt, Fanatismus, Drogen und – zumindest im 19. Jh. – Sexualität (s. Harem) widerspiegeln, als dass sie irgendeine Wirklichkeit beschrieben. (10)

Um auf die Herkunft des Worts *Assassinen* zurückzukommen: Ein Haschischkonsum der ismailitischen Gruppe lässt sich bis heute nicht nachweisen. (Ar.) *ḥašīšiyya* kann dennoch durchaus von (ar.) *ḥašīš* abgeleitet sein, dann aber lediglich im bildlichen Gebrauch, in dem ›Haschischesser‹ für ›Außenseiter, Abschaum‹ stünde. Falls der Konsum von Haschisch im 12. Jh. aber noch zu wenig bekannt war, wäre auch, entsprechend der ursprünglichen Bedeutung des Worts *ḥašīš*, eine Ableitung im Sinne von (unzivilisierte) ›Grasfresser‹ bzw. ›Kräutersammler‹ denkbar. (11)

(1) R. C. Clarke, Haschisch, 2000, 64, 30, 110f.; Genaust (*Cannabis*); (2) DNP (*Hanf*); Clarke 23, 32ff.; EI (*ḥashīsh*); Herodot

IV,74f.; (3) Tazi 313; EI (a.a.O.), LM (*Hanf*); F. Rosenthal, The Herb, 1971, 19ff., 41ff., 53ff., 101ff., 131ff.; Wehr 259; Schmucker 166; Arabische Berichte 18; Ibn al-Baiṭār Nr. 1847; Müller 104; Lombard, Blütezeit 171; Weingenuss z.B. vielfach in: 1001 Nacht; (4) Clarke 57f.; Arveiller 184ff.; Niebuhr 57; (5) Clarke 45, 60; Baudelaire, »Du Vin et du Haschisch«, »Opium et Haschisch«; Frohne 121; (6) Farhad Daftary, The Assassin Legends, 1994, 89, 69; Idrisi, III. Klima, 5. Sekt. = I,359; Usama, dt. 141, ar. 92; (7) The Itinerary of Benjamin of Tudela, Hrsg. M.N. Adler, 1907, 16ff.; Daftary 116; B. Lewis, The Assassins, 1968, 2ff.; Arnoldi Chronica Slavorum, MGH (SS) XXI,240, 178f.; Marco Polo, afrz. 32ff.; dt. 72ff.; (8) Daftary 94f.; EI (*ḥashīshiyya*); Rey (*assassin*); Dante, Inferno 19,49f.; (9) EI (a.a.O.); Daftary 166, 170, 118; J. v. Hammer, Sur le paradis, Fundgruben d. Orients 3, 1813, 201–206; Die Geschichte der Assassinen, 1818, 212ff.; (10) z.B. Corominas/P. (*asesino*), Clarke 41; E. Said, Orientalism, 1978, 1, 4; Rodinson, Fasz. Islam 79, 87; (11) EI (a.a.O.); Rosenthal 43.

Henna

Der Hennastrauch (Lawsonia inermis) war schon in der Antike von Indien bis Ägypten verbreitet. Geschätzt wurde der süßliche Duft seiner Blüten und die Möglichkeit, aus Blättern und Stengeln einen gelbroten Farbstoff zu gewinnen. Im Alten Testament wird im Hohenlied Salomos der Geliebte durch den Duft von Myrrhe (s.d.) und Henna (hebr. *kōfer*) gekennzeichnet. Auch Griechen und Römer waren seit hellenistischer Zeit vor allem vom Duft der Blüten des Strauchs (gr. *kýpros*, lat. *cyprus*) fasziniert. Der Naturforscher Plinius berichtet, dass Henna zu einer Duftsalbe (*cyprinum*) verarbeitet wurde. Zusammen mit Myrrhe und anderen exotischen Pflanzen war ihm zufolge *cyprus* auch Bestandteil des »Gipfels der Üppigkeit«, des teuren »Königsbalsams«. Wie nahezu bei allen Pflanzen üblich wurden Henna außerdem auch medizinische Wirkungen zugeschrieben, bei dem Arzt Dioskurides beispielsweise adstringierende (zusammenziehende) bei Abszessen, lockernde für die Sehnen u. a. In diesem Zusammenhang sagt er auch, dass mit Henna die Haare blond gefärbt werden könnten. (1)

Im Arabischen ist das Färben mit (ar.) *ḥinnā'* (so der Name der Pflanze) schon in vorislamischen Gedichten belegt. Der Arzt aṭ-Ṭabarī (gest. um 865) erwähnt eine Hennapaste, mit der man das Haar schwarz färben könne. In der Tat war das Färben von Haaren, und bei Männern auch von Bärten, schon bei den vorislamischen Arabern üblich, und in islamischer Zeit ist der Ausspruch des Propheten Mohammed, gegen graues Haar wirke Henna am besten, vielfach überliefert. Verschiedene Farbtöne wurden dabei durch Zusatz von Indigo erreicht (s. Anilin). Von besonderer Wichtigkeit wurde Henna allerdings, möglicherweise in der Tradition des Alten Ägypten, als Kosmetikum zum Färben von Teilen der Hände und Füße sowie von Finger- und Zehennägeln. Seinen Ausdruck fand dieser Brauch des Färbens beispielsweise vor Hochzeiten in entsprechenden Zeremonien mit der Braut, in geringerem Umfang auch mit dem Bräutigam. Zugrunde liegen diesen Ritualen offenbar ursprünglich magische Vorstellungen, wie Abwehr des Bösen Blicks u. a., die noch heute bis nach Indien verbreitet sind. Anscheinend in geringerem Maße wurde Henna auch zum Färben und Bemalen von Textilien verwendet; schließlich war es auch Bestandteil von medizinischen Rezepten gegen Geschwulste oder Abszesse u. a. (2)

In Europa wurde Henna ab dem 12. Jh. durch die Übersetzung medizinisch-botanischer Schriften der Araber bekannt und (mit arabischem Artikel) (mlat.) *alcanna*, *alchanna* genannt. Hennapulver scheint jedoch nur wenig importiert und gebraucht worden zu sein. Stattdessen wurden *alcanna* und davon abgeleitete Bezeichnungen etwa ab dem 15. Jh. vielfach auf eine ganz andere Pflanze übertragen, die Färber-Ochsenzunge bzw. den Schminkwurz, aus deren Wurzel ein roter Farbstoff hergestellt wird, der schon in der Antike als Kosmetikum und, wie später auch bei den Arabern, zum Färben von Duftsalben benutzt wurde. Möglicherweise lag hier nicht nur eine der häufigen Verwechslungen vor, vielleicht waren auch die Apotheker daran interessiert, die relativ einfach beschaffbare Färber-Ochsenzunge unter dem exotischen Namen (lat.) *Alcannae radix* teurer verkaufen zu können. Jedenfalls führte die Verwechslung dazu, dass die Pflanze ab dem 16. Jh. den botanischen Namen (lat.) *Alkanna* (später *Alkanna tinctoria*) erhielt. Aus ihr wird noch heute der Farbstoff *Alkannin* gewonnen, mit dem Kosmetika gefärbt werden. (3)

Die Hennapflanze selbst wurde ab dem 16. Jh. durch Reiseberichte aus dem Orient bekannter. Der Augsburger Arzt Leonhart Rauwolf berichtet beispielsweise 1582 von »Bäumlein« bei Tripolis im heutigen Libanon, »von Arabern *Alcanna oder Henne* … genennet«, deren »Blättlein … sie gepulvert mit citronisafft anmachen und damit ire Negel und Haar … zun zeiten irer hohen … Festen rot ferben. Das Pulver ist grünfarb unnd so gemein bey inen, dass dessen allenthalben in iren Batzaren … gantz aufgehaufft Säck voll stehen«. In ähnlicher Weise wird um 1730 in Zedlers Lexikon »*Alcanna*, *Hanna*, *Cyprus*, ein Kraut, in Egypten, Arabien und den herum liegenden Ländern sehr gemein« beschrieben. Die heutige Wortform *Henna* hat sich dann im Deutschen ab Ende des 18. Jh.s durchgesetzt. (4)

Seit einigen Jahrzehnten, vermutlich seit den Reisen der sogenannten Hippies (s. kiffen), wird Henna auch in Deutschland häufiger als Naturfarbstoff zum Färben der Haare benutzt, in letzter Zeit auch für begrenzt haltbare, meistens schwarze Tätowierungen.

(1) Hegi V,747; Hld 1,13f., vgl. 4,13ff.; Frisk II,51; Faure 182; Plinius 12,109, 13,9–18; Dioskurides I,55, 95; (2) Schönig (*ḥanna'a*, *ḥinnā'*, *ḥinnā' aswad*, *muḥanniya*); aṭ-Ṭabarī 136, 396; EI (*ḥinnā'*,

ʿ*urs*); Panati 156; Lombard, Textiles 126f.; Ibn al-Baiṭār Nr. 719; (3) MLW (*alcanna*); Tazi 91f.; Hegi V,2205f.; Ohloff 47; Plinius 13,9f.; vgl. Erläut. 249; Garbers 348f.; Arveiller 194ff.; Marzell I,193; (4) Rauwolf 58; Zedler (*Alcanna*); Marzell II,1215.

Intarsie

Intarsien im engeren Sinn sind Einlegearbeiten in Holzmöbeln aus verschiedenfarbigem Holz, Metallen, Elfenbein u. ä. Das Wort geht übers Italienische zurück auf (ar.) *tarṣīʿ*, das Verbalsubstantiv des Verbs *raṣṣaʿa* ›zusammenfügen‹. Unter (ar.) *tarṣīʿ* verstand man nach dem Zeugnis arabischer Philologen des 10. Jh.s eine Technik, bei der auf beiden Seiten einer Halskette zwei identische Serien von verschiedenen Perlen und Edelsteinen aufgezogen wurden, übertragen auf das Holzhandwerk dann auch Einlegearbeiten in geometrischen Formen, die gelegentlich mit dem Vorgang des Nestbaus bei Vögeln verglichen werden. Solche Einlegearbeiten, von denen einige in Holzteilen von Kanzeln oder Türen aus dem Inventar von Moscheen erhalten sind, tauchen zuerst in Ägypten ab dem 9. Jh. auf. Es ist daher anzunehmen, dass die Muslime die Technik von den christlichen Kopten Ägyptens übernommen haben, welche selbst wieder eine Tradition fortführten, die über die Römer möglicherweise ins Alte Ägypten zurückreicht. (Die Bezeichnung der entsprechenden Technik bei Metallen, (nhd.) *tauschieren*, früher oft auch »damaszieren« nach der Stadt Damaskus, stammt übrigens ebenfalls über (it.) *tausia*, (frz.) *tauchie* aus dem Arabischen, wo (ar.) *taušiya* ›Verzierung‹ bedeutet.) (1)

In den Schatzkammern christlicher Kirchen Europas sind Kästchen und Schatullen mit kostbaren Intarsien und manchmal auch arabischen Inschriften erhalten, die beispielsweise zur Aufbewahrung von Reliquien verwendet wurden. Sie stammen zumeist aus dem 12. oder 13. Jh., und man nimmt an, dass sie in den Gebieten, wo Islam und Christentum sich berührten, insbesondere also Sizilien, Spanien und eben Ägypten, für den Export nach Europa angefertigt wurden. Unter anderem über sie dürften die westlichen Europäer die islamische Intarsienkunst kennen gelernt haben. In einer Ausgabe der italienischen Anekdotensammlung »Il Novellino« soll schon Ende des 13. Jh.s ein Mann erwähnt sein, »der Intarsien [it., pl. *tarsìe*] macht«; jedenfalls finden sich Intarsien um diese Zeit in Italien an Kästchen für kirchlichen Gebrauch oder für Brautschmuck. Eine bestimmte Mischtechnik »alla certosina« scheint dabei spanisch-islamischen Einfluss zu verraten. 1403 ist in Palermo ein Verb (mlat.) *intarsiare* belegt; in der 2. Hälfte des 15. Jh.s wird eine Tür »di sandali [s. Sandel] a *tarsia* con fili di oro [mit Goldfäden, -drähten]« beschrieben; im 16. Jh. erscheinen (it.) *tarsìa* und das abgeleitete Verb *intarsiare* (1539) dann häufiger: ein Hinweis darauf, dass die Intarsienkunst populärer geworden war. Um diese Zeit hatte sie sich auch in andere europäische Länder ausgebreitet. Ab der Mitte des 16. Jh.s führte aber die Erfindung der Feinsäge (und im 18. Jh. der Laubsäge) dazu, dass sie vielfach von den ähnlichen, aber leichter herzustellenden Furnierarbeiten verdrängt wurde, die auf die Holzoberfläche geleimt wurden. (2)

(Nhd.) *Intarsia*, (pl.) *Intarsien*, nach (it.) *intarsio*, welches 1867 als Substantiv zu (it.) *intarsiare* belegt ist, scheint erstmals 1872 in den Wiener »Blättern für Kunstgewerbe« erwähnt. (3)

(1) Wehr 476, 1403; Lane 1093f.; EI (*tarṣīʿ*, *ʿādj*); Reclams Künstl. Techn. III,177; Müller 91; Duden, Gr. Wb., LM (*Tauschieren*); Battaglia (*tausia*); Huguet (*tauchie*); (2) Cortelazzo/Z., Battaglia (*tarsìa*, *intarsiare*); LM (*Intarsie*); Feulner 83; Tazi 234; Reclams Künstl. Techn. II,446, III,182; (3) Cortelazzo/Z. (*tarsìa*); Blätter f. Kunstgewerbe, Hrsg. V. Teirich, Bd. 1, 1872, I,50f., II,53ff.

Zugrunde liegt eine sprachliche Wurzel *s-l-m* bzw. *š-l-m* mit der Bedeutung ›unversehrt, sicher sein‹, die zu zahlreichen Wortbildungen in semitischen Sprachen geführt hat, im Arabischen beispielsweise zum Verb *salima* ›wohlbehalten sein‹ und zum Substantiv *salām*, ›Heil‹. Daraus ist, offenbar bereits in vorislamischer Zeit, die Begrüßungsformel (*as-*)*salām ʿalaikum* ›(das) Heil (Frieden) über euch!‹ entstanden, die dann zum Gruß der Muslime und Bestandteil des rituellen Gebets wurde. In einer parallelen Entwicklung ist etwa das entsprechende hebräische Substantiv *šālōm*, das in der Thora bzw. im Alten Testament u. a. ›Wohlergehen, göttliche Gnade, Frieden‹ bedeutet, ebenfalls zur Grußformel geworden, die auch im Ritualgebet verwendet wird (hebr. *šālōm ʿalēkham*, vgl. jiddisch *schólem aléjchem*). (1)

(Ar.) *islām* ist das Verbalsubstantiv des ebenfalls von der Wurzel *s-l-m* abgeleiteten Verbs (ar.) *aslama* ›sich ergeben, hingeben‹. Im Koran bedeutet *islām* ›innere Ergebung (in Gott)‹, aber auch ›Religionsausübung‹ (später gekennzeichnet durch die »fünf Säulen«: Glaubensformel, die fünf täglichen Gebete, Fasten im Monat Ramadan, Almosen geben, Pilgerfahrt nach Mekka); im 10. Jh. tritt schließlich die Bedeutung ›Religionsgemeinschaft‹ hinzu. Über den semantischen Zusammenhang zwischen *salima* (*salām*) und *aslama* (*islām*) ist viel spekuliert worden, die naheliegende Vermutung, Heil und Frieden erlange der Mensch durch Hingabe an Gott, lässt sich an Hand sprachlicher Belege aber nicht beweisen. Im Deutschen ist *Islam* spätestens seit Goethes »West-Östlichem Divan« bezeugt (»Wenn Islam Gott ergeben heißt / In Islam leben und sterben wir alle«). (2)

Wer der islamischen Religion angehört, ist ein (ar.) *muslim* (Aktivpartizip zum Verb *aslama*) bzw. eine *muslima*. Den Gegensatz bildet der (ar.) *kāfir* (›Ungläubiger‹, ursprünglich ›Undankbarer gegenüber Gott‹). (Dieses Wort taucht im Deutschen in der veralteten Bezeichnung *Kaffern* für verschiedene Bantuvölker in Südafrika auf; als ein Begriff arabischer Sklavenhändler in Südostafrika wurde der Name vermutlich über (port.) *cafre*, (engl.) *Kaffir* durch die *Kaffernkriege* genannten Kolonialkriege von Engländern und Buren im 19. Jh. bekannt.) Direkt aus dem Arabischen übernommenes (nhd.) *Muslim* ist auch die Bezeichnung, die sich in den letzten Jahren im Zuge der Einwanderung von Menschen islamischen Glaubens in Deutschland durchsetzt. Davor wurde der Begriff oft in der wohl aus dem Englischen stammenden Form *Moslem* gebraucht, üblich waren lange Zeit auch die Bezeichnungen *Muselmann* oder *Mohammedaner*. Der erstgenannte Name stammt dabei aus dem Persischen *muslimān* (bzw. *musulmān*), einer Plural- oder Adjektivbildung zu (pers.) *muslim*. Über das Osmanisch-Türkische ist das Wort offenbar schon in der zweiten Hälfte des 15. Jh.s ins Italienische gelangt (pl. *mussurmanni*, dann *musulman*); von dort wurde es mit Anlehnung an (nhd.) *Mann*, in der Form *Musulmann* (später *Muselmann*) Ende des 17. Jh.s ins Deutsche übernommen. Ob das Wort schon um 1830 in dem Kanon (»C–A–F–F–E–E, trink nicht so viel Kaffee … sei doch kein *Muselmann* …«) den Beiklang des Veralteten und Scherzhaften hatte, den es im 20. Jh. bekam, ist schwer zu sagen. Vermutlich eine Fortschreibung dieser Entwicklung führte allerdings zu der bestürzenden Bedeutung, die das Wort im Konzentrationslager Auschwitz erhalten hat. Dort wurde mit *Muselmann* bzw. entsprechenden Wortformen in anderen Sprachen von den Mithäftlingen ein Mensch bezeichnet, der sich völlig aufgegeben hatte. (3)

(Nhd.) *Mohammedaner* dagegen ist das Ergebnis einer Bezeichnung, welche die Europäer wohl in Analogie zu »Christ(en)« den Muslimen ab der frühen Neuzeit gegeben hatten, in Verkennung der Tatsache, dass dem Propheten Mohammed im Islam nicht derselbe hohe Stellenwert zukommt wie Jesus Christus als Gottes Sohn im Christentum. Im Mittelalter erscheint der Name des Propheten (ar.) *Muḥammad* (›der Gepriesene‹, zu ar. *ḥamd* ›Lobpreis‹) ab Ende des 11. Jh.s in Formen wie (afrz.) *Mahumet*, (mhd.) *Mahmet* (»Rolandslied«), oder (it.) *Maometto* in Dantes »Inferno« (s. Ries); daraus abgeleitet wurden dann (it.) *maumettani* (Ende 15. Jh.), (frz.) *mahométans* (1552) und (nhd.) *Mahometaner*, *Muhametaner* (1581). Während Goethe im »West-Östlichen Divan« 1819 noch von *Mahomet* spricht, gebraucht Carsten Niebuhr 1772 in seiner »Beschreibung von Arabien« schon die Form *Mohammedaner*, die in der Folgezeit üblich wurde. (4)

(1) Wehr 591 ff.; Jeffery 62 f., 174 f.; EI (*salām*); Encyl. Judaica (*peace*); Jidd. Wörterbuch, Hrsg. v. R. Lötzsch, 1992, 157; (2) EI (*islām*); Jeffery (a. a. O.); West-Östl. Divan, Buch d. Sprüche, VI,12; (3) Wehr 593, 1111; EI (*muslim*, *kāfir*); Corriente (*cafre*); OED (*Kaffir*, *Muslim*); Steingass 1239; Devellioğlu (*Müslimân*); Arveiller 413 ff.; Tazi 269; DWB (*Muselmann*); J. Améry, Jenseits v. Schuld u. Sühne, 1977, 28; Primo Levi, Opere, Se questo è un uomo, 1997, 86; (4) EI (*Muḥammad*); Wehr 292; Tazi 149 f., 308 f.; Arveiller 354 ff.

Jasmin

Die botanische Gattung Jasminum ist vor allem in den Subtropen verbreitet. Bei vielen Arten haben die Sträucher duftende Blüten, aus denen man Jasminöl gewinnen kann. In Deutschland findet man aus klimatischen Gründen im wesentlichen nur den aus China stammenden Winterjasmin mit gelben Blüten. Was sonst üblicherweise als Jasmin bezeichnet wird, ist der Pfeifenstrauch (Philadelphus coronarius), der im 16./17. Jh. aus dem Osmanischen Reich und Italien eingeführt wurde und auf den im 18. Jh., wohl wegen des Dufts seiner weißen Blüten, der Name des Jasmins überging. (1)

Schönheit und Duft der Blüten der Art Jasminum Sambac soll schon in antiker Zeit in Indien geschätzt worden sein. Im 6. Jh. n. Chr. erwähnt Aëtios, der Arzt des oströmischen Kaisers Justinian, (gr.) *iásmê*, was möglicherweise ›Jasminöl‹ bedeutet. Kurz darauf beschreibt ein Dichter des vorislamischen Arabiens, al-Aʿšā (gest. um 629), ein Blumenarrangement aus Rosen und Jasmin in einer Weinschenke. Das Wort (ar.) *yāsimīn*, das er dabei gebraucht, ist ebenso wie (gr.) *iasmē* mit einiger Sicherheit aus dem Persischen entlehnt, wo (mpers./npers.) *yāsaman* und ähnliche Formen belegt sind, ein Hinweis darauf, dass zumindest eine der Jasminarten, vermutlich der weißblühende Jasminum officinale, den Weg nach Westen über Persien gefunden hat. (2)

Im arabisch-islamischen Raum waren verschiedene Arten des Jasmins, in der Regel (ar.) *yāsamīn* genannt, äußerst beliebt. Wie üblich verwendete man sie auch zu medizinischen Zwecken. Wichtiger waren sie jedoch auf Grund des Dufts der Blüten und ihrer weißen, gelben oder roten Farben im Garten und bei festlichen Dekorationen. Eine große Rolle spielte Jasmin auch, wie beispielsweise aus dem »Buch der Parfüme« des Bagdader Gelehrten al-Kindī (gest. 870) ersichtlich, bei der Produktion von Duftölen und -wässern. (3)

Über die Araber ist der Jasmin, vornehmlich wohl Jasminum officinale, nach Spanien und Italien gelangt. Im 14. Jh. ist (kat.) *gezmir* offenbar in den Gärten um Valencia kultiviert worden (anderswo auch kat. *gessemin*); in Boccaccios »Dekameron« (um 1350) tragen die Blüten von Jasmin (it. *gelsomino*) und Rosen im idyllischen Garten bei Florenz dazu bei, »dass man glaubte, sämtliche Wohlgerüche des Orients einzuatmen«; und eine trickreiche Edelkurtisane und ihr Opfer werden in Palermo mit Orangenblüten- und Jasminwasser besprengt. (4)

Ab dem 13. Jh. taucht (mlat.) *iasminum* u. ä. in den Übersetzungen arabischer medizinischer und botanischer Schriften auf. Aus einer dieser lateinischen Formen ist vermutlich (frz.) *jasmin* (1508) entstanden, aus dem wiederum (nhd.) *Jasmin* abgeleitet sein dürfte. Aus dem Erstbeleg, »*jaszmin* oder veielreibe ... die gänge in wurzgärtlin damit zuziren«, um 1580, lässt sich schließen, dass es um diese Zeit Versuche gegeben haben muss, den echten Jasmin in Deutschland anzupflanzen, denen auf Grund des relativ kalten Klimas jedoch nur wenig Erfolg beschieden war. Anders in Südfrankreich: Ab der Mitte des 16. Jh.s entwickelten sich, angeregt durch die aus Florenz stammende französische Königin Katharina von Medici, in der Stadt Grasse Parfümmanufakturen. Einer der meistbenutzten Rohstoffe wurde im Lauf der Zeit der mit dem Jasminum officinale eng verwandte Jasminum grandiflorum. Im 18. Jh. kam Jasminparfüm, zusammen mit anderen aus Blüten hergestellten Düften dann europaweit in Mode (s. Orange). Heute ist Jasmin in den meisten Qualitätsparfümen enthalten. (5)

(1) Hegi, V,1906 ff.; Marzell II, 74, III,679 f.; Genaust (*Syringa*); Adelung (*Jasmin*); (2) Ohloff 159, 184 f.; Liddell/Scott 815 f.; Frisk I,706; Arveiller 617 ff.; G. Schoeler, Arabische Naturdichtung, 1974, 34 f.; Genaust (*Jasminum*); MacKenzie 97; Steingass 1526; (3) Wehr 1444; Schmucker 535, 221; EI (*yāsamīn*); Schoeler (a. a. O.) 122 f.; 1001 Nacht, 9. Nacht, dt. I,97, ar. I,56, 16. Nacht, dt. I,182, ar. I,118; Garbers 378 f., 393 ff.; (4) Corominas/P. (*jazmín*); Decameron, Beginn d. 3. Tags, 314, 8. Tag, 10. Novelle, 1000; (5) Arveiller (a. a. O.); Rey (*jasmin*); Tazi 283; DWB, Pfeifer (*Jasmin*); Marzell, Hegi (a. a. O.); Groom 143, 167 f.

Joppe

(Nhd.) *Joppe* wird gelegentlich gebraucht, um legere Hausjacken oder kurze Trachtenjacken für Männer zu bezeichnen. (1)

In der Ḥadīṯ-Literatur – Sammlungen angeblicher Handlungen und Aussprüche des Propheten Mohammed

– wird im 9. Jh. berichtet, der Prophet habe einst eine (ar.) *ǧubba* getragen, deren Ärmel so eng waren, dass er Schwierigkeiten hatte, die rituelle Waschung zu vollziehen. Das ist insofern merkwürdig, als die *ǧubba* in der Folgezeit ähnlich wie der Kaftan als ein langes, vorne offenes Gewand beschrieben wird, das aber weite (nicht enge) Ärmel hat. Die im Zusammenhang mit der *ǧubba* Mohammeds erwähnte Herkunft »aus Šām« lässt darauf schließen, dass es ursprünglich aus Syrien stammt. Es war in den muslimischen Gebieten weit verbreitet – in Spanien beispielsweise soll es 822 durch den Sänger Ziryāb aus Bagdad (s. Laute) eingeführt worden sein. Es wurde auch von Frauen getragen und aus verschiedenen Materialien hergestellt. (2)

Im westlichen Europa wird das Gewand offenbar zuerst in einem Codex aus Süditalien erwähnt, in dem schon vor 990 *zippa* und etwas später *iuppa* belegt ist. Zahlreiche weitere mittellateinische und altitalienische Dialektformen lassen darauf schließen, dass das Kleidungsstück und seine Bezeichnungen sich vornehmlich von Sizilien nach Norden ausgebreitet haben. Ende des 12. Jh.s tauchen (afrz.) *jupe* im Französischen und (mhd.) *schûwe* im Deutschen auf; etwas später folgen Formen wie (mhd.) *schoube*, *joppe*, *gippe* u. a. In den folgenden Jahrhunderten scheinen sich Art der Kleidung und Bezeichnung in Deutschland ausdifferenziert zu haben. Mit den Wortformen auf *sch-* wurde ein langes, vorne offenes mantelartiges Kleidungsstück bezeichnet, das oft aus teuren Stoffen hergestellt war. Ab der zweiten Hälfte des 15. Jh.s wurde die (frnhd.) *Schaube*, vielfach mit Pelz besetzt, zum Modegewand, das auf zahlreichen Bildern beispielsweise von Humanisten und Reformatoren zu sehen ist und das in abgewandelter Form auch Frauen trugen. Aus ihm haben sich die verschiedenen Amtstrachten von Pastoren, Richtern und Professoren entwickelt. Die Formen auf *j-* dagegen standen im allgemeinen für ein Kleidungsstück, das zu einem langen Wams, also einer Art Weste geworden war. Es war oft aus grobem Stoff und wurde von Bauern oder Mägden getragen. Seine heutige Bedeutung, nun nur noch als Kleidungsstück für Männer, erhielt *Joppe* im 19. Jh. (3)

Eine interessante Entwicklung hat (frz.) *jupe* durchgemacht. Das damit bezeichnete Kleidungsstück hatte im späten Mittelalter ungefähr die Form der *joppe*. Eine Änderung der Frauenmode im 17. Jh. brachte es aber mit sich, dass die *jupe* verlängert werden musste. Ihr Oberteil, *corps de jupe*, wurde nun vom Unterteil, *bas de jupe*, unterschieden. Überlebt hat die Kurzform (frz.) *jupe* als Bezeichnung für das Unterteil, also den Frauenrock. (4)

(1) Duden, Gr. Wörterb. 1999 (*Joppe*); Reclams Kostümlex. (*Joppe*); (2) R. Dozy, Dictionnaire ... des vêtements, 1845, 107–117; Wehr 163; EI (*libās*); (3) FEW (*ǧubba*); Pellegrini Ar. 115; Cortelazzo/Z. (*giubba*); Tazi 257f.; Rey (*jupe*); Pfeifer (*Joppe*); Lexer (*jope*, *schûbe*, *gippe*); DWB (*schaube*, *jope*); LM (*Schaube*); Reclams Kostümlex. (*Schaube*, *Joppe*); (4) Rey, FEW (a. a. O.); Reclams Kostümlex. (*Jupe*).

Kadi

Die saloppen Wendungen wie »jemanden vor den *Kadi* schleppen« beziehen sich auf (ar.) *qāḍī* ›Richter‹. Dies ist das Aktivpartizip des Verbs (ar.) *qaḍā*, das im Koran ›ausführen, beschließen‹, aber auch ›entscheiden‹ bedeutet und (in Sure 33,36) auch auf den Propheten Mohammed als den ›Schiedsrichter‹ (ar. *ḥākim*) angewendet wird, der im Streitfall entscheidet. Das Amt eines *qāḍī* wurde von den umaiyadischen Machthabern in den größeren Städten Ende des 7. Jh.s eingeführt. Ein Jahrhundert später verlieh Hārūn ar-Rašīd dem Kadi von Bagdad den Ehrentitel eines »Kadi der Kadis« (*qāḍī l-quḍāt*) und legte damit den Grundstein für das bald darauf institutionalisierte Amt eines Leiters der Justizverwaltung, der vor allem für die Ernennung der Kadis zuständig war. Mit dem Zerfall der abbasidischen Macht zerfaserte allerdings dieses zentralistische System. (1)

Der Kadi entschied bis in neuere Zeit, als in vielen islamischen Staaten Elemente des europäischen Rechtssystems eingeführt wurden, auf der Grundlage des islamischen Rechts, der *Scharia* (ar. *šarīʿa*, schon im Koran etwa ›der (rechte) Weg‹). Diese wird aus dem Koran und den frühen Überlieferungen abgeleitet und umfasst eine Summe von Empfehlungen und Vorschriften über das Verhältnis des Einzelnen zu Gott und den Menschen in der Gesellschaft, ist also eher der jüdischen Thora als dem europäischen Recht vergleichbar. Das Aufgabenfeld eines Kadi war daher recht breit gefächert, Schwerpunkte waren das Familien- und Zivilrecht und teilweise auch administrative Aufgaben. Der Kadi fällte rechtskräftige (und nicht revidierbare) Gerichtsurteile, im Gegensatz etwa zum *Mufti* (ar. *muftī*, Aktivpartizip vom Verb *aftā*, das im Koran ›Auskunft geben‹ bedeutet), der auf Anfrage lediglich ein allgemein gehaltenes Gutachten zu abstrakten Rechtsfragen, eine *Fatwa* (ar. *fatwā*), als Empfehlung abgibt (das Verb *aftā* bedeutet in diesem Sinn auch ›eine Fatwa erteilen‹). (2)

Der enge Kontakt zwischen Muslimen und Christen auf der Iberischen Halbinsel führte dazu, dass schon 1062 aus (mit Artikel) (ar.) *al-qāḍī* entlehntes (sp.) *alcalde* ›Richter‹ bezeugt ist. Ab Ende des 15. Jh.s veränderte sich die Bedeutung im Spanischen hin zum modernen *alcalde* ›Bürgermeister‹. In seiner ursprünglichen Bedeutung erscheint das Wort (nhd.) *Alcalde* 1548, also noch in der Regierungszeit Kaiser Karls V., der hauptsächlich in Spanien residierte, in der Bedeutung ›kaiserlicher Blutrichter‹ (der Todesurteile fällte). Ab dem 18. Jh. wird (nhd.) *Alcalde*, *Alkalde* gelegentlich verwendet, um den spanischen Bürgermeister zu bezeichnen. (3)

(Ar. bzw. osm.-tk.) *qāḍī* dagegen taucht ab 1577 in

deutschen Reiseberichten aus dem Osmanischen Reich auf: »*Cadi* / das seyn Stadtrichter oder Stadtvoegt« (in Konstantinopel), »der *Cadi* oder Oberrichter« (in Tripolis im heutigen Libanon). Die Bezeichnung verbreitete sich ab dem 18. Jh. beispielsweise durch die Erzählungen von »1001 Nacht«, wo normalerweise »die Kadis und die Zeugen« gerufen werden, wenn eine Liebesgeschichte glücklich endet. 1772 findet sich dann in Carsten Niebuhrs Reisebeschreibungen aus Arabien die modernere Schreibweise *Kádi*. Die heutige umgangssprachliche und scherzhafte Bedeutung von (nhd.) *Kadi* scheint sich Ende des 19. Jh.s entwickelt zu haben. Zusammen mit ähnlichen Bedeutungsentwicklungen, etwa bei *Scheich* (s. d.), *Muselmann* (s. Islam), *Harem* (s. d.) und aus dem Türkischen entlehntem *Pascha* könnte sie ein Anzeichen dafür sein, dass das Osmanische Reich als Gebiet des Islam weder wie im 16. und 17. Jh. als ernsthafte »Türkengefahr« noch wie bis Mitte des 19. Jh.s als Projektionsfläche für die Sehnsucht nach Exotischem, sondern geringschätzig als »kranker Mann am Bosporus« wahrgenommen wurde, dessen Erbe europäische Mächte untereinander aufteilten. (4)

(1) Wehr 1035 f., Koran z. B. 4,65, 17,23; EI (*ḳāḍī, ḳaḍā'*); (2) Wehr 647, 942 f.; Koran 4,127, 45,18 usw.; EI (*sharīʿa, fatwā*); A. Flores, Die arabische Welt, 2003, 228; (3) Corominas/P. (*alcalde*); Tazi 281 f.; DWB² (*Alkalde*); (4) Tazi 314; Rauwolf 39 f.; Niebuhr 98, 101; Küpper (*Kadi*); Rodinson, Fasz. Islam 50 ff., 71 f., 79 f.; Cardini 198 ff.

Kaffee

Die Kaffeepflanze der Sorte Coffea arabica hat sich im 15. Jh. in Jemen, also Südarabien verbreitet. Ihr Name (ar.) *bunn* stammt wahrscheinlich aus Wortformen wie *buna*, die in Sprachen Äthiopiens verbreitet sind, die Pflanze jedenfalls ist aus dem äthiopischen Hochland importiert. Aus den Bohnen, ebenfalls (ar.) *bunn* genannt, stellten vermutlich zuerst jemenitische Sufis (s. Scheich) ein anregendes Getränk her, das sie (ar.) *qahwa* nannten, mit einem alten, seltenen Wort für ›Wein‹ aus der arabischen Poesie, das von ihnen in einem symbolischen, religiösen Sinn gebraucht wurde. (1)

Aus Jemen gelangte der Kaffee über Mekka nach Kairo, und von dort über Damaskus um 1554 nach Konstantinopel, der Hauptstadt des Osmanischen Reichs, wo er (osm.-tk.) *qahve* (heute tk. *kahve*) genannt wurde. Das neue Getränk stieß von Beginn an und für lange Zeit auf Gegnerschaft: Die Tatsache, dass der Kaffee anfangs auch in Schenken angeboten wurde, in denen es Verwerfliches wie Wein, Sängerinnen, Spiele und entsprechendes Publikum gab, führte dazu, dass er von vielen Geistlichen missbilligt wurde. Und in den allmählich entstehenden Kaffeehäusern entzündeten sich nicht nur literarische Gespräche, sondern auch politische Diskussionen. Der Kaffee wurde deshalb immer wieder zeitweilig durch die Obrigkeiten verboten. Die Beliebtheit des Getränks und die Möglichkeit, es mit Steuern zu belegen, führten jedoch dazu, dass die Verbote im 19. Jh. völlig aufhörten. (2)

In seiner Reise in die »Morgenländer« beschreibt der Augsburger Arzt Leonhard Rauwolf 1582, wie die Bevölkerung von Aleppo ein »gut Getränck … *chaube* … genennet … wie Dinten so schwartz« aus der »Frücht *Bunnu*« zu sich nimmt. Mitte des 17. Jh.s begannen dann Holländer und Engländer, Kaffeebohnen aus dem jemenitischen Hafen al-Muḫā (s. Mokka) zu exportieren. Über den Mittelmeerhandel gelangte der Kaffee um dieselbe Zeit nach Venedig. Ab Mitte des 17. Jh.s entstanden die ersten Kaffeehäuser zuerst in Venedig, Marseille und Oxford, um 1680 auch in Hamburg und, nach Abzug der osmanischen Belagerer, um 1685 in Wien. In Paris gab der damalige osmanische Gesandte 1669 insbesondere für Damen Empfänge im orientalischen Ambiente (s. Sofa), auf denen in japanischen Porzellanschälchen (s. Tasse) mit Zucker (s. d.) gesüßter Kaffee angeboten wurde. Dies war offenbar der Anlass, dass der Kaffee in Paris, wenngleich anfangs kritisch betrachtet, schnell zum Modegetränk avancierte. 1671 erschien in Lyon eine Abhandlung »De l'usage du *caphé*, du thé et du chocolate«; die vermutlich direkt aus dem Türkischen übernommene Wortform ist aber auch schon etwas früher belegt (frz. *cafeh* 1651, *café* 1665). In Paris wurden nun die ersten Kaffehäuser gegründet, unter anderem das spätere Café Procope des Sizilianers Coltelli, in dem neben diversen Weinen und Likören auch Kaffee und Sorbet (s. d.) angeboten wurde. (3)

Der Kaffee wurde vor allem in England und Frankreich das Getränk des aufstrebenden Bürgertums: Im Gegensatz zum bisher üblichen Bier- und Weingenuss förderte seine anregende Wirkung die Leistungsfähigkeit und den nüchternen Blick auf die Welt und damit die Geschäfte; in den Kaffeehäusern trafen sich die Männer des Bürgertums zu literarischen und politischen Gesprächen, aber auch zum Schach (s. d.) sowie zeitweise zum Billard- und Glücksspiel (s. Hasard). (4)

In Deutschland taucht der Name des Getränks 1683 in den Formen *Cafe* und *cofféé* auf, von denen die erste den französischen, die zweite (aus engl. *coffee*, das selbst wieder aus ndl. *koffie* stammt) den englischen Einfluss zeigt. Mit *Coffee* wird beispielsweise 1734 das Getränk bezeichnet, dem ein Bürgermädchen in Bachs »Kaffeekantate« verfallen ist. Erst ab Mitte des 18. Jh.s setzte sich langsam die Form *Kaffee* durch. (5)

Die Ausbreitung des neuen Getränks stieß allerdings in Deutschland auf größere Schwierigkeiten als in den westlichen Nachbarländern. Holland und Frankreich und etwas später Portugal war es nämlich gelungen, die Pflanze in ihre Kolonien (Java, Antillen bzw. Réunion, Brasilien) zu entführen und dort für den Gebrauch im Mutterland anbauen zu lassen; England war unter kräftiger Mithilfe der East India Company auf den billigeren, weil ergiebigeren Tee umgestiegen – wie übrigens unter ähnlichen Umständen im 20. Jh. auch die Türkei und viele arabische Staaten. In Deutschland dagegen führten die Kaffeeimporte zum Abfluss von Devisen. Friedrich II. suchte in Preußen das Problem anzugehen, indem er einerseits 1766 ein staatliches Monopol auf die Einfuhr und 1780 auf das Rösten von Kaffee verfügte (welches sogenannte »Kaffeeschnüffler« durchzusetzen hatten), andererseits die Herstellung von Kaffee-Ersatz förderte, der zuerst aus der Zichorienwurzel, später aus Gerstenmalz u. ä. hergestellt wurde. In dem bekannten Kanon »*C–A–F–F–E–E*, / Trink nicht zu viel *Caffee*. / Nicht für Kinder ist der Türkentrank, / schwächt die Nerven, macht dich blass und krank. / Sei du kein Muselmann, / Der es nicht lassen kann« aus der 1. Hälfte des 19. Jh.s spiegeln sich noch die ideologischen Argumente, die die wirtschaftlichen Maßnahmen begleiteten. (6)

In den folgenden 150 Jahren trank die Mehrheit der deutschen Bevölkerung tatsächlich meistens eines der diversen billigen Kaffeesurrogate. Um den eigentlichen Kaffee zu kennzeichnen, der für die Sonntage und die Wohlhabenden da war, wurde deshalb der Begriff *Bohnenkaffee* geprägt. *Bohne* bezeichnet dabei den Samen des Kaffeestrauchs, wie er im Handel verkauft wird. Nun sieht dieser aber nicht besonders bohnenartig aus. Der Name ist deshalb mit großer Wahrscheinlichkeit nur volksetymologisch an (nhd.) *Bohne* angelehnt und geht in Wirklichkeit auf die arabische Bezeichnung *bunn* zurück. Auf diese Möglichkeit wird schon in Zedlers Lexikon von 1733 hingewiesen, wo der *Caffee/Coffee* unter dem Stichwort *bon* abgehandelt wird. (7)

Die geringe Verbreitung des Bohnenkaffees und die relative Schwäche des Bürgertums sind wohl auch der Grund dafür, dass in Deutschland dem *Kaffeehaus* (zuerst *chavee-Hauß*, 1697) keine lange Dauer beschieden war. Im 19. Jh. verschwand es nahezu; ähnliche, z. B. mit Konditoreien verbundene Einrichtungen wurden nach französischem Vorbild mit dem Namen *Café* belegt. In der Gegenwart ist der Kaffee eines der wichtigsten Handelsgüter. (8)

(1) EI (*ḳahwa*); Wehr 114, 1062f.; W. Leslau, Etymol. Dict. of Gurage III, 1979, 144; Tazi 204f.; M. Tuchscherer (Hrsg.), Le commerce du café, 2001, 7–15; (2) EI (a. a. O.); Tuchscherer (a. a. O.) 19f.; Devellioğlu (*kahve*); H. Spode, Alkohol u. Zivilisation, 1991, 74f.; (3) Rauwolf, VIII. Kap., 98; EI (a. a. O.); Braudel I,270ff.; Heise 106; Leclant 3–12; Rey (*café*); (4) Schivelbusch 29–73; Montanari 150; Zedler (*Caffée-Hauß*); Kretschmer 159f.; Heise 140–151; (5) DF, DWB² (*Kaffee*); OED (*coffee*); De Vries (*koffie*); (6) Braudel (a. a. O.); Schivelbusch 83–95; Spode (a. a. O.); Heise 41f.; (7) Pfeifer (*Kaffee*); Kluge (*Kaffeebohne*); Zedler (*bon*); (8) Schivelbusch 73–90; DF (*Kaffeehaus*); Kretschmer (a. a. O.).

Kaliber

Am Anfang der Wortgeschichte von (nhd.) *Kaliber* steht höchstwahrscheinlich (gr.) *kalápous*, *kalópous* ›Holzfuß, Schusterleisten‹. Im Mythos über den Eros in Platons »Symposion« (»Gastmahl«) verwendet es der Komödiendichter Aristophanes: Apollo modelliert dem durch Teilung entstandenen neuen Menschen die Brust mit einem »Werkzeug, wie es die Schuster verwenden, wenn sie über dem Leisten die Falten des Leders glätten«. In den nachchristlichen Jahrhunderten wurde dieses Holzmodell des Fußes dann auch mit der Verkleinerungsform *kalopódion* bezeichnet. (1)

Vermutlich über (mpers.) *kālbod* ›Gestalt, Modell, Körper‹ ist das Wort ins Arabische gelangt, wo ab dem 9. Jh. (ar.) *qālab* mit der Nebenform *qālib* bezeugt ist, zuerst allerdings in einer sehr abstrakten Bedeutung als ›Form‹ (im

Gegensatz zum ›Inhalt‹), später auch als ›Modell‹. So spricht beispielsweise der Theosoph al-Ḥakīm at-Tirmiḏī (gest. um 910) häufig vom menschlichen Körper als einer »äußeren Form« für den Geist, wobei aber auch schon die Vorstellung einer ›Gussform‹ zugrunde liegen könnte. In späteren Jahrhunderten ist *qālab* bzw. *qālib* dann in konkreter Bedeutung belegt, als ›Gussform‹ für Metall oder Zucker (s. d.), aber auch als ›Schusterleisten‹. (2)

Aus (ar.) *qālib* entlehntes (kat.) *gàlib* ist 1360 in der Bedeutung ›Schiffsmodell‹, etwas später auch ›Verhalten einer Person‹ dokumentiert; (sp.) *gálibo* (*cálibo*) bezeichnet im 16. Jh. eine Schablone zum Bau von Schiffsteilen. Aus diesen Wortformen oder über den Mittelmeerhandel direkt aus dem Arabischen ist vermutlich (frz.) *calibre* entlehnt, welches, offenbar schon in der Bedeutung ›Durchmesser einer Röhre‹, erstmals 1478 in den Statuten der Gipserzunft von Rouen auftaucht. 1548 erscheint es in der auf Menschen übertragenen Bedeutung »Wichtigkeit, Status einer Person«, was zu der Wendung »n'être pas du même *calibre*« (1611) führte. 1571 ist *calibre* dann in der speziellen Bedeutung bezeugt, mit der es vor allem in andere Sprachen einging, nämlich ›Durchmesser eines Geschützrohrs‹ bei Kanonen oder Gewehren. (3)

In einem Buch über »Künstlich Feuerwerck und Kriegs Instrumenta«, einer Übersetzung aus dem Französischen, findet sich 1603 »Die Carthaun [Kanonenkugel] von 6 Daumen de *calibre*« und »samt derselbigen sechserley *calibris*«. »Ein leicht Stück Geschütz, welches doch einen grossen *Caliber* hat«, steht in einem »Kriegsmanual« von 1616. In übertragener Bedeutung ist (nhd.) *Caliber* ab 1749 bezeugt (»Von jenem *Caliber* sind zum Exempel die Grafen und Barons«). Die Schreibung *Kaliber* setzt im 19. Jh. ein. (4)

(1) Liddell/Scott 866; Frisk I,761; Platon, Symposion 191a; (2) MacKenzie 48; Corriente (*cálibo*); Wehr 993; Lane 2555; al-Ḥakīm

at-Tirmiḏī, Nawādir al-uṣūl, §§ 262, 284; Wiedemann I,245, 470, II,178; (3) Corominas (gàlib); Corominas/P., Rey, Trésor (calibre), Tazi 206; (4) Jones 167f.; DF (*Kaliber*).

Kampfer

Kampfer ist eine weiße, harzige, durchdringend »medizinisch« riechende Masse. Sie wird durch Destillation aus dem Holz von zwei Bäumen gewonnen: dem Cinnamomum camphora aus China und Japan und dem Dryobalanops aromatica, der in Indonesien heimisch ist. (Nhd.) *Kampfer* leitet sich vom Namen des indonesischen Baums her, dessen alte Bezeichnungen (aind.) *karpūra* und (mind.) *kappūra* vermutlich auf entsprechende Wörter in südostasiatischen Sprachen wie (khmer) *kāpōr* oder malayisch *kāpūr* zurückgehen. (1)

In China und Indien wurde der Duft des Kampfers in Salben und bei Räucherungen geschätzt. Im sassanidischen Persien, wohin der Kampfer, (mpers.) *kāpūr*, vermutlich etwa im 5. Jh. n. Chr. gelangte, wurde er auch, wie später bei den Muslimen, zum Waschen oder Einbalsamieren der Toten verwendet. Als die Araber 637 die persische Hauptstadt Ktesiphon in Mesopotamien eroberten, fanden sie zwei Berichten zufolge in der Nähe der Stadt unter anderen Luxusobjekten auch große Mengen Kampfer, den sie anfangs für Salz hielten. Dennoch muss bei ihnen der Kampfer schon früher bekannt gewesen sein, denn in der vorislamischen Poesie wird er bereits um 600 erwähnt, etwa bei al-Aʿšā (gest. 625), der schreibt, die Zähne der Schönen seien wie »mit Kampfer [ar. *kāfūr*] veredelt«. Kurz darauf ist im Koran in Sure 76,5 die Rede von einem Becher, aus dem die Frommen im Paradies ein mit Kampfer gewürztes Getränk trinken, was späteren Korankommentatoren auf Grund des eher unangenehmen Geschmacks des Kampfers merkwürdig erschien. Wahrscheinlich spielt diese Passage aber auf eine im vorislamischen Arabien weit verbreitete Sitte an, den teuren Wein mit Wasser zu mischen, welches mit Kampfer gewürzt war, um es frischer und wohlriechend erscheinen zu lassen. Das Weiße des Kampfers wurde später vor allem in der Poesie dem »Schwarzen« des Moschus (s. Ambra) entgegengesetzt, der Kontrast wurde vielfach angewendet, um Schwarze abwertend darzustellen: Ein schwarzer ehemaliger Eunuchensklave, der es 966 zum Herrscher von Ägypten gebracht hatte, wurde – noch vergleichsweise harmlos – spöttisch *Abū l-Misk Kāfūr* (›Kampfer, Vater des Moschus‹) genannt. (2)

Im islamisch-arabischen Raum wurde vor allem der Kampfer aus einer Provinz in Sumatra hoch gehandelt, wie Marco Polo Ende des 13. Jh.s bestätigt. Verwendung fand Kampfer als Grundlage von Duftwässern: In dem Parfümbuch des Gelehrten al-Kindī aus Bagdad (gest. um 870) wird auch dargestellt, wie man besonders guten Kampfer, weiß wie Zucker (s. d.), durch Sublimation des handelsüblichen Kampfers herstellen könne. Beliebt war er auch in der Medizin, wo er beispielsweise gegen Fieber und Kopfschmerzen angewendet wurde, zusammen mit Sandelholz (s. d.) angeblich auch gegen Pocken im Anfangsstadium. (3)

Im Kontext der Medizin taucht der Kampfer auch in Westeuropa auf: Constantinus Africanus beschreibt um 1080 für die Medizinschule in Salerno in Unteritalien nach einer arabischen Vorlage die Wirkungen des »Gummi[s] bzw. Harz[es] aus Indien«, das er (mlat.) *camphora* nennt, eine Wortform, die schließlich zu (nhd.) *Kampfer* geführt hat. Erstaunlich aber ist, dass schon im 9. Jh., also lange vor Beginn der Übersetzungen aus dem Arabischen und des italienischen Mittelmeerhandels mit dem arabischen Raum, in einem Arzneibuch aus dem Kloster Sankt Gallen ein (mlat.) *cafora* erwähnt wird (woraus vermutlich erste mittelhochdeutsche Formen wie *gaffer* u. a. entstanden).

Möglicherweise wurde Kampfer in dieser frühen Zeit durch die sogenannten Radhaniten vermittelt, jüdische Kaufleute, welche die entlang der Handelsstraßen entstandenen jüdischen Gemeinden als Stützpunkte benutzten, um Fernhandel von Spanien bis nach China zu betreiben. Die Wortform *cafora* könnte dann aus (ar.) *kāfūr* oder (byz.-gr.) *kaphourá* (bezeugt seit dem 6. Jh.) abgeleitet sein. (4)

Der Kampfer wurde in Europa nahezu ausschließlich in der Medizin gebraucht, beispielsweise als Mittel gegen die Pest. In Zedlers Lexikon von 1732, wo neben *Camphor* u. a. schon die heute übliche Form (nhd.) *Kampfer* auftaucht, wird ausführlich über die medizinischen Anwendungen diskutiert, unter anderem, wie schon bei den Arabern, bei Constantinus Africanus und dann Albertus Magnus (um 1256), unter welchen Umständen und bei wem er das sexuelle Verlangen abtöte oder anrege. In neuerer Zeit wurde der Kampfer, etwa im Franzbranntwein, zu Einreibungen benutzt, um die Durchblutung zu fördern. Heute ist er in einigen Husten- oder Herz- und Kreislaufmitteln sowie Antirheumatika enthalten. Seit der 2. Hälfte des 19. Jh.s wird aus mit Salpetersäure versetzter Zellulose und Kampfer der Kunststoff Celluloid hergestellt; seit den 30er Jahren des 20. Jh.s kann Kampfer auch synthetisch hergestellt werden. (5)

(1) EI (*kāfūr*); Mayrhofer III,68; Kluge (*Kampfer*); Encycl. Iranica (*camphor*); (2) Ohloff 199f.; Auboyer 117f.; MacKenzie 49; WKAS I,10; J. D. McAuliffe (Hrsg.), Encyclopaedia of the Qur'ān I, 2001, 287f.; M. Ullmann, Der Neger in der Bildersprache, 1998, 167; EI (*Kāfūr*); Lombard, Blütezeit 197f.; (3) Marco Polo afrz. 174, dt. 275; Garbers 95ff.; Ibn Ǧulǧul Nr. 32; Ibn al-Baiṭār Nr. 1868; (4) Constant. Afric. 370; MLW (*camphora*); Tazi 97f.; Lexer (*gaffer*); LM (*Radaniten*); EI (*al-rādhāniyya*); Lombard, Blütezeit 210f.; Liddell/Scott 932; (5) LM (*Kampfer*); Zedler (*Campher*); Albertus M., veget. VI,300ff.; Frohne 172ff.; Encycl. Britannica (*camphor*).

Kandis

(Nhd.) *Kandis* ist die Bezeichnung für eine Zuckerart, die in relativ großen Kristallen vorliegt. Der Name geht ursprünglich aufs altindische *khaṇḍaka* (mind. *khaṇḍa*) ›(ein) Zucker‹ zurück, das selbst vielleicht aus einem älteren *khanda-* ›Gebrochenes, Teil, Stück‹ abgeleitet ist. Er taucht etwa im 4. Jh. n. Chr. auf, also zu der Zeit, als es den Indern als ersten gelang, Zucker (s. d.) aus eingekochtem Zuckerrohrsaft herzustellen. (1)

Als die Araber ab dem 7. Jh. durch Perser und Inder den Zucker kennen lernten, übernahmen sie das indische Wort in der Form (ar.) *qand* als Bezeichnung für eine Zuckerart. Ob das arabische Wort jemals die Bedeutung ›Kandis‹ bekommen hat, ist ungewiss; die übliche Bezeichnung für Kandiszucker scheint das ab Mitte des 10. Jh.s belegte (ar.) *nabāt as-sukkar* ›Pflanze des Zuckers‹ (auch *sukkar an-nabāt*) gewesen zu sein, in der vielleicht bildlich zum Ausdruck kommt, wie der Kandiszucker entsteht: durch langsames Wachsen der Kristalle aus einer konzentrierten Zuckerlösung. (2)

Die Europäer, die ab dem 11. Jh. mit dem Zucker der Araber Bekanntschaft machten, übernahmen einige der arabischen Bezeichnungen für Zuckerarten. In einer Schrift über Augenheilkunde, vermutlich aus dem 13. Jh., wird *nabet*-Pulver mit (aprov.) *succre candi* (aus Alexandria) wiedergegeben; Mitte des 13. Jh.s sind (afrz.) *sucre candi* beim Arzt Aldobrandino von Siena und ab Ende des 14. Jh.s (it.) *chandi* und zahlreiche mittellateinische Formen wie *succurum candidum*, *-candi* etc. belegt. Die zumeist auftretende Endung *-i* wird oft auf ein arabisches Adjektiv *qandī* zurückgeführt, dieses ist aber nirgends bezeugt; vielleicht geht sie also auf ein mittellateinisches Genetiv-*i* zurück. Eine Rolle gespielt haben könnten auch volksetymologische Anlehnungen an (lat.) *candidus* ›weiß‹ und ab Mitte des 15. Jh.s an *Candia*, den venezianischen

Namen für Kreta (wohl aus ar. *ḫandaq* ›Festungsgraben‹) als eine der Herkunftgegenden. Im Deutschen taucht das Wort ab dem 15. Jh. in verschiedenen Formen wie *zocker candith*, *zuckerkandi(t)* usw. auf, die, dem Importweg entsprechend, auch noch von (it.) *zucchero candíto* (Ende 15. Jh.) beeinflusst sein können. (3)

Etwa ab dem 13. Jh. scheint das Wort die Bedeutung ›Kandis‹ erhalten zu haben; in Valencia wurde angeblich um 1250 das Mitbringen von Talismanen (s. d.) oder *sucre candi* ins Gericht verboten: Kandiszucker war offenbar geschätzt wegen seiner Ähnlichkeit zu Edelsteinen, denen selbst wieder magische Kräfte zugesprochen wurden. Die Tatsache, dass seine Kristalle umso durchsichtiger werden, je reiner der Zucker ist, dürfte seine Wertschätzung ebenfalls gesteigert haben: Der Botaniker Hieronymus Bock kritisiert um 1550 wie viele Humanisten die Verwendung der teuren Drogen und Gewürze aus dem Orient (s. Sandelholz) und empfiehlt deshalb als Arznei statt des »frembden … Zucker[s]« generell den »guten … Teutschen Honig«; am »*Zucker Candi / Candum* / oder *Candidum*« will er aber ausdrücklich festhalten. (4)

Aus einer dieser frühneuhochdeutschen Formen für Kandis entwickelte der deutsch-schweizerische Arzt Paracelsus um 1526 das Verb *kandiren*, um das Auskristallisieren einer Zuckerlösung zu bezeichnen. Etwa dieselbe Bedeutung hat auch das wohl unabhängig davon aus (frz.) *candi* entstandene (frz.) *candir* (1595). Die moderne Wortbedeutung, die ein mit ziemlicher Sicherheit von den Arabern übernommenes Verfahren bezeichnet, nämlich Früchte u. a. in einer konzentrierten Zuckerlösung mit Zucker überziehen, um sie zu konservieren (s. Sirup), scheint erstmals 1682 in dem Verb (nhd.) *candiren* belegt; aus einer Nebenform *candisiren* ist dann wohl das auslautende *-s* in (nhd.) *Kandis* (ab 1715) entstanden. In Anlehnung an *candiren* ist der Konditor (aus lat. »condire« ›einmachen, würzen‹) übrigens im 18. Jh. gelegentlich auch

Kanditor genannt worden. Schließlich weist noch die Tatsache, dass (engl.) *candy* seit dem 19. Jh. im Amerikanischen zur Bezeichnung für Süßigkeiten überhaupt geworden ist, auf den Stellenwert des Kandiszuckers in der Vergangenheit hin. (5)

(1) Mayrhofer III,138, I,444; Powels 12f.; (2) Wehr 1059, 581; Lane 2567; al-Masʿūdī VII,170; v. Lippmann 168; (3) v. Lippmann 300, 471; Rey, De Mauro (*candi*); Du Cange (*succarum*); Diefenbach 564a; Tazi 258f.; Corriente (*candi*); EI (*Ḳandiya*); Idrisi 4. Klima, 4. Sekt. = II,126; Pfeifer (*Kandiszucker*), Kluge (*Kandis, Zuckerkandel*); C. Battisti u. a., Dizionario Etimologico Italiano, 1950 (*candi*); Cortelazzo/Z. (*candire*); (4) v. Lippmann 300, 341; Baxa/Bruhns 26ff.; Mintz 133; (5) Weimann 394; Rey (a. a. O.); LM (*Konservierung*); Brunt 177f.; Kluge (a. a. O.); Pfeifer (*Konditor*); OED (*candy*).

Karaffe

Zwei Karaffen, bauchige Glasgefäße mit dünnem, sich nach oben öffnendem Hals, erscheinen Ende des 15. Jh.s auf einem Fresko von Ghirlandaio in Santa Maria Novella in Florenz. Gefüllt offenbar mit Wasser bzw. Wein, sind sie wohl als Stärkung für Elisabeth, die Mutter des Johannes, im Wochenbett gedacht. Das Wort (it.) *caraffa* (1554) mit seinen Vorformen *carrafella* (vor 1475, Neapel) und (mlat.) *carafa* (14. Jh.) dürfte dabei auf (ar.) *ġarrāfa* zurückgehen. Dies gehört zu der arabischen Sprachwurzel *ġ-r-f* ›schöpfen‹ und bedeutet allgemein ›Gerät zum Schöpfen‹, im besonderen auch ›Wasserrad mit Schöpfeimern‹. Das anlautende *c-* in (it.) *caraffa* wird durch Einwirken von arabischen oder dann sizilianischen Wortformen wie (siz.) *carabba* (14. Jh.) erklärt, die (auf allerdings erst spät bezeugtes) (npers.) *qar(r)ābe*, ›ein großes gläsernes Weingefäß‹ zurückgeführt werden. (1)

Bei seinem Aufenthalt in Rom muss auch der französische Renaissancedichter Joaquim du Bellay die italienischen Glasgefäße kennen gelernt haben. (Frz.) »vieille *Caraffe*« (›alte Karaffe‹) nennt er jedenfalls 1558 in einem Wortspiel den alten Papst Paul IV. (1555–59) aus dem neapolitanischen Adelsgeschlecht der Carafa. In der Bedeutung ›Wasser- und Weingefäß‹ ist (frz.) *carafe* allerdings erst 1642 belegt. (2)

In Deutschland wird 1703 die (wohl aus dem Französischen) entlehnte *Caraffe* in einem Wörterbuch als »ein Glas, das unten breit und oben eng ist«, definiert. Parallel zur allmählichen Ausbreitung gläserner Weinflaschen (»bouteilles«) aus Frankreich (s. Kork) verbreitete sich das Gefäß. Die heutige Schreibweise findet sich 1795 in Johann Heinrich Voß' »Luise«: »Flugs die *Karaffe* mit Wasser gefüllt und die mächtige Buttel«. In jüngster Zeit hat die Karaffe durch die Sitte des Dekantierens von wertvollen Weinen neue Bedeutung gewonnen. (3)

(1) Cortelazzo/Z. (*caraffa*); Lane 2249f., 2507f.; Dozy II,207f.; Wiedemann I,296ff.; Steingass 960, 968; R. Johnson, A Dictionary, Persian, Arabic, 1829, 1121; Pellegrini Ar. 162f.; Tazi 208f.; (2) Du Bellay, Regrets, Sonett 113; Rey (*carafe*); Zedler (*Carafa*); (3) Brunt 179; Kretschmer 255f.; DWB (*Karaffe*).

Karat

(Nhd.) *Karat* ist eine Maßeinheit für das Gewicht von Edelsteinen; Anfang des 20. Jh.s wurde sie auf 0,2 g festgelegt. Bis vor einigen Jahrzehnten wurde mit *Karat* aber auch der Reinheitsgrad von Gold, den man heute in 1/1000 angibt, in Vierundzwanzigsteln dargestellt; 23-karätiges Gold beispielsweise war demnach relativ rein bzw. *hochkarätig*.

Das Wort stammt von den essbaren, süßlich schmeckenden Schoten des Johannisbrotbaums der Mittelmeerländer. Sie sind leicht gebogen und wurden deshalb von den Griechen etwa ab Beginn unserer Zeitrechnung *kerátia* ›Hörnchen‹ genannt: Im Neuen Testament wäre der verlorene Sohn froh gewesen, wenn er »seinen Bauch mit den *kerátia* hätte füllen können, die die Schweine fraßen«. (Vermutlich auf der Basis eines alten semitischen Worts bezeichneten die Araber diese Schoten später als (ar.) *ḫarrūb(a)*, woraus im Deutschen *Karube*, *Carob* u. a. wurde.) (1)

Die Bezeichnung *kerátia* ging bald von den Schoten auf die darin enthaltenen kleinen Samen über. Diese wiegen im Durchschnitt ungefähr 0,2 g und wurden neben anderen Körnern zum Abwiegen kleiner Mengen verwendet. Um 308 n. Chr. führte der römische Kaiser Konstantin eine Münz- und damit auch Gewichtsreform durch (der Wert einer Münze aus reinem Edelmetall entsprach bis ins 19. Jh. ihrem Gewicht). Wichtigster Bestandteil der Währung wurde dabei der neue (lat.) *denarius aureus*, ›goldene Denar‹, auch Solidus genannt, dessen Gewicht auf 1/72 des römischen Pfunds, d. i. 4,55 g, festgelegt wurde. Im Rahmen dieser Reform wurden die Samen des Johannisbrotbaums mit dem (theoretischen) Gewicht von 1/24 des Solidus, also 0,189 g, ins Gewichtssystem integriert. Dieses System wurde im Byzantinischen Reich fortgeführt, das (byz.-gr.) *kerátion* wurde als Gewichtsmaß in Rezepten von Ärzten und im Handel zum Wiegen von Gold benutzt. (2)

Als die muslimischen Araber bei ihrer Expansion die byzantinischen Gebiete im östlichen Mittelmeerraum eroberten, übernahmen sie das Münz- bzw. Gewichtssystem, das sie vorfanden. Vermittelt über (aram.) *qeraṭ* u. a. erscheint (byz.-gr.) *kerátion* bei ihnen in der Wortform (ar.) *qīrāṭ*. Sein Gewicht betrug weiterhin 1/24, manchmal auch 1/20 des aus dem Solidus entstandenen Gold*dinars* (lat. *denarius* war über das Aramäische zu (ar.) *dīnār* geworden) und schwankte um 0,2 g: Der Mekkapilger Ibn

Ǧubair berichtet, dass Muslime 1184 im Kreuzfahrerstaat Königreich Jerusalem eine Kopfsteuer von 1 *dīnār* und 5 *qīrāṭ* errichten mussten, und erklärt dabei: »Ein *dīnār* hat 24 *qīrāṭ*«. (3)

Wort und Maßeinheit gelangten ins westliche Europa wohl hauptsächlich durch die Übersetzung naturwissenschaftlicher Schriften der Araber. 1164 ist in Genua ein (mlat.) *karatis*, etwas später (mlat.) *caratum* u. a. belegt. Im Deutschen taucht Ende des 13. Jh.s vereinzelt die Form (mhd.) *garât* auf; durchgesetzt hat sich dann ab dem 15. Jh. die Form (nhd.) *Karat*, die (frz.) *carat* nachgebildet ist. (4)

Auf Italienisch ist *carato* erstmals um 1320 in Dantes »Inferno« belegt. Dort muss ein Geldfälscher in der Hölle leiden, weil er Florentiner Goldgulden (s. Zechine) geprägt hatte, denen er 3 *carati* Zusätze (vermutlich Kupfer) beigegeben hatte. Interessanterweise bezeichnet das Wort hier offenbar nicht mehr ein mehr oder weniger absolutes Gewicht, sondern den 24. Teil der Münze, die demnach bei dem Fälscher nur 21 Teile reines Gold enthalten hätte. Diese Bedeutungserweiterung wird ihren Ursprung im Byzantinischen Reich haben. Dort waren in Folge von Wirtschaftskrisen im 11. Jh. dem ursprünglich rein goldenen Solidus zunehmend unedle Metalle beigemischt worden. Bei einer Münzreform verordnete Kaiser Alexius I. deshalb 1092, dass der neue Solidus, Hyperpyron genannt, 20½ *keratia* Gold enthalten müsse: (Byz.-gr.) *kerátion* wurde damit neben dem Gewicht auch zur Bezeichnung des Goldanteils, ausgedrückt in ¹⁄₂₄. Da aber die byzantinische Goldmünze in Westeuropa allgemein bekannt war, dürfte über sie auch die neue Bedeutung von *kerátion* in die entsprechenden Wortformen der westeuropäischen Sprachen aufgenommen worden sein. (5)

Mehr noch, sie erhielten nun eine nochmals erweiterte dritte Bedeutung, nämlich ganz allgemein ¹⁄₂₄. So wurden bei den venezianischen Kaufleuten die Besitzanteile an

Schiffen in (it.) *carato* (= Vierundzwanzigstel) angegeben, und die deutsche Goldmark zu 233,85 g wurde ebenfalls in 24 *Karat* aufgeteilt. In einer italienischen Bearbeitung aus dem 16. Jh. von Marco Polos Reisebericht steht, dass angeblich die Ebenmäßigkeit von Gesichtszügen der Jungfrauen, die in China zu Konkubinen für den Mongolenherrscher Kublai-Khan ausgewählt wurden (s. Harem), in (it.) *carati* angegeben wurde – 20–21 *carati* waren dabei das verlangte Mindestmaß. Eine ähnliche Bedeutung scheint allerdings auch schon im Arabischen existiert zu haben: In »1001 Nacht« ruft ein König angesichts der Schönheit einer Frau aus: »Bei Allah, mein Onkel … hat mir nicht den vierzigsten Teil deiner Anmut geschildert, ja, nicht einmal ein viertel Karat [*qīrāṭ*] von den vierundzwanzig!« (6)

(1) Liddell/Scott 941; Lk 15,16; Wehr 1074; Müller 86; (2) DNP (*Keration*); LM (*Siliqua*); E. Schilbach, Byzantin. Metrologie, 1970, 185; (3) Fraenkel 200f., 191f.; Enzyklopädie d. Islam, 1913ff. (*ḳīrāṭ*); W. Hinz, Islam. Maße, 1970, 27; Ibn Dschubair, Tagebuch e. Mekkapilgers, 1985, 224; (4) Pellegrini Ric. 239; MLW (*caratum*); Cortelazzo/Z. (*carato*); Lexer (*gárât*); Rey (*carat*); Tazi 209f.; (5) Inferno XXX,90; LM (*Nomisma*); The Oxford Dictionary of Byzantium, 1991 (*keration*); (6) F. Braudel u. a., Die Welt d. Mittelmeeres, 1990, 53; F. Frhr. v. Schrötter, Wörterb. d. Münzkunde, 1930, 295; Marco Polo dt. 139, afrz./it. 73; Anfang d. 749. Nacht, dt. V,125, ar. III,567.

Karmin

Karmin oder *Karmesin* wird ein roter Farbstoff genannt, der aus verschiedenen Schildlausarten gewonnen wird: Bis zum 16. Jh. waren das ausschließlich die Weibchen der *Kermes*schildlaus (Coccus vermilio bzw. illicis), die insbesondere auf der Kermeseiche in den westlichen Mittelmeerländern lebt, und die Armenische und Polnische

Schildlaus, die sich an den Wurzeln gewisser Kräuter findet und in Armenien und Aserbaidschan bzw. in Osteuropa vorkommt. (1)

Kermes- und Armenische Schildläuse waren schon in der griechich-römischen Antike bekannt. Die erbsenförmigen Kügelchen bezeichnet der Gelehrte Theophrast um 300 v. Chr als (gr.) *kokkos* (›Kern, Korn, Beere‹). Im 1. Jh. n. Chr. erwähnt der Naturforscher Plinius lat. *coccum* mehrfach als teure Luxusfarbe, die dem aus der Purpurschnecke gewonnenen Purpur nahezu gleichkomme. Auch Hieronymus in seiner Bibelübersetzung (um 400 n. Chr.) gebraucht in diesem Zusammenhang (lat.) *coccum*, kurz darauf aber auch erstmals (lat.) *vermiculus* ›Würmchen‹. Mit (mlat.) *vermiculum* u. a., das später gelegentlich auch in frühmittelalterlichen Rezepten zur Farbherstellung erscheint, ist allerdings offenbar nicht immer der aus der Schildlaus gewonnene Farbstoff gemeint. (2)

Im arabisch-islamischen Gebiet beschreibt der Gelehrte al-Ǧāḥiẓ (gest. 869) kostbare Stoffe aus Ziegenhaar oder Seide, die von jüdischen Färbern mit (ar.) *qirmiz* gefärbt werden. Der arabische Name stammt dabei aus dem Persischen, wo (mpers.) *kirm* ursprünglich ›Wurm‹ bedeutet, aber möglicherweise auch schon auf die (Armenische) Schildlaus und den aus ihr gewonnenen Farbstoff bezogen wurde, wie das Adjektiv (mpers.) *karmir* ›(karmesin-)rot‹ vermuten lässt. Kermes war ein vor allem im islamischen Spanien häufig gebrauchter Farbstoff. Der Botaniker Ibn al-Baiṭār aus Malaga (gest. 1248) spricht ihm auch einige medizinische Wirkungen zu. (3)

Die westlichen Europäer hatten im frühen Mittelalter Seidengewänder als Luxusgüter zuerst aus den byzantinischen und dann aus den islamischen Gebieten importiert (s. Baldachin). Durch ihr Vordringen nach Sizilien und zum Zentrum der spanischen Halbinsel gerieten sie ab Ende des 11. Jh.s in direkten Kontakt mit der Seidenproduktion und -verarbeitung der Muslime, und sie eigneten sich deren Kenntnisse allmählich an. Vor allem wohl in diesem Zusammenhang übernahmen sie das arabische Wort für den roten Färbestoff: Um 1100 taucht zuerst (mlat.) *carmin*, dann *carminium* auf, das auf nicht ganz klare Weise aus (ar.) *qirmiz* abgeleitet ist. Etwas später treten Formen wie (mlat.) *kermes* (13. Jh.) und *kermesinus* u. a. auf; im Italienischen ab dem 14. Jh. *chermisi*, *cremisi*, wobei das End-*i* aus aus der arabischen Adjektivform *qirmizī* ›karminrot‹ stammen dürfte, die schon bei al-Ǧāḥiẓ belegt ist. Mit Importen aus Italien verbreiteten sich dann im Deutschen ab dem 15. Jh. Bezeichnungen wie *karmosin samat* (›Samt‹) (1454), *Carmesin Sammat* (1572), schießlich *Karmesinrot* (1691) als Bezeichnung der Farbe. (4)

Die mit Kermes gefärbten Stoffe wurden in Westeuropa auch (afrz.) »escarlate«, (mhd.) »scharlach(en)« u. a. genannt. Es waren Stoffe von besonderem Wert; Karmin- oder Scharlachrot übernahm mehr und mehr die Funktion des alten Purpurs, der in Rom und Byzanz als Herrschaftsfarbe fungiert hatte, im Mittelalter aber allmählich verschwand. Nicht mehr mit Purpur, sondern offenbar schon mit Kermes gefärbt ist beispielsweise der Krönungsmantel der deutschen Kaiser, ursprünglich ein Seidenmantel, der um 1133/34 für den normannischen König Roger II. in Palermo angefertigt und von Arabern mit goldenen Stickereien versehen wurde, die über arabischen Segenssprüchen und unter einer stilisierten Dattelpalme beidseitig das Bild eines Löwen zeigen, welcher ein Kamel in seinen Pranken hält (der Triumph der Normannenherrscher über die Araber in Sizilien?). Und 1464 verfügte Papst Paul II., dass die Kardinäle Gewänder in der früher dem Papst vorbehaltenen roten (Purpur-)Farbe tragen sollten. Diese waren zwar nun ebenfalls mit Kermes gefärbt, die Kardinäle behielten aber den Nimbus der ›Purpurträger‹ (it. *porporati*). (5)

Die Spanier entdeckten bei ihren Eroberungen im 16. Jh. in Mexiko eine andere Schildlaus, die Koschenille, die auf Kakteenarten wie der Opuntia cochenillifera lebt. Da sich mit dem roten Farbstoff dieser Schildlaus sehr viel wirksamer als mit der Kermesschildlaus färben ließ, drängte sie diese weitgehend aus dem Handel: So führt 1732 Zedlers Lexikon unter der Bezeichnung *Carmin* (vermutlich aus frz. *carmin*) nicht den Farbstoff aus Kermes, sondern ein Färbemittel aus Koschenille auf, während von der Kermesschildlaus unter dem Stichwort *Alkermes, Kermes* (wohl aus sp. *(al)quermes*) überwiegend nur noch medizinische Wirkungen beschrieben werden. Mit der Entdeckung industriell hergestellter Farbstoffe, beispielsweise der synthetischen Herstellung des *Alizarin* (aus ar. *al-ʿaṣāra / ʿuṣāra* ›(roter) Saft‹ der Färberröte/Krappwurzel, dem zugrunde liegenden Farbstoff), ging allerdings auch die Verwendung von Koschenille auf ein Minimum zurück. (6)

(1) Schweppe 255ff., 268ff.; (2) Theophrast, Hist. plant. 3,7,3; Frisk I,895; Plinius 9,141, 12,3, 16,32; Ex. 35,23 u. 25 (Vulgata); FEW (*qirmiz*); Mappae Clavicula 26f., 94f., vgl. 128; Roosen-Runge I,41, II,93; (3) Wehr 1020; Serjeant 60, 65, 143; Corriente (*alquermes*); MacKenzie 50f.; Lombard, Blütezeit 188; Lombard, Textiles 119ff.; Ibn al-Baiṭār Nr. 1756; (4) LM (*Kleidung, Seide*); Spies 20f.; MLW (*carminium*); Rey (*carmin*); Pellegrini Ar. 114; Du Cange (*carmesinum*); Cortelazzo/Z. (*crèmisi*); Battaglia (*carmesino*); Wis 158; Tazi 259; (5) Pfeifer (*Scharlach*); LM (*Farben, Purpur, Reichinsignien*); Schweppe 254, 283; Nobiles Officinae, Ausst.-Kat. Kunsthist. Mus. Wien, 2004, 21ff., 259ff.; Schramm I,57; (6) Schweppe 261ff.; Doerner 79f.; DWB (*karmin, kermes*); Müller 89; Lane 2062.

Kattun

Kattun ist ein leichtes, feines, einfach gewebtes Baumwolltuch. Die Bezeichnung leitet sich von (ar.) *quṭn* ›Baumwolle‹ ab, dessen Herkunft nicht klar ist. Möglicherweise hängt das Wort mit der alten semitischen Wurzel *k-t-n* zusammen, der verschiedene Wörter wie (aram.) *kettānā* und (ar.) *kattān* ›Flachs‹, aber auch (akkad.) *kitinnu* (hebr.) *k*ᵉ*tōnet*, (gr.) *chitōn* und (lat.) *tunica* ›Untergewand aus Leinen‹ entstammen. (1)

Die Kultur der Baumwolle ist zuerst im alten Indien nachgewiesen. Griechen und Römer importierten in der Antike Baumwollstoffe als Luxusgüter. Im 7. Jh. n. Chr. war der Baumwollstrauch bis nach Obermesopotamien gelangt. Die Araber fanden ihn dort vor, als sie Persien eroberten, und verbreiteten ihn recht schnell in den von ihnen beherrschten Gebieten um das Mittelmeer. Die ersten Belege von (ar.) *quṭn* stammen aus dem 9. Jh., merkwürdigerweise handeln einige von der Praxis muslimischer Asketen, sich Baumwolle in die Ohren zu stopfen, um vor akustischen Versuchungen geschützt zu sein. Denselben Kunstgriff wendet eine kluge persische Prinzessin in einer Erzählung im Umkreis von »1001 Nacht« an, um ihre Brüder zu befreien, die solchen Versuchungen zum Opfer gefallen waren. Baumwolle wurde außerdem zum Stopfen von Kissen und Decken (s. Matratze), hauptsächlich jedoch zur Herstellung von Geweben, unter anderem auch Mischgeweben aus Seide und Baumwolle (s. Musselin) verwendet. Wie fast allen Pflanzen wurden ihr auch medizinische Wirkungen zugeschrieben. (2)

Die westlichen Europäer lernten die Baumwolle bei der Eroberung Siziliens und muslimischer Gebiete Spaniens sowie auf den Kreuzzügen kennen. (Ar.) *quṭn* (in der Umgangssprache *quṭun*) wurde ins Spanische (*algotón*, 950, später *algodón*) und Mittellateinische übernommen, so ist um 1144 in Sizilien das Adjektiv *cuttoneus* und um 1156 in Ligurien (*de*) *cotone* belegt, ab etwa 1160 dann (afrz.) *cotun*, *coton* (und daraus engl. *cotton*). Ins Deutsche wurden im Mittelalter Formen wie (mhd.) *cottun* (Ende 13. Jh.), die auf das Arabische zurückgehen, nur ganz vereinzelt übernommen; hier hatte sich nämlich für das neue pflanzliche Produkt das Wort (ahd.) »boumwolla« (12. Jh.) eingebürgert, mit dem wohl das (lat.) »linum xylinum« (›Flachs bzw. Leinen aus Holz‹) des römischen Naturforschers Plinius wiedergegeben wird, das selbst wieder der bei dem griechischen Historiker Herodot um 430 v. Chr. erwähnten »Wolle von den Bäumen Indiens« entspricht. (3)

Baumwollstoffe waren im frühen Mittelalter nur als seltene Kostbarkeit ins westliche Europa gelangt; seit dem 12. Jh. wurde Baumwolle aus dem östlichen Mittelmeergebiet aber, hauptsächlich über Venedig, in immer größerem Umfang importiert, weil man selbst Stoffe herzustellen begann. Dies waren zumeist Mischgewebe aus Baumwolle und Leinen, die man (mhd.) *Barchent* nannte (aus ar. *barrakān*, mit dem ein bestimmtes Gewebe bezeichnet wurde); sie wurden unter anderem in Augsburg und Konstanz produziert und von dort exportiert. (4)

Ende des 17. Jh.s brachten Franzosen und Engländer leichte, bedruckte Baumwollstoffe aus Indien nach Europa. Diese fanden bald große Verbreitung, wurden dann in den europäischen Ländern selbst hergestellt und waren offenbar auch eines der Produkte, gegen die Kaufleute im sogenannten Dreieckshandel an der afrikanischen Küste Sklaven eintauschten (s. Zucker). Im Deutschen tauchen ab Mitte des 17. Jh.s Wörter wie (das Adjektiv) *cattunen* (1647) oder *Catoen* (1682) auf, die (ndl.) *katoen* (aus frz. *cotton*) ›Baumwolle‹ wiedergeben. Ab dem Eintrag in Amaranthes' »Frauenzimmer-Lexikon« von 1715, »*Cotton* oder *Catun* ist ein von Baumwollenen Garn verfertigtes leichtes Gewebe«, scheint das Wort aber mehr und mehr nur den gewebten Stoff zu bezeichnen, die Wortform (nhd.) *Kattun* dafür ist 1775 bezeugt. (5)

(1) Gr. Textil-Lexikon (*Kattun*); Wehr 1044, 1088; Masson 27ff.; I. Löw, Aram. Pflanzennamen, 1973, 232f.; WKAS I,54f.; Gen 37,3; Frisk II,1101; Walde/Hoffmann, Latein. Etym. Wb., 1938 ff. (*tuni-*

ca); (2) Watson 31–41; DNP (*Baumwolle*); Periplus 14, 48f., 63, vgl. 16ff.; Lombard, Blütezeit 186f.; al-Ḥakīm at-Tirmiḏī, Kitāb ar-Riyāḍa, Hrsg. A.J. Arberry u.a., 1947, 47; 1001 Nacht dt. V,188f.; Ibn al-Baiṭār Nr. 1808; (3) LM (*Baumwolle*); Corominas/P. (*algodón*); Pellegrini Ar. 118, 350; Rey (*coton*); FEW (*quṭun*); OED (*cotton*); Lexer (*cottun*); Pfeifer (*Kattun*, *Baumwolle*); Plinius 19,14; Herodot III,106; (4) LM (*Barchent*, *Farbe*); Tazi 195; Dozy I,76; Serjeant 35f., 57, 66; Braudel I,350; (5) Reclams Kostüm-Lex. 431f.; Zucker-Museum, Hrsg. H. Olbrich, 1989, 84; Tazi 294; De Vries (*katoen*); DF (*Kattun*).

Kiffen

Das Verb (nhd.) *kiffen* geht zurück auf die arabische Partikel *kaif* ›wie‹, die zum Grundbestand des Arabischen gehört. Ende des 8. Jh.s ist sie zu einem Substantiv mit der Bedeutung ›Beschaffenheit, Eigenschaft‹ geworden, zunächst in der Fachsprache der islamischen Theologen, die sich in der Frage der im Koran vorkommenden anthropomorphistischen Aussagen über Gott schon früh darauf geeinigt hatten, nicht mehr weiter nach dem »Wie« (*bi-lā kaif*) zu fragen. (1)

Dem abstrakten *kaif*-Begriff der islamischen Gelehrtenschaft stand bald in der Volkssprache, vielleicht unter dem Einfluss der Sufis (s. Scheich), eine eher sinnliche Bedeutung ›Wohlbefinden, gute Laune‹ gegenüber. In dieser Bedeutung ging das Wort ins osmanische Türkische (*keyf*) über. »Tk. *keif* … Wohlbefinden, dessen Betätigung im Sinn des Orientalen vor allem träumerisches Nichtstun beim Rauchen und Kaffeetrinken ist«, heißt es 1926 in einer Worterklärung, die dem europäischen Bild vom »Orientalen« einen verbreiteten Zug hinzufügt (s. Haschisch/Assassinen). Aufschlussreich an dieser Worterklärung ist allerdings auch, dass die Mittel ins Blickfeld geraten, mit denen »Wohlbefinden« erzeugt wird. Von zwei anderen Mitteln berichtet Carsten Niebuhr schon 1772 aus der

Gegend um Mekka: »Weil die geringern Araber … auch lieben *Keif* zu haben, d. i. vergnügt zu seyn, die starken Getränke aber nicht bezalen können, so rauchen sie *Haschîsch*« (s. d.). Tatsächlich ist nun ab dem 19. Jh. eine weitere Bedeutungsentwicklung des Worts belegt, diesmal allerdings nur in Marokko und Algerien: (Ar.) *kaif*, ausgesprochen *kīf* oder *kēf*, wurde nun zur euphemistischen Bezeichnung für die Rauschdroge aus Cannabis sativa. Dabei könnte auch ein anderer Spitzname für das Rauschmittel einen Einfluss ausgeübt haben, (ar.) *kaff* (wörtlich ›Handteller‹, wohl wegen der charakteristischen Blätterform), der bereits bei dem ägyptischen Historiker al-Maqrīzī (gest. 1442) belegt ist. (2)

Kiff in diesem Sinne wird um 1900 in einem deutschen Reisebericht aus Marokko erwähnt. Das Wort ist allerdings im Deutschen in der ersten Hälfte des 20. Jh.s weiter kaum belegt. Populär wurde erst in den 70er Jahren eine Ableitung *kiffen*, offenbar durch die sogenannten Hippies, die ihrerseits Bücher beispielsweise von Jack Kerouac gelesen hatten, der (in deutscher Übersetzung 1967) von *Kif* in Marokko berichtet. (3)

(1) Wehr 1132; WKAS I,496 ff.; (2) Devellioğlu (*keyf*); Lokotsch Nr. 1007; Rodinson, Fasz. Islam 87; Niebuhr 57; Arveiller 308; Tazi 302; F. Rosenthal, The Herb, 1971, 26 f.; (3) E. v. Schabelsky, Harem u. Moschee, 1896, 120; Küpper (*kif*); B. Carstensen, Anglizismen-Wörterb., 1994 (*Kif*); J. Kerouac, Engel, Kif und neue Länder, 1967, 204 ff., 226.

Koran

(Ar.) *qur'ān* ›Koran‹, ein auf das Verb (ar.) *qara'a* ›rezitieren, lesen‹ bezogenes Verbalsubstantiv, ist wohl aus (syr.) *qeryānā* ›Lesung aus der (christlichen) Heiligen Schrift‹ entlehnt, das wiederum mit (hebr.) *qᵉrī'ah* ›Thoralesung‹

zusammenhängen dürfte. Im Arabischen ist das Wort *qur'ān* erstmals im Koran selbst belegt, wo es mehr als 70-mal in unterschiedlichen Bedeutungen vorkommt, die etwa von ›Rezitation‹ bis zu ›Gesamtheit der an den Propheten Mohammed ergangenen Offenbarungen‹ reichen. Diese spiegeln ein sich wandelndes Selbstverständnis des Propheten Mohammed: Anfangs war er um Harmonie mit den Juden und Christen der Arabischen Halbinsel bemüht, den »Schriftbesitzern«, wie er sie respektvoll nannte, und betrachtete den Koran als eine arabischsprachige Version des himmlischen Buches, auf derselben Stufe wie die Thora und das Evangelium; später war er von dem Gedanken beherrscht, dass sich in die Schriften der Juden und Christen zahlreiche Fehler eingeschlichen hätten, die nun der Koran ein für alle Mal aus der Welt schaffen sollte. (1)

Der Koran ist in 114 *Suren* gegliedert (von ar. *sūra*, das vielleicht mit syr. *ṣūrṭā* ›Lesen der Hl. Schrift‹ zusammenhängt), die im wesentlichen nach abfallender Länge geordnet sind. Schon früh haben muslimische Gelehrte in ihnen auftretende Widersprüchlichkeiten dadurch zu erklären versucht, dass die Offenbarungen, die der Prophet durch den Engel Gabriel erhalten habe, sich über einen längeren Zeitraum (610–632) erstreckten, und haben deshalb – nach den Aufenthaltsorten Mohammeds – zwischen mekkanischen und medinensischen Bestandteilen unterschieden. Legt man diese Gliederung zugrunde, so sind die frühesten Aussagen vermutlich die über die Schrecken des Jüngsten Gerichts, denen die Freuden des Paradieses gegenübergestellt werden, sowie über den barmherzigen Schöpfergott, der dem Menschen verzeiht, wenn er sich ihm hingibt (s. Islam); die späten sind diejenigen, in denen Regeln für das Zusammenleben in der Gemeinde aufgestellt werden. Eingestreut sind erzählende Passagen, die meist von biblischen Gestalten wie Abraham, Moses, Jesus usw. handeln. Eine erste offizielle Koranausgabe soll etwa 20 Jahre nach Mohammeds Tod unter dem Kalifen ʿUṯmān von einer Kommission angefertigt worden sein. Auf Grund des Glaubens an die »Unnachahmlichkeit« des Korans, die u. a. daher kommt, dass er für Gottes Rede gehalten wird, die der Engel Gabriel dem Propheten Mohammed übermittelte, hat er in den Augen der Muslime einen absoluteren Stellenwert als etwa die Evangelien für die Christen; er gilt daher auch als nicht übersetzbar. (2)

Die westlichen Europäer begegneten dem Koran zuerst in Spanien, Sizilien und auf den Kreuzzügen. Offenbar in der Meinung, eine Grundlage für die Widerlegung des Irrglaubens der »Sarazenen« und somit für ihre mögliche Bekehrung zu benötigen, bat der Abt von Cluny, Petrus Venerabilis, in Toledo Robert von Ketton (Robert v. Chester), der später auch Teile der »Algebra« (s. d.) des al-Ḫuwārizmī übersetzte, eine Übersetzung ins Lateinische anzufertigen. Diese Übersetzung des (mlat.) *Alc(h)oran* als »lex Saracenorum« (›Gesetz der Sarazenen‹) wurde 1144 vollendet, und obwohl mit großen Mängeln behaftet, war sie bis in die Neuzeit die wichtigste, wenn nicht einzige Quelle für die Kenntnis des Korans. Erst Ende des 17. Jh.s, nach dem Sieg über die Türken vor Wien, erschien in Italien eine repräsentative Koranübersetzung aus dem Arabischen. (3)

Ab Ende des 13. Jh.s sind Formen wie *Alkoran* u. a. auch im Französischen belegt. Bei den ersten deutschen Belegen *Alkaron*, *Alkoray*, *Allkoron* in Handschriften eines Reiseberichts aus dem Orient (nach 1427), die aus der zweiten Hälfte des 15. Jh.s stammen, handelt es sich wohl um Unsicherheiten in der Schreibweise eines bis dahin kaum bekannten Wortes. 1517 ist dann *alchoran* bezeugt, interessanterweise im Zusammenhang mit »eebruch und vyle der wyben [Weiber]«; 1520 spricht Luther vom *alkoran* der »Turcken« (die inzwischen für Europa den Islam verkörperten). Die Wortform ohne den arabischen Artikel *al-*, die im Französischen häufiger ab dem 17. Jh. belegt ist, erscheint 1772 in Deutschland in Carsten Niebuhrs »Beschreibung von Arabien« (*Korân*) und dann häufiger beispielsweise in Goethes »West-Östlichem Divan« (*Coran*). (4)

(1) Jeffery 233f.; EI (*ḳur'ān, ahl al-kitāb*); (2) EI (a. a. O.); LM (*Koran*); (3) Rodinson, Fasz. Islam 30f.; Tazi 150f.; Vernet 186; Cardini 228; (4) R. E. Latham u. a., Dictionary of Medieval Latin, 1975, I,59; Arveiller 334ff.; Tazi 307f.; Hans Schiltbergers Reisebuch, 1885, 86, 95, 134, 148f.; DWB[2] (*Alkoran*); Niebuhr 33, 84 u. a.; West-Östl. Divan, Anfang Buch Hafis u. a.

Kork

(Nhd.) *Kork* ist die Rinde des Korkeichenbaums aus den Ländern um das westliche Mittelmeer. Schon der römische Autor Plinius (gest. 79 n. Chr.) zählt verschiedene Arten der Verwendung von (lat.) *cortex* (›Rinde, insbesondere der Korkeiche‹) auf: Schwimmer an Netzen der Fischer, Pfropfen in Amphoren und Winterschuhe für Frauen. (Lat.) *cortex* (Akkusativ *corticem*) gelangte auf zwei Wegen in die Sprachen der Iberischen Halbinsel: Einerseits wurde es über das Mozarabische, den romanischen Dialekt der Christen unter muslimischer Herrschaft, zu (sp.) *corcho* (13./15. Jh.) und über eine Adjektivbildung zu (port.) *cortiça*, jeweils in der Bedeutung ›Kork(rinde)‹; andererseits ist es – mit noch nicht zu *-tsch-* erweichtem zweitem *k*-Laut – vielleicht über eine Berbersprache ins Arabische Nordafrikas gelangt, wo *(al-)qurq* erstmals im 11. Jh. in der Bedeutung ›eine Art Schuh‹, also wohl ›Sandale mit Korksohle‹ bezeugt ist. In dieser Bedeutung wurde es von den spanischen Muslimen übernommen und gelangte dann zu den christlichen Spaniern und Portugiesen in der Form *alcorque*; eine Vorform (sp., pl.) *arcorcoles* ist offenbar schon 1253 belegt. (1)

Im Mittelniederländischen taucht 1419 *korck* und um 1500 *kurk* ›Kork(sohle)‹ auf. Ein daraus entlehntes niederdeutsches *kork* soll in der Bedeutung ›Korkrinde als Pantoffelsohle‹ schon im 15. Jh. bezeugt sein, sicher belegt ist *korke* als Material für Pantoffelmacher 1589 in Bremen. Auch im Englischen erscheint *cork* 1464 in dieser Bedeutung (etwas später allerdings auch als ›Korkrinde‹ und ›Schwimmer‹). Diese Wortformen mit dem *k*-Laut in der Endung und in der Bedeutung ›Pantoffelsohle u. a.‹ sprechen dafür, dass sie im Rahmen des damaligen Handels von der spanischen Halbinsel nach Nordeuropa nicht aus (sp.) *corcho*, (port.) *cortiça*, sondern aus (sp., port.) *alcorque* entlehnt worden sind. Offenbar wurde dabei die Mode der Korkpantoffeln übernommen, und diese machten dann den Holzpantinen wohl auch deshalb erfolgreich Konkurrenz, weil, wenn »der *Gurck* [Kork] unter die Schuhe genäht wird … sie diejenigen, die dergleichen tragen, desto ansehnlicher machen«, wie Zedlers »Universal-Lexicon« noch 1735 unter dem Eintrag »*Gurck-Baum*, Pantoffel-Baum … Sohlen-Holtz, *Korck-Holtz*« schreibt. (2)

Die heutige Verwendung als Flaschenkorken ist bei Zedler (»der *Gurck* oder *Korck*, dessen wir uns zu Stöpseln bedienen«) ebenfalls schon kurz angedeutet; erstmals erwähnt ist sie 1530 im Englischen (»Stoppe the bottle with a *cork*«), im Deutschen dann 1716 (*Corck*). Voraussetzung war vermutlich eine (allerdings erst für das 17. Jh. in England bezeugte) technische Neuerung, durch die dickeres Glas produziert werden konnte als das bisher übliche. Auf diese Weise wurde es möglich, Flaschen herzustellen, in denen man beispielsweise Wein ohne größere Probleme konservieren und transportieren konnte. Deren Hälse waren nun auch so stabil, dass man sie mit Stöpseln aus Kork (statt Wachs- oder Lederstöpseln) verschließen konnte, ohne dass sie zerbrachen. Für diese Stöpsel setzte sich im Deutschen als Nebenform zu *Kork* (1741) im 20. Jh. die heutige Bezeichnung *Korken* durch. (3)

(1) Oxford Lat. Dict. (*cortex*); Plinius 16,34; Corominas/P. (*corcho, alcorque*); Machado (*cortiça, alcorque*), Corriente (*alcorque*); Dozy II,334; R. Dozy, Dictionnaire … des vêtements, 1845, 362f.; (2) De Vries (*kurk*); Pfeifer, DWB (*Kork*); OED (*cork*); (3) Kretschmer 368f.; G. Garrier, Histoire sociale et culturelle du vin, 1996, 97ff.

Lack

Unter (nhd.) *Lack* versteht man heute eine konservierende, glänzende Beschichtung; die ursprüngliche Bedeutung ist aber eine andere: In Indien und Südostasien existiert eine Schildlaus, Laccifera bzw. Tacchardia lacca, deren Ablagerungen auf den Zweigen verschiedener Bäume sich als rotbraune harzige Masse, als »Stocklack« abkratzen lassen. Dieser wurde im Altindischen mit dem Wort *lākṣā* bezeichnet, das selbst vermutlich mit einem Wortstamm **lakṣa/rakṣa* ›rot‹ zusammenhängt und im Mittelindischen zu *lākhā* wurde. Aus dem Stocklack lassen sich durch geeignete Behandlung sowohl ein Färbemittel zur Rotfärbung als auch ein gelbliches Harz gewinnen, welches ab dem 18. Jh. (nhd.) *Schellack* (aus ndl. *schellak* ›Lack in dünnen Blättern/Schuppen‹) genannt wurde. (1)

Insbesondere das Färbemittel war schon im Altertum in Indien sehr beliebt, es diente vor allem als Kosmetikum: Wohlhabende Frauen färbten sich beispielsweise die Fußsohlen, Männer die Lippen mit ihm. Es wurde auch nach Westen exportiert: (gr.) *lákkos* ist im 1. Jh. n. Chr. als Handelsgut am Roten Meer bezeugt. Daraus abgeleitetes (mlat.) *lacca* taucht in frühmittelalterlichen Schriften zur Farbherstellung auf, bezeichnet dort aber offenbar nicht mehr den indischen Stocklack, sondern andere rote Farbstoffe wie Kermes (s. Karmin). (2)

Schon um 600, also noch in vorislamischer Zeit, wird (ar.) *lakk* in der Umgebung des letzten, zum nestorianischen Christentum konvertierten Lachmidenkönigs im

Grenzgebiet zu Persien erwähnt. In islamischer Zeit wurden aus *lakk*, das meist den Harzen zugeordnet wurde, Arzneien etwa gegen Leberbeschwerden hergestellt; mit dem entsprechenden Färbemittel färbte man Stoffe und Leder; auch eine rote Tinte wurde daraus gewonnen. (3)

Von den Arabern gelangte der Stocklack, manchmal noch mit Holzresten vom Zweig, zusammen mit seinem arabischen Namen um 1200 über den Mittelmeerhandel nach Genua und Venedig, wo er zuerst in der Form (mlat.) *laca* u. ä., ab dem 14. Jh. (it.) *lacca*, in medizinischen Schriften bezeugt ist. Von dort wurde er weiter nach Deutschland exportiert, die ersten Belege finden sich allerdings erst im 16. Jh.: »*lacha*, das ist ein roth gummi«, »Benzui [s. Benzin] und *Lacca*, sein köstliche saffte« (1508) oder »*lacca* … soll … eine schöne rohte farb von sich geben« (1527). Ab dem 17. Jh. beginnt sich die heutige Form (nhd.) *Lack* zu verbreiten. (4)

Ab Mitte des 16. Jh.s hatten die Portugiesen in China Handelsniederlassungen, die Holländer etwas später eine Zeitlang sogar in Japan. Über die Schiffe beider Nationen gelangten nun fernöstliche Waren nach Europa. Neben Porzellan waren vor allem japanische und chinesische, meist schwarze Lackarbeiten begehrt, die mit einer ganz anderen Substanz, dem Saft des japanischen Lacksumachbaums (Rhus verniciflua), hergestellt wurden und in den Ursprungsländern eine lange Tradition hatten. Den Saft selbst zu exportieren gelang aber nicht; in Europa versuchte man deshalb, vor allem mit Hilfe des Schellacks einen vergleichbaren Lack herzustellen. Der Schellack wurde im übrigen auch zu Siegellack verarbeitet; aus ihm wurden um 1930 die Grammophonplatten hergestellt, und bis heute ist er gelegentlich noch Bestandteil von Möbelpolituren u. ä. (5)

Die Verwendung des Worts in übertragener Bedeutung beginnt recht früh: Schon seit Mitte des 16. Jh.s bedeutet (frz.) *Lacca artificielle* allgemein einen farbigen Überzug;

mit (frz.) *Lac* wird ab 1610 auch der japanisch-chinesische Lack bezeichnet. 1741 zeigt die lateinische Übersetzung des Verbs (nhd.) *lackiren* in einem Wörterbuch, dass ein Überziehen mit Firnis zum Polieren gemeint war. Die glänzende Oberfläche war (bei minderwertiger Sache) auch der Grund, dass im 19. Jh. umgangssprachliche Bildungen entstanden wie *Lackaffe* oder *gelackmeiert* (aus *lackieren* und *meiern*, ›anschmieren‹ bzw. ›täuschen‹). (6)

(1) Brehm XI,70; Schweppe 272ff.; Mayrhofer I,477; Kluge (*Schellack*); De Vries (*schellak*); (2) Auboyer 110, 342, 296; Periplus 6, Anm. S. 110, 114; FEW (*lakk*); Svennung 41; Roosen-Runge II,51; (3) Wehr 1165; WKAS II,1240ff.; Lombard, Textiles 123f.; aṭ-Ṭabarī 405, 240; Ibn al-Baiṭār Nr. 2036; (4) Heyd II,611ff.; Cortelazzo/Z. (*lacca*); Arveiller 343; Wis 177f.; Tazi 260f.; (5) Hegi V,221; Genaust (*vernicifluus*); Reclams Künstl. Techn. III,222f., 236f.; Tazi, Schweppe (a. a. O.); Encycl. Brit. (*shellac*); (6) Rey (*laque*); Arveiller 342; DWB (*lackieren*); Pfeifer (*Lack*); Küpper (*Lackaffe*).

Laute

Das Wort *Laute* geht zurück auf ar. (*al-*)*ʿūd* ›(das) Holz‹, bzw. das (wohlriechende) ›Aloeholz‹. (Ar.) *ʿūd* ist aber seit Anfang des 10. Jh.s auch als Bezeichnung eines Saiteninstruments belegt, das sich Ende des 8. Jh.s bei den Musikern am Hof von Hārūn ar-Rašīd in Bagdad etabliert hatte und das sich von seinen unmittelbaren persischen Vorgängern und seinen entfernteren Vorläufern aus dem Alten Ägypten und aus Indien dadurch unterschied, dass sein bauchiger Resonanzkörper kunstvoll aus dicken Holzspänen zusammengeleimt war. Typisch waren außerdem die vier Saiten und der abgeknickte kurze Hals mit den daran befestigten Wirbeln. Die *ʿūd* wurde schnell das angesehenste Instrument im arabischsprachigen Kulturkreis. In einer Erzählung aus »1001 Nacht« bittet Hārūn ar-Rašīd die kluge Sklavin Tawaddud, die sich den Spezialisten in den verschiedensten Wissenschaften und sogar im Schachspiel (s. Schach) überlegen gezeigt hatte, zur Laute zu singen. Mit Anspielungen auf die Grundbedeutung ›Holz‹ – die Sklavin singt zur Laute (*ʿūd*) wie der Vogel auf dem Baum (*ʿūd*) – wird in Versen das Instrument beschrieben, auf dem Tawaddud dann so spielt, dass alle Zuhörer »im Meer des Entzückens« schwimmen. (1)

Der Bagdader Musiker Ziryāb (gest. 852) gelangte 822 an den Hof des Emirs von Córdoba in Spanien. Neben anderen Neuerungen aus dem Leben der gehobenen Kreise Bagdads, Kleidung, Essgewohnheiten und Schönheitspflege betreffend, soll er dort auch die Laute eingeführt haben, die er mit einer fünften Saite versah und mit Federkielen (statt Holz) als Plektrum spielte. Abbildungen von Lauten sind in der folgenden Zeit in Spanien 968 auf einem kleinen Gefäß aus Córdoba und dann wieder in den Miniaturen zu den »Cantigas de Santa Maria«, einer Liedersammlung des christlichen Königs Alfons X. vom Ende des 13. Jh.s, erhalten. (2)

Um 1330 schildert Juan Ruiz in seinem »Libro de buen amor«, wie die Menschen am Ostertag mit dem Spiel verschiedenster Instrumente (s. Gitarre, Tamburin) Amor und den Frühling begrüßen. Eines davon ist (sp.) *alaud*, in einer anderen Handschrift (sp.) *laud*. Diese zweite Wortform, die sich im Spanischen durchsetzte, ist offenbar dadurch entstanden, dass das *l-* des arabischen Artikels in *al-ʿūd* für einen Teil des Worts gehalten wurde. Vielleicht vermittelt durch die Kontakte der südfranzösischen Troubadoure zu muslimischen oder christlichen Fürstenhöfen in Spanien, in der Wortform (aprov.) *laut* (Ende 13. Jh.), ist die Kenntnis des Instruments auch ins nördlichere Frankreich und nach Italien gedrungen. Schon im »Roman de la Rose« um 1272 sind (afrz. pl.) *leüz* und *quitaires* (s. Gitarre) unter den Instrumenten genannt, deren Musik Pygmalions imaginäre Hochzeit mit der von ihm geschaffenen Statue begleitet, und noch vor 1292 werden in Italien lobend »la viuola [Vihuela/Viola] e il *liuto*« erwähnt. (3)

Italien mehr noch als Frankreich scheint das Land zu sein, von dem aus sich das Spiel auf der Laute ausbreitete, und zwar in ihrer inzwischen europäisierten Form mit Erweiterung der Saitenzahl auf sechs und dann sieben (später auch mehr) Doppelsaiten. Dadurch, dass man sie ab dem Ende des 15. Jh.s nicht mehr mit Plektrum spielte, konnten auch mehrstimmige Melodiesätze auf ihr wiedergegeben werden. Damit war sie endgültig zum geachtetsten und beliebtesten Instrument in der adligen Gesellschaft geworden. (4)

In einer medizinischen Schrift aus Villingen im Schwarzwald vom Ende des 14. Jh.s wird folgendes Verhalten nach einem Aderlass empfohlen: »... und sol man saiten spil gern hören und süßes singen von kelen der *lúten*, und der vogel gesang ... Das ratet ain maister haisset avicenna« (»Avicenna« ist die im Zug von Übersetzungen erst ins Hebräische und dann ins Lateinische übertragene Form des Namens des Arztes und Gelehrten Ibn Sīnā, gest. 1037, der in Europa bis in die Neuzeit als wichtigste medizinische Autorität galt). Ab dem 15. Jh. wird das Instrument in den Wortformen (frnhd.) *lute*, *luthe*, *lawt* u. a. (vermutlich aus frz. *luth*, 1380) dann häufig erwähnt, in einem Text von 1442 werden beispielsweise verschiedene Musiker verlangt, darunter »einer auf der *lauten*«. Ab dem Ende des 17. Jh.s nahm die Verwendung der Laute allerdings allmählich wieder ab, ihre Funktion wurde von Vorformen des Klaviers übernommen. Ein Jahrhundert später taucht sie fast nur noch in der Dichtung auf, oft als Requisit, mit dem vergangene Zeiten heraufbeschworen werden. (5)

(1) Wehr 893; Lane 2190; New Grove Dict. (*'ūd, lute*); EI (*'ūd*); E. R. Perkuhn, Theorien z. arab. Einfluss, 1976, 161f.; LM (*Musikinstrumente*, 963); 1001 Nacht, Ende d. 461. Nacht, dt. III,695, ar.

II,535; (2) EI (*'ūd. Ziryāb*), Perkuhn (a. a. O.); (3) Ruiz 1228c; Corominas/P. (*laúd*); Rey (*luth*); Roman de la Rose 21035; Battaglia (*liuto*); (4) MGG (*Lauten*); New Grove Dict. (a. a. O.); (5) Tazi 210, 71, 89; G. Eis, Mediz. Fachprosa, 1982, 7; Lokotsch Nr. 893; Perkuhn 156; DWB (*Laute*).

Lila

Dem Wort liegt ursprünglich das altindische *nīla* ›dunkelblau, dunkel‹ aus dem 1. Jt. v. Chr. zugrunde. Mit dem daraus abgeleiteten *nīl* wurde eine Pflanze und der daraus gewonnene Farbstoff Indigo bezeichnet, der Stoffe dunkelblau färbte. Indigo gelangte nach Persien, wo er wie die Farbe (mpers.) *nīl* genannt wurde. Vielleicht aus einer Verkleinerungsform *nīlak* ›bläulich‹ entstanden dann Formen wie (pers.) *līlaǧ*. Offenbar wurde nun mit den Formen mit *l-* im Lauf der Zeit überwiegend eine ganz andere Pflanze bezeichnet, nämlich – auf Grund seiner bläulichen Blüten – eine einheimische Art des Flieders, belegt ist dafür eine späte Form (npers.) *līlā*. (1)

Die Araber, die im 7. Jh. Persien erobert hatten, übernahmen jedenfalls die Kultur von zwei unterschiedlichen Pflanzen mit weitgehend verschiedenen Namen: Für den Indigostrauch bzw. die Farbe gebrauchten sie vor allem die Bezeichnung (ar.) (*an-*)*nīl* (s. Anilin); für den Flieder, der zuerst bei dem persisch-arabischen Arzt aṭ-Ṭabarī (gest. um 860) unter der Bezeichnung *līlā* (*lailā*) bezeugt ist, setzten sich dagegen Bezeichnungen wie (ar.) *līlak* oder *lailāk* durch, aus denen später (osm.-tk.) *leylāk* wurde. Im übrigen scheint der Flieder aber bei den Arabern, wohl aus klimatischen Gründen, keine allzu große Bedeutung gehabt zu haben. (2)

Eine Fliederart aus den Balkanländern (Syringa vulgaris) muss im Osmanischen Reich kultiviert worden sein. Nach Aussagen des Arztes Mattioli hat nämlich de Busbecq, der kaiserliche Gesandte am Hof von Suleiman dem Prächtigen in Konstantinopel, um 1555 den ersten Flieder (im übrigen auch die ersten Tulpen und wohl auch weiße Rosskastanien) nach Wien gebracht. Mattioli beschreibt ihn kurz darauf in einem botanischen Werk unter der von de Busbecq eingeführten Bezeichnung *lilac*, die dann mit der Übersetzung von Mattiolis Werk 1572 ins Französische überging. (3)

Im Deutschen konnte sich das fremde Wort dagegen nicht einbürgern. Als der Strauch sich ausbreitete, wurde er vielmehr, wohl wegen des Dufts der Blüten, mit dem Holunderbaum verglichen. Dieser aber hieß im Niederdeutschen »flêder« (die Bezeichnung »Holunder« ist ursprünglich süddeutsch). Das norddeutsche Wort setzte sich in der hochdeutschen Form »Flieder« schließlich als Bezeichnung für den neuen Strauch durch. (4)

Frz. *lilac* war im 17. Jh. zu *lilas* geworden. Daraus wurde ein gleichlautendes Adjektiv *lilas* ›fliederfarben‹ (1757) gebildet, das ins Deutsche übernommen wurde. Im 19. Jh. bildete sich dann die Form (nhd.) *lila* für die Farbbezeichnung heraus. In den 70er Jahren des 20. Jh.s wurde Lila die Symbolfarbe der Frauenbewegung. Dies lässt sich ziemlich eindeutig zurückführen auf die lesbische Szene Berlins in den 20er Jahren, die beispielsweise im Club Violetta »lila Nächte« feierte und dort das »Lila-Lied« sang, in dem die Andersartigkeit selbstbewusst betont wurde. Möglicherweise galt die Mischfarbe zwischen Rot und Blau als Symbol des Androgynen. (5)

(1) Mayrhofer II,51; MacKenzie 60; Steingass 1444, 1135; FEW (*līlāk*); Hegi V,1909 ff.; (2) Wehr 1334, 1179; Schmucker 442; Dozy II,562; Tazi 211; Devellioğlu (*leylâk*); (3) Marzell IV,545 ff.; Hegi V,1912 ff., V, 302; Arveiller 347 f.; Cortelazzo/Z. (*tulipano*); Philipps 80; Rey (*lilas*); (4) Marzell (a. a. O.); Pfeifer, Kluge (*Flieder*); (5) Rey, Tazi (a. a. O.); Pfeifer (*lila*); A. Meyer (Hrsg.), Lila Nächte, 1994, 24, 47 f.; Emma, Nov./Dez. 2001, 106; I. Riedel, Farben, 1989, 135 ff.

Limette (manchmal auch *Limonelle* oder *Limone* genannt) ist der Name einer kleinen, runden grünlichgelben und dünnschaligen Zitrusfrucht aus subtropischen und tropischen Gebieten. Ihr Fruchtfleisch ist sauer wie das der Zitrone, aber saftiger und aromatischer. Deshalb ersetzt sie die Zitrone in zunehmendem Maße in der modernen Küche und in Limonaden: Das ätherische Öl ihrer Schale ist mit großer Wahrscheinlichkeit auch Bestandteil der Coca-Cola-Mischung. (1)

Als ursprüngliche Heimat der Limette wird der südostasiatische Raum angesehen. Zusammen mit der Zitrone (s. Limonade) und der Bitterorange (s. Orange) wird sie nach Westen gewandert sein. Als eigenständige Zitrusfrucht (Citrus aurantiifolia) wird sie aber erst etwa ab dem 11. Jh. im arabischen Kulturraum fassbar. Mit ihrem Namen (ar.) *līm(a)*, wohl abgeleitet von der Bezeichnung der Zitrone, (ar.) *laimūn*, *līmūn*, wird aber zusätzlich auch eine vermutlich durch eine der vielen Kreuzungen entstandene größere, süßlich schmeckende Limettenart (Citrus limetta), gelegentlich auch die Zitrone selbst bezeichnet. Die (saure) Limette ist die kälteempfindlichste Zitrusfrucht; sie konnte deshalb nur in sehr warmen Gebieten wie der Golfregion kultiviert werden. Dort ist sie allerdings heute noch als Zutat zu Speisen sehr beliebt, auch zur Bereitung von Getränken wurde und wird sie gebraucht. (2)

Ende des 12. Jh.s erscheint in Sizilien erstmals aus (ar.) *līm(a)* abgeleitetes (mlat.) *lumia* als Bezeichnung einer dort angebauten süßlichen Limettenart; ab Mitte des 13. Jh.s ist der Name auch ab und zu im Italienischen (*lomia* u. a.) und Altfranzösischen (*lomie*) belegt. Auch im Spanischen und Katalanischen bezeichnen aus dem Arabischen stammendes *lima* bzw. *llima* (um 1400) die süßliche Limette. Ein aus diesen Formen entstandenes (frz.) *lime* taucht dann 1555 in einer Übersetzung der Geschichte (West-)Indiens des Spaniers Oviedo als Bezeichnung der süßlichen Art auf, die von den Spaniern offenbar in dieser Region schon eingeführt war. Aber auch die sauren Limetten wurden in die Karibik gebracht und dort kultiviert: Ende des 17. Jh.s beschreibt Capitain Dampier in einem Bericht über seine Weltreisen (engl.) *lime* (aus frz. *lime*) als kleine, sauer schmeckende Frucht, die die Engländer aus Westindien importieren, weil sie sie als Zutat zum Punsch benötigen. Heutzutage wird mit (engl.) *lime* auch eine verwandte, zitronenähnlichere Art bezeichnet. (3)

(Nhd.) *Limette* wurde erst in neuester Zeit aus (frz.) *limette* (1782), einer Verkleinerungsform von (frz.) *lime*, entlehnt. Es bezeichnet allerdings, anders als das französische Wort, die kleine saure Frucht, die in Küchenrezepten und in karibischen oder brasilianischen Drinks wie Mojito oder Caipirinha Verwendung findet. (4)

(1) Goldene Äpfel 22 f.; Stobart 105; Ohloff 250; (2) Watson 43 ff.; Wehr 1179; WKAS II,2069 f.; Dozy II,563; Corriente (*lima*); EI (*nārandj*, *mashrūbāt*); Başan 78 f.; (3) Caracausi 270; Corominas/P., Corriente (*limón*); Rey, Trésor, OED (*lime*); Pini 603; Goldene Äpfel (a. a. O.); (4) Le Grand Robert 2001 (*limette*); Duden Gr. Wörterb., 1999 (*Limette*).

Limonade

Unter *Limonade* versteht man heute ein mit Zucker gesüßtes Erfrischungsgetränk aus meist kohlensäurehaltigem Wasser und Fruchtessenzen. Bis Ende des 19. Jh.s bezeichnete das Wort aber ein Getränk aus Wasser, Zucker und Zitronensaft. Die Zitrone ist auch für den Namen des Getränks verantwortlich: Wie andere Zitrusfrüchte stammt sie ursprünglich aus Südostasien. Wahrscheinlich auf eine südostasiatische Sprache (belegt in malayisch *limau*) geht auch die altindische Bezeichnung *nimbū*, *limpāka* aus dem Anfang des 1. Jt.s n. Chr. zurück. Als die muslimischen Araber ab dem 7. Jh. nach Persien vorstießen, lernten sie die Zitrone, die inzwischen wie die Bitterorange (s. Orange) und die Limette (s. d.) nach Westen gewandert war, unter Bezeichnungen wie (pers.) *līmū*, *līmūn* kennen. Da die verschiedenen Zitrusfrüchte aber in der Folgezeit vielfach gekreuzt wurden, ist mit dem daraus entstandenen Namen (ar.) *laimūn*, *līmūn* nicht immer die Zitrone (Citrus limon) gemeint. (1)

Zusammen mit Bitterorange und Limette haben die Araber die Zitrone in die von ihnen eroberten Gebiete um das Mittelmeer eingeführt. In der zweiten Hälfte des 10. Jh.s werden medizinische Wirkungen von (ar.) *laimūn* und *nāranǧ* (›Bitterorange‹) von dem spanischen Gelehrten Ibn Ǧulǧul beschrieben. In der islamischen Welt war die Frucht im übrigen offenbar vor allem wegen ihrer Verwendbarkeit bei Speisen und Getränken beliebt. So scheint ihr Saft um das Jahr 1200 die am häufigsten verwendete Zutat in Kochrezepten für verschiedenste Gerichte; außerdem diente er zusammen mit dem ebenfalls inzwischen eingeführten Zucker (s. d.) als Grundlage für unterschiedliche Arten von Sirup (s. d.) und Getränke (s. Sorbet). (2)

Die westlichen Europäer trafen auf den Baum und seine Frucht in Spanien und Sizilien. Aus dem Namen (ar.) *līmūn* entstanden so beispielsweise (afrz.) *limon* (14. Jh.), (it.) *limone* und, aus dem Französischen abgeleitet, (spätmhd.) *limon* (14. Jh.) und (nhd.) *Limone*. Im Französischen und Deutschen wurden diese Bezeichnungen aber im Lauf der Zeit verdrängt durch (afrz.) »citron« bzw. (nhd.) »Zitrone« (mit Vorformen wie pl. »zitronij« ab Ende des 15. Jh.s). Das deutsche Wort stammt dabei aus einem seltenen und heute untergegangenen (it.) »citrone«, mit dem allerdings, wie anfangs auch mit »Zitrone«, eine andere Zitrusfrucht bezeichnet wurde, nämlich die seit der

Antike bekannte, bittere Zedratzitrone (Citrus medica), (mlat.) »citrum«, aus deren Schale unser Zitronat hergestellt wird. (Nhd.) *Limone* wird dagegen heute gelegentlich für die Limette (s. d.) gebraucht. (3)

In der frühen Neuzeit galt die Zitrone als Mittel gegen Pest und Fieber; im 18. Jh. wurde entdeckt, dass ihr Saft auf Grund des hohen Vitamin-C-Gehalts vorbeugend gegen die Mangelkrankheit Skorbut wirkt. In zunehmendem Maße setzte sich von Italien aus auch der Gebrauch des Zitronensafts als Zutat zu Speisen durch; im 17. Jh. ersetzte er so teilweise die bis dahin verwendeten exotischen Gewürze (s. Safran). (4)

Europa lernte die Zitrone ab dem 12. Jh. aber auch auf den Kreuzzügen kennen. Jakob von Vitry, um 1220 Bischof von Akkon an der palästinensischen Küste, erwähnt, dass der Saft von (mlat. pl.) *limones* »seiner appetitanregenden Wirkung wegen« »im Sommer zu Fleisch und Fisch gerne gebraucht würde«, wobei unklar bleibt, ob als Zutat oder als Getränk. Die Verwendung des Zitronensafts zu einem Getränk jedenfalls scheint eine lange Tradition zu haben, die vor den Arabern auch schon in China und Indien belegt ist. Dies ist insofern plausibel, als die im Saft enthaltene Zitronensäure in gewissem Umfang bakterizid wirkt, also Wasser weniger leicht faulen lässt, zusätzlich aber offenbar auch dazu beiträgt, dass der Saft bei Durst als wohltuend empfunden wird. (5)

Vermutlich nach dem Vorbild der Araber stellten nun auch die Europäer ein Getränk aus Zitronenwasser und Zucker her. Es wurde, vielleicht nach (ar.) *mā' al-līmūn* (›Zitronenwasser‹) (mlat.) *aqua Limonis* (1380), später in Italien *limonata* (1684), in Spanien (*limonada*) und in Frankreich *limonade* (Erstbeleg *limmonade*, 1640) genannt. Das Getränk muss bald verbreitet gewesen sein, denn schon im 16. Jh. wird in Frankreich eine Zunft der Limonadenhersteller erwähnt. Ende des 17. Jh.s war die Limonade dann in Paris zu einem Modegetränk geworden.

»*Limonade* um sich zu erfrischen. Man serviert es den Damen, die zum Ball gehen«, heißt es 1690 im »Dictionnaire Universel« von Furetière. Diese Mode mag auch mit Einflüssen aus dem Osmanischen Reich zusammenhängen. Inzwischen war nämlich von dort der Kaffee (s. d.) übernommen worden, den es in Kaffeehäusern zu trinken gab. In diesen wurde aber auch der ebenfalls von den Osmanen übernommene Sorbet (s. d.) ausgeschenkt, dessen wichtigster Bestandteil meistens Zitronenwasser war. (6)

In Deutschland übernahm man die Limonade und ihre Bezeichnung aus dem Französischen. 1682 erwähnt der Botaniker Elsholtz, dass man aus »... Wasser, Canariren-zucker [von den Kanaren] und Citronen« eine »*Limonade*« bereiten könne. Die Bezeichnung *Limonada* in einem im selben Jahre veröffentlichten Rezept in den »Georgica Curiosa« des Freiherrn v. Hohberg dürfte allerdings auf italienischen oder spanischen Einfluss zurückgehen. Interessanterweise wird hier auch schon auf die Möglichkeit verwiesen, das Getränk als (Halb-)Gefrorenes im Sinne des heutigen Sorbets (s. d.) zu servieren. (7)

Dass unter Limonade heute im allgemeinen ein kohlensäurehaltiges Getränk verstanden wird, ist durch eine neuere Entwicklung bedingt: Ursprünglich um die Heilwirkung natürlicher, kohlensäurehaltiger Mineralquellen auf Getränke zu übertragen, hatte man Ende des 18. Jh.s begonnen, Wasser mit Kohlensäure anzureichern (s. Soda). Um 1830 wurde dann (engl.) *lemonade* ›kohlensäurehaltiges Wasser mit Zitronensaft und Zucker‹ vertrieben. Die Bezeichnung (nhd.) *Limonade* wurde auf das diesbezügliche Getränk sowie ähnliche Getränke mit anderen Fruchtessenzen aber offenbar erst im 20. Jh. angewandt. (8)

(1) Pfeifer (*Limonade*); Goldene Äpfel 38ff.; Watson 42f.; Mayrhofer III,292; Steingass 1135; EJ (*nārandj*); Wehr 1179; WKAS II,2069ff.; (2) Watson 45f.; Ibn Ǧulǧul Nr. 26; Rodinson, Recherches 131–156; Heine 60, 67, 104; EI (*mashrūbāt*); (3) Rey (*limon*,

citron); Cortelazzo/Z. (*limone*); Pfeifer (a. a. O., *Zitrone*); Tazi 247; Battaglia (*citrone*); MLW (*citrum*); (4) Goldene Äpfel 40; Zedler (*Citronen-Baum*); Moulin 73; (5) Du Cange (*limones*); Hehn 452 f.; Auboyer 253; Küster 293; (6) WKAS, Du Cange, Cortelazzo/Z., Rey (a. a. O.); Corominas/P. (*limón*); Braudel I,256, 276 ff.; EI (*sherbet*); Zedler (a. a. O.); (7) Brunt 354; Hohberg 3. Buch, Kap. 40 = I,228 f.; (8) Encycl. Brit. (*soft drinks*); OED (*lemonade*); W. Kupferschmid, I. Mattheis, Kl. Kulturgesch. unserer Lebensmittel, 2001, 68; Tazi 212.

Magazin

(Nhd.) *Magazin* geht letztlich auf (ar.) *maḫzan* zurück. Dieses Substantiv ist vom Verb *ḫazana* ›speichern, anhäufen, verwahren‹ abgeleitet und bedeutet wörtlich ›Ort, wo etwas gespeichert, angehäuft, verwahrt wird‹. In einem arabischen Wörterbuch des 11. Jh.s ist es gleichbedeutend mit (ar.) *ḫizāna*, dessen Plural *ḫazā'in* im Koran für ›Vorräte, Vorratshäuser und Schätze‹ steht. Im Sinne von ›Verkaufsraum, Lagerhaus‹ wurde *maḫzan* dann ein Bestandteil des mittelalterlichen Marktes (ar. *sūq*, pers. *bāzār*) bzw. der Herbergen für Kaufleute (ar. *ḫān*, *funduq*). Im islamischen Westen bezeichnet das Wort vor allem die Finanzverwaltung und seit der Zeit der Almoraviden (s. Marabu) auch den Regierungsapparat Marokkos, eine Entwicklung, die vielleicht darauf zurückgeführt werden kann, dass bereits der nordafrikanische Emir Ibrāhīm ibn al-Aġlab (gest. 812, s. Admiral) die Steuereinkünfte in einer eisernen Truhe (*maḫzan*) aufbewahrt haben soll. (1)

Das Wort gelangte vermutlich durch den Mittelmeerhandel mit Nordafrika nach Europa, wo (mlat.) *magazinus* erstmals 1214 bezeugt ist. Wie die mittellateinische Form (und das spätere it. *magazzino*) allerdings entstanden ist, aus einer nordafrikanischen Aussprache *maḫzén* von (ar.) *maḫzan* oder aus der Pluralform (ar.) *maḫāzin*, ist nicht ganz klar. Aus dem Jahr 1229 sind dann Statuten der Stadt Marseille für ihre (mlat., pl.) »fundita« in Nordafrika erhalten (mlat. häufiger »fundicus« u. a., aus gr. »pandocheion«, ›Gasthaus‹, vermutlich über ar. »funduq«). Dies waren exterritoriale Gebäudekomplexe in muslimischen Hafenstädten, von denen aus europäische Kaufleute den Handel mit dem Gastland abwickelten. In analoger Form bestand ab 1225 der (it.) »Fondaco dei Tedeschi« für die deutschen Kaufleute in Venedig. In diesen Marseiller Statuten wird nun ein eigenes (mlat.) *mag(u)azenum* zum – ansonsten von Marseille untersagten – Weinverkauf an die Muslime erwähnt. In ähnlicher Weise bezeichnet (it., pl.) *magazzini* spätestens 1348 die Lagerstellen für griechischen Wein in einem Hafen. In diesem Sinn taucht das Wort, aus dem Italienischen entlehnt, 1558 auch im Deutschen auf, wo angeordnet wird »Maluasir [Malvasier, eine Weinsorte, ursprünglich aus dem Peloponnes] ... auß dem *Magatzin* in das Schiff zu tragen«. Ab Mitte des 17. Jh.s wird das Wort auch im Bereich des Militärischen verwendet: »*magazin* und provianthäuser« (1641) und deutlicher noch »*Magazin*, Zeughauß und dergleichen« (1665, s. Arsenal). Aus (frz.) *magasin* entlehnt ist dann *Magazin* im Sinne von ›Laden zum Verkauf‹ (Ende des 18. Jh.s). Aus dem Englischen dagegen (»The Gentleman's *Magazine*«, 1731) stammt die Bedeutung ›Sammelstelle‹ für Texte, die erstmals 1747/48 im Titel »Hamburgisches *Magazin* oder gesammlete Schriften, aus der Naturforschung und den angenehmen Wissenschaften überhaupt« belegt ist und sich in der Folgezeit zu ›Zeitschrift‹ und ab Mitte des 20. Jh.s zu ›Sammlung von Beiträgen zu einem Thema‹ in Rundfunk oder Fernsehen weiterentwickelt hat. Mit der Erfindung des Mehrlader- oder Repetiergewehrs Mitte des 19. Jh.s schließlich wurde das Lager für die Kugeln, wohl nach französischem Vorbild, ebenfalls als *Magazin* bezeichnet. (2)

(1) Wehr 333f.; Lane 734f.; Jeffery 122f.; EI (*makhzan*); (2) Cortelazzo/Z. (*magazzino*); Tazi 261f., 346, 357; Kiesler 228f.; Du Cauge (*1. funda*); LM (*Fondaco*); A. Schaube, Handelsgeschichte d. roman. Völker, 1906/1973, 307f. m. Lit.; EI (*funduḳ*); Rey (*magasin*); Battaglia (*magazzino*); DF, DWB (*Magazin*); OED (*magazine*).

Marabu

Der Name des storchenähnlichen Vogels der Gattung Leptopilus aus Afrika, Indien und Indonesien geht zurück auf eine arabische Sprachwurzel *r-b-ṭ*, zu der beispielsweise die Verben (ar.) *rabaṭa* ›binden‹ und *rābaṭa* ›auf Posten sein‹ gehören. Ein aus *rabaṭa* gebildetes Substantiv *ribāṭ* hatte bei Beutezügen der Beduinen (s. Razzia) die Bedeutung ›Anbinden der (benötigten) Pferde‹ und dann ›Platz, wo sie angebunden und bereitgestellt werden‹. Nach der raschen Expansion der muslimischen Araber im 7. Jh. ergab sich die Notwendigkeit, in den eroberten Gebieten die Grenzen zu sichern und die Kenntnis des Islam zu vertiefen. Zu diesem Zweck wurden befestigte Zentren, Stationierungsplätze eingerichtet, die ebenfalls *ribāṭ* genannt wurden. Manche enthielten nur einfache Wachtürme, andere wie das 795 gegründete *ribāṭ* in Monastir (aus byz.-gr. »monastêrion« ›Kloster‹) im heutigen Tunesien auch eine Moschee sowie Wohn- und Beherbergungsräume. In einem solchen *ribāṭ* lebten die *murābiṭūn* (Aktivpartizip pl. zu *rābaṭa*, also ›Grenzwacht Haltende‹), im allgemeinen Freiwillige, die sich zur asketischen Läuterung dem Geist des *Dschihad* verpflichtet fühlten. (Ar. *ǧihād*, ursprünglich ›Anstrengung‹, wurde schon früh als ›Kampf gegen die Ungläubigen‹, bisweilen aber auch als ›Kampf gegen sich selbst‹ zur Läuterung vor Gott verstanden.) In der Praxis war ihr Leben bestimmt von frommen Übungen, Verteidigungskämpfen (im 8. Jh. beispielsweise gegen Normanneneinfälle im Westen) und gelegentlichen Raubzügen (s. Razzia). (1)

Die Doppelfunktion des *murābiṭ* als ›Glaubenskrieger‹ und ›Frommer‹ führte zu zwei unterschiedlichen Entwicklungen. Den Akzent auf Ausbreitung und Verteidigung des Islam setzten die (pl.) *al-murābiṭūn*, in Europa bekannt als *Almoraviden*, eine sittenstrenge Gemeinschaft von Berbern aus dem Südwestrand der Sahara, die ab der ersten Hälfte des 11. Jh.s nach Norden vordrangen und die Herrschaft in den von den Christen angegriffenen muslimischen Teilen der Iberischen Halbinsel übernahmen. Der auf ihren Namen geprägte goldene Dinar (s. Karat, Zechine) wurde von den Europäern (lat.) *marabotino* bzw. (sp.) *maravedí* genannt und eine Zeitlang von spanischen und portugiesischen christlichen Königen nachgeahmt. Die alternative Tendenz, die im Begriff *murābiṭ* enthalten war, nämlich die Vertiefung des Glaubens und der Frömmigkeit, äußerte sich, insbesondere in den von Christen kaum bedrängten nordafrikanischen Gebieten, in der Bedeutung ›Frommer, Heiliger‹, die das Wort *murābiṭ*, in Dialekten meist *mrābṭ* ausgesprochen, seit dem 12./13. Jh. erlangt hatte. Von solchen frommen Männern sollte nach dem Volksglauben eine segensreiche Wirkung (ar. *baraka*) ausgehen; auch ihre Gräber wurden in der Folgezeit oft *murābiṭ* u. a. genannt. (2)

In der Bedeutung ›muslimischer Frommer‹ wurde das Wort ab Ende des 15. Jh.s von den Europäern übernommen: (Lat.) »*morabiti* … viri religiosi«, ›fromme Männer‹, schreibt Anselm Adorno, der 1470 Tunis besuchte. Ab Mitte des 16. Jh.s auftauchende portugiesische Wortformen wie *marabuto* geben dabei, vermutlich so wie ab 1608 belegtes (frz.) *Marabou(t)*, die Dialektformen Nordafrikas wieder. (3)

Die bildliche Übertragung des Namens auf die afrikanische Storchenart ist erstmals im Französischen schriftlich belegt, geht aber offenbar auf nordafrikanischen Brauch zurück. Der Vogel werde in Senegal und anderen Gebieten *marabou* genannt, heißt es in einer französischen Textstelle von 1818. Die Bemerkung in einem (französischen) Bericht aus Tunis von 1828, man sage vom Storch, er sei *Mrabt*, d. h. heilig (»saint«), könnte die Erklärung liefern: Tatsächlich scheint *mrābṭ* als eine Art Ehrenname im Volksglauben Nordafrikas gelegentlich auch auf gewisse Bäume oder Tiere, beispielsweise Storchenarten, angewendet worden zu sein. (4)

Im Deutschen ist die dem Französischen entnommene zoologische Bezeichnung 1829 in der Zusammensetzung *Marabout*feder bei Ludwig Börne belegt; der Name *Marabu* für den Vogel erscheint ab 1863, die Wortform mit *-t*, *Marabut*, wird dagegen seit dem 20. Jh. auf den muslimischen Frommen angewendet. (5)

(1) Grzimek VI,228f.; Wehr 445f.; F. Meier, Almoraviden u. marabute, Die Welt d. Islams 21, 1983, 82–91; EI (*ribāṭ*, *Monastir*, *djihād*); Wehr 209; Cardini 30f., 62; Lombard, Blütezeit 76f., 96; (2) Meyer 140ff., 102ff.; EI (*al-Murābiṭūn*); LM (*Marabotino*); Corominas/P. (*morabito*); (3) Meyer 97ff.; Rey (*marabout*); Arveiller 397ff.; (4) Arveiller 398; Dozy I,502; Meyer 97, vgl. Müller 90, 105, Montagu, Brief v. 1. 4. 1717, 255; (5) Tazi 213.

Marzipan

Die aus zerriebenen Mandeln und Zucker (s. d.) bereitete Süßigkeit wird zuerst in Persien unter der Bezeichnung (mpers.) *lawzēnag* erwähnt; vielleicht steht ihre Herstellung im Zusammenhang mit der Einführung des Zuckers (um 600 n. Chr.). Die Araber übernahmen mit dem Zuckerwerk auch den Namen; (ar.) *lauzīnağ* ist erstmals bei dem Gelehrten al-Ğāḥiẓ (gest. um 868) belegt; marzipanähnliche Süßigkeiten tauchen in den folgenden Jahrhunderten vielfach in arabischen Kochbüchern auf. (1)

Die westlichen Europäer haben diese Süßigkeit wahrscheinlich schon auf den Kreuzzügen und in Spanien kennen gelernt. In seinem um 1340 erschienenen Handbuch für Kaufleute erwähnt der Florentiner Großkaufmann Balducci Pegolotti bei der Beschreibung der Handelsbedingungen in Zypern, wo er sich 15 Jahre zuvor aufgehalten hatte, »das Gewicht und den Preis der Holzschachteln, in die das [it.] *marzapane* getan wird, wenn es frisch bereitet ist«. Die Herkunft dieses Worts zu bestimmen bereitet allerdings große Schwierigkeiten. Eine Wurzel in europäischen Sprachen ist nicht erkennbar, die Herkunft der Süßigkeit macht es vielmehr wahrscheinlich, dass ein orientalisches Wort zugrunde liegt, das übers Arabische zumindest vermittelt ist. (2)

Mit dem Versuch (it.) *matapan*(*o*), eine um 1200 geprägte venezianische Silbermünze, auf eine arabische Wurzel zurückzuführen und mit (it.) *marzapane* zu verbinden, entstand Anfang des 20. Jh.s eine Theorie, die sich aber als unhaltbar erwiesen hat. Ein anderer Anknüpfungspunkt findet sich bei Pegolotti: In dem Kapitel seines Handbuchs, in dem er die Maße und Gewichte auf Zypern mit denen anderer Hafenstädte vergleicht, stellt er fest, dass 3⅓ »Cafissi« (ein Hohlmaß für Getreide, aus ar. »qafīz«) in Laiazzo in Kleinarmenien (in der heutigen südöstlichen Türkei) einem *marzapane* entsprechen. In dieser Bedeutung als Hohlmaß ist das Wort wohl aus (ar.) *marzabān* entlehnt, das selbst vermutlich aus dem Persischen stammt. Dieses von Pegolotti aufgeführte Hohlmaß könnte nun durchaus eine Art Holzschachtel mit festgelegten Proportionen gewesen sein; im Italienischen müsste dann der Name der Schachtel auf den Inhalt, in diesem Fall also »Marzipan«, übertragen worden sein (ein derartiger Übergang vom »Gefäß« zu dem, was es enthält, hat beispielsweise auch bei der spanischen »Paella«, aus lat. »patella« ›Schüssel‹ stattgefunden). (3)

Die Vorstellung einer Bedeutungsverschiebung vom Gefäß auf seinen Inhalt liegt auch den Überlegungen zugrunde, mit denen zwei italienische Etymologen in den 50er Jahren des 20. Jh.s ein anderes arabisches Ursprungswort ins Spiel brachten. Sie gehen aus von der Tatsache, dass etwa um die Zeit Pegolottis im Süden und Südwesten Europas Wortformen wie (mlat.) *massapanus* (1337), *maczapanum* (1347), (aprov.) *massapan* (1337), (sp., pl.) *maçapanes* (1373) usw. auftauchen, die Schachteln oder Futterale bezeichnen, in denen meist wertvolle Inhalte aufbewahrt werden: Süßigkeiten oder Perlen und 1399 sogar Reliquien. Dies bringen sie in Zusammenhang mit der Bemerkung des Reisenden Ibn Baṭṭūṭa, dass um 1345 eine Königin in Sumatra ihm für seine Fahrt nach China als Reiseproviant »vier [ar., pl.] *marṭabānāt*, das sind schwere Gefäße, gefüllt mit Ingwer, Pfeffer, Zitronen und Mango, jeweils in Salz eingelegt«, mitgegeben habe. Diese Bezeichnung, (ar.) *marṭabān* ›Gefäß aus Glas oder Steingut für Konfitüren u. a.‹, ist zwar erst seit Mitte des 19. Jh.s in arabischen Wörterbüchern aufgeführt; daraus abgeleitetes (port.) *martabão* bzw. (pl.) *jarras* (›Krüge‹) *martabanas* wurde aber schon in der ersten Hälfte des 16. Jh.s zu Recht von dem Namen der Hafenstadt *Martaban* im heutigen Birma/Myanmar abgeleitet, wo glasierte Keramikgefäße produziert und nach Westen exportiert wurden. Dass aber diese Gefäße oder zumindest ihre Bezeichnung schon Anfang des 14. Jh.s in Südwesteuropa so präsent waren, dass sie nicht nur den mit *massapanus* u. a. bezeichneten Behältnissen ihren Namen gegeben, sondern auch in Zypern zusätzlich schon die Bedeutungsverschiebung auf den Inhalt ›Marzipan‹ bewirkt hätten, ist schwer vorstellbar. (4)

Nach Pegolottis *marzapane* scheint die Bezeichnung der Süßigkeit im Italienischen erst in der 1. Hälfte des 15. Jh.s in der Form *marsapan* wieder belegt; spätestens 1484 werden (it. pl.) *marzapani* als Besonderheit von Siena erwähnt. Im Deutschen taucht um 1510 aus dem Italienischen entlehntes *marczapan* im Haushaltsbuch des Anton Tucher aus Nürnberg auf, die heutige Wortform *Marzipan* ist 1691 in einem Wörterbuch verzeichnet. (5)

(1) MacKenzie 53; WKAS II,1758f.; Rodinson, Recherches 139f., 148ff.; Heine 103ff.; (2) Lombard, Blütezeit 93f.; F. Balducci Pegolotti, La pratica della mercatura, Hrsg. A. Evans, 1936, XX, 318, 91; Corriente (*maçapão*); (3) Müller 87f.; W. Hinz, Islamische Maße, 1970, 45; Corominas/P. (*paella, mazapán*); (4) Du Cange (*massapanum*); Cortelazzo/Z. (*marzapane*); FEW (*mauṯabān*); Ibn Baṭṭūṭa frz. 286, ar. 626; Wehr 1201; Dozy II,582; Machado, Corriente (*martabão*); Hobson-Jobson, A Glossary of Colloquial Anglo-Indian, 1886, 559; Pellegrini Ar. 590ff.; G. R. Cardona Lingua Nostra XXX, 1969, 34ff.; (5) Battaglia (*marzapane*); DF (*Marzipan*); Tazi 265.

Matratze

(Nhd.) *Matratze* geht zurück auf (ar.) *maṭraḥ*. Dieses Wort ist abgeleitet vom Verb *ṭaraḥa* ›(weg-)werfen‹, aus dessen Nebenbedeutung ›subtrahieren‹ über das entsprechende Substantiv (ar.) *ṭarḥ* und den italienischen Handelsterminus *tara* auch (nhd.) *Tara* als ›Gewicht der Verpackung‹ (also Brutto- minus Nettogewicht) abgeleitet ist. (Ar.) *maṭraḥ* bedeutet genau genommen ›Ort, wohin etwas geworfen wird‹: Schon in den Beduinenzelten, vor allem aber in den städtischen Wohnungen bestand die Einrichtung der Araber vornehmlich aus verschiedenen Teppichen, Kissen und Polstern, die an den Platz ›geworfen‹ wurden, wohin man sich setzen oder legen wollte; (ar.) *maṭraḥ* ist eine der vielen Bezeichnungen für derartige Gegenstände. In den ersten Belegen, etwa dem Hinweis vom Ende des 10. Jh.s, dass in der Stadt Tiberias in Palästina (pl.) *maṭāriḥ* hergestellt würden, wird nicht klar, ob es sich um Teppiche oder Polster handelt. In einem anderen Beleg wird allerdings neben anderem Wohnluxus dieser Art auch ein *maṭraḥ*, gefüllt mit Federn eines Vogels aus Indien, genannt; zumindest hier muss es sich also um eine Art Polster handeln, ähnlich wie bei den im 11./12. Jh. in Spanien erwähnten, mit Brokat aus Bagdad bestickten (pl.) *maṭāriḥ* aus der Haut eines Wüstenfuchses, die als Ruhelager gedient haben sollen. (1)

Das islamische Spanien ist auch die Region, wo die Europäer zuerst die arabische Wohnkultur schätzen lernten. (Noch heute werden im Spanischen der Teppich, »alfombra«, und das Kissen, »almohada«, mit Wörtern bezeichnet, die aus dem Arabischen stammen.) Aus (ar.) *maṭraḥ* abgeleitet sind die 938 in einem Inventar aus Galizien verzeichneten (mlat., pl.) *mataraffes*, kostbare Teppiche für den Gebrauch in der Kirche; ab 1085 sind (kat.) *almatrazt*, *almatrac* und (pl.) *almatraphios* erwähnt. (2)

Eigenartigerweise finden sich, zeitlich gesehen, die nächsten Belege um 1200 in Deutschland: Zuerst im »Nibelungenlied« und kurz darauf in Wolframs von Eschenbach »Parzival« werden mit (mhd.) *matraz* Polster bezeichnet, auf die man sich setzen oder legen kann. Ihre Darstellung bzw. die Umgebung, in der sie jeweils auftauchen (Goldstickerei, Seide, Baldachin, s. d.) zeigen, dass es sich um Luxusobjekte handelt, die sicherlich mit dem Orient in Verbindung gebracht wurden. Solche Gegenstände wurden oft durch die französische Ritterkultur übermittelt; (afrz., pl.) *materas* ist aber frühestens 1272, vielleicht auch erst Anfang des 14. Jh.s als Bezeichnung einer Art von Teppichen belegt, auf denen anscheinend (statt in einem Bett) König Ludwig IX. auf der Überfahrt von Damiette in Ägypten nach der Kreuzritterstadt Akkon schlafen musste. Es ist daher möglich, dass (mhd.) *matraz* aus einer (nicht belegten) italienischen Dialektform stammt. In Italien existieren nämlich zumindest seit Mitte des 13. Jh.s mittellateinische Wortformen wie *mataracium* (aus ar. *maṭraḥ*, vermutlich mit der Endung von mlat. *plumacium* ›Federbett‹); in einer Urkunde von 1266 aus der Hafenstadt Bari wird als Herkunftsort eines solchen offenbar wertvollen *mataratium* Alexandria in Ägypten angegeben. In Boccaccios »Decameron« (um 1350) wird dann auf das

Bett einer Edelkurtisane in Palermo ein (it.) *materasso* aus Baumwolle gelegt, über den seidenbestickte Tücher und eine Decke aus Zypern gebreitet werden, und in einer anderen Novelle lässt Sultan Saladin seinen Gastfreund auf einem kostbaren *letto* (›Lager, Bett‹) *di materassi* aus Alexandria nach Italien fliegen. Insgesamt bezeichnen diese Wortformen zunehmend, wie in Spanien, ein relativ dünnes, gefülltes Unterbett, das des größeren Komforts wegen zu dem bisher üblichen Bettzubehör trat, welches aus Strohsäcken oder (bei Reicheren) Federbetten sowie aus Decken und bisweilen auch Kissen bestand. (3)

In Mitteleuropa waren Betten um diese Zeit noch weitgehend den Adeligen vorbehalten und galten als Statussymbole. Das zeigt sich anschaulich am Luxusbett des Anfortas auf der Gralsburg im »Parzival«, welches im übrigen tatsächlich schon mit einem seidenen *matraz* bestückt ist. Erst allmählich verbreiteten sich die Betten in andere Schichten der Bevölkerung, und mit ihnen offenbar auch die gefüllten Schlafunterlagen. (Allerdings notiert Michel de Montaigne noch 1580 in Lindau am Bodensee, dass er wohl schlecht geschlafen hätte, wenn er nicht einen (frz.) *matelas*, der dortzulande unbekannt sei, im Gepäck gehabt hätte.) In diesem Rahmen wurde die Bezeichnung nochmals aus dem Italienischen entlehnt: die Wortformen mit *-tz-*, die sich in den Belegen »alles, das zu tragen was, … seck, *matratzen* und die körb« (1480) oder »yedem ein beth, *materatz*« (1483/84) finden, sind von italienischen Formen wie *materazo* (vor 1306) etc. abgeleitet, die lange Zeit neben den toskanischen Formen *materasso*, *materassa* in Gebrauch waren. (4)

Als Füllung der Matratzen, die sich im Lauf der Zeit zum Gebrauchsgegenstand unterschiedlichster Qualität entwickelt hatten, wird im 17. Jh. Wolle, später auch Tierhaar genannt; Sprungfeder- und Kunststoffmatratzen stammen aus dem 20. Jahrhundert. (5)

(1) Wehr 769f.; Pfeifer, Kluge (*Tara*); EI (*mafrūshāt*); Sergeant 118, 212; Dozy/Engelmann (*almadraque*, 151f.); (2) Corominas/P. (*alfombra*, *almohada*); Coromines (*matalàs*); P. Aebischer, La literie et l'histoire du matelas, Etudes de stratigraphie linguistique, 1978, 181, 201; (3) Nibelungenlied Str. 352; Parzival 353,5, 683,13, 760,11; Tazi 160f.; Joinville, Vie de Saint Louis, 268 A; Du Cange (*mataratium*); Caracausi 288; Cortelazzo/Z. (*materasso*); Aebischer 190, 198–206; Decameron 8. Tag, 10. Novelle, 999, 10. Tag, 9. Novelle, 1208; (4) LM (*Bett*); Panati 51ff.; Feulner 34; Parzival 790f.; Montaigne 33; Wis 190; DWB (*Matratze*); Aebischer 204f.; (5) DWB, Panati (a. a. O.).

Matt

(Nhd.) *matt* geht auf den arabischen Schachterminus *šāh māt* ›Schachmatt‹ (s. Schach) zurück, mit dem der Gegenspieler für besiegt erklärt wird. In »1001 Nacht« zum Beispiel gewinnt die kluge Sklavin Tawaddud, in Anwesenheit des Kalifen Hārūn ar-Rašīd, gleich dreimal hintereinander im Schach und ruft am Ende jeweils »*aš-šāh māt*«. Diese Formel wurde von den Arabern, mit Bezug auf das arabische Verb *māta* ›sterben‹, für ein ›Der Schah (König) ist gestorben‹ gehalten. Jedoch spricht einiges dafür, dass dem Schachausdruck (ar.) *māt* ein unbekanntes mittelpersisches Wort zugrunde liegt: seine formelhafte Verwendung, die im Arabischen unübliche Satzstellung und die Tatsache, dass die meisten arabischen Schachausdrücke aus dem Persischen stammen. (1)

Der arabische Terminus wurde ab dem 12. Jh. in europäische Sprachen übernommen, so erscheint *mat* um 1155 im Altfranzösischen (*eschec mat* dann im 13. Jh.). Von dort gelangte er um 1200 ins Mittelhochdeutsche. Die Tatsache, dass (mhd.) *mat* offenbar schnell so bekannt war, dass es schon in den ersten Belegen auch in übertragener Bedeutung im Sinne von ›beraubt, ledig‹ auftaucht (etwa in Wolframs »Parzival«: »mir waere ûf den triuwen *mat*‹, ›ich würde treulos handeln‹), zeugt von der Beliebtheit des Schachspiels in der höfischen Gesellschaft. (2)

Die weitere Entwicklung des Worts hin zur neuhochdeutschen Bedeutung ›schwach, glanzlos‹ (»*mat* und siech an dem lebene«, Ende 13. Jh.) wird durchs Altfranzösische beeinflusst sein. Dort existierte nämlich unabhängig von dem Schachausdruck und zeitlich vor ihm ein Wort *mat* ›niedergeschlagen, schwach‹, das selbst auf ein mittellateinisches *mattus* ›traurig‹ zurückgeht. Dies wird im allgemeinen abgeleitet aus einem selten belegten lateinischen *ma(t)tus*, das wohl aus lat. *madēre* ›nass, betrunken sein etc.‹ stammt. (3)

(1) Tazi 214f.; Wehr 627; 1001 Nacht, Anfang 461. Nacht, ar. II,534f., dt. III,693f.; EI (*shaṭrandj*); (2) Tazi (a. a. O.); Rey (*mat*); Pfeifer (*matt*); Lexer, BMZ (*mat*); Parzival 275; (3) Tazi, Pfeifer, BMZ, Rey (a. a. O.); Sguaitamatti-Bassi 68ff.; Du Cange (*mattus*); Thesaurus Linguae Latinae (*mat(t)us*); Oxford Lat. Dict. (*madeō*).

Mokka

Die Bezeichnung ist abgeleitet vom Namen der südarabischen Stadt *al-Muḫā*, in deren Hinterland ab dem 15. Jh. Kaffee (s. d., Coffea arabica) angebaut und von deren Hafen er verschifft wurde, zuerst in die islamische Welt und nach Indien, seit der Mitte des 17. Jh.s durch Engländer und Holländer auch nach Europa. Seit Ende des 17. Jh.s wurde die Kaffeepflanze allerdings von europäischen Staaten auch in ihre jeweiligen Kolonien gebracht und dort kultiviert. Der arabische Kaffee geriet daher in Konkurrenz zum javanischen der Holländer, dem aus den französischen Antillen-Inseln und Réunion sowie dem, den die Portugiesen in Brasilien anbauen ließen. Um ihn von den anderen Sorten abzusetzen, bezeichnete man ihn deshalb als (frz.) (*caffé de*) *Moka* (1751/1762) und etwas später (nhd.) *Mokka* (um 1800). Er galt weiterhin als der beste: Als Voltaires Candide (1775) am Ende seiner Abenteuer ratlos in seinem Garten bei Konstantinopel gelandet ist, bietet ihm ein freundlicher Türke neben den entscheidenden Lebenslehren auch Sorbet (s. d.) und »*Café de Moka*« an, »der nicht mit den schlechten Kaffees aus Java und den Inseln vermischt war«. (1)

Dass mit *Mokka* aber auch eine bestimmte Zubereitungsform des Kaffees bezeichnet wird, hat folgenden Grund: Als die Europäer im 17. Jh. von den Osmanen das Kaffeetrinken lernten, übernahmen sie neben dem zugehörigen Gerät, der hohen Kaffeekanne und den Schälchen zum Trinken, aus denen sich später die Tasse (s. d.) mit Henkel entwickelte, auch die Zubereitungsform, das Kaffeepulver mit Wasser aufkochen zu lassen und den Kaffee zu trinken, nachdem es sich gesetzt hat (die Art also, wie heute noch beispielsweise in Griechenland der »griechische«, von den Osmanen übernommene und eigentlich »türkische« bzw. »arabische« Kaffee bereitet wird). Im Laufe des 18. Jh.s entwickelte sich nun im Westen Europas die Sitte, den aufgekochten Kaffee mit Leinenbeutelchen oder Papier zu filtern. Um den nach der ursprünglichen osmanischen Form zubereiteten Kaffee vom neuen Filterkaffee zu unterscheiden, wurde er nun ebenfalls *Mokka* genannt; so lässt etwa Karl May 1892 seinen Kara ben Nemsi in Ägypten »würzigen *Mokka*« schlürfen. Im übrigen dürfte die dritte Bedeutung, die *Mokka* in neuerer Zeit entwickelt hat, nämlich ›besonders starker Kaffeeaufguss‹, ebenfalls mit der osmanischen Zubereitungsform zusammenhängen. (2)

(1) Pfeifer, Kluge, DF (*Mokka*); Wehr 1190; EI (*ḳahwa*, *al-Mukhā*); Braudel I,274f.; Rey (*moka*); Candide, 30. Kap.; (2) Zedler (*Bon*, *Caffée-Zeug*); Heise 59ff.; Schivelbusch 82; K. May, Durch die Wüste, Anfang Kap. 4.

Monsun ist ein System von Winden in der Region des indischen Subkontinents, wo sie auf Grund der jahreszeitlich wechselnden Temperaturen im Winter aus dem Nordosten, im Sommer aber aus dem Südwesten wehen und dabei die Regenzeit einleiten. Sie bildeten bis zur Erfindung der Dampfschifffahrt die Basis für den Schiffsverkehr auf dem Indischen Ozean, der zwischen Indern, Persern und Arabern von der Südküste der Arabischen Halbinsel schon in den vorchristlichen Jahrhunderten begonnen hatte. Ende des 2. Jh.s v. Chr. soll ein legendärer Hippalos, ein griechischer Schiffskapitän, von den Monsunwinden Kenntnis gewonnen haben. Seit dieser Zeit jedenfalls wurden sie auch von Griechen und Römern zur Fahrt nach Indien genutzt. In dem »Periplus des Roten Meeres [Indischen Ozeans]«, einem Führer für Kaufleute aus dem 1. Jh. n. Chr., werden die Routen und Handelsplätze zwischen Arabien, afrikanischer Ostküste und Indien beschrieben. Zu den aus Indien importierten Waren gehörten damals schon Edelsteine, seltene Gewürze wie Pfeffer (s. Falafel) sowie Stoffe aus Baumwolle (s. Kattun) und gelegentlich auch aus Seide. (1)

Dieser Handel setzte sich im Mittelalter fort. Die Araber benützten für die Schifffahrt vielfach einen Schiffstyp, der hauptsächlich von Europäern »Dhau« (ar. *dāw*, ein Wort unbekannter Herkunft) genannt wurde. Kennzeichnend für ihn waren die Dreieckssegel, die ein Kreuzen vor dem Wind ermöglichten und mit großer Wahrscheinlichkeit als »Lateinersegel« in die Mittelmeerschifffahrt übernommen wurden. Begehrt waren insbesondere die exotischen Gewürze aus dem Osten, die den Reichen in islamischen Gebieten und dann insbesondere in Europa dazu dienten, ihren Status zu demonstrieren. Das Bestreben, den arabischen und seit der zweiten Hälfte des 15. Jh.s auch osmanischen Zwischenhandel zu umgehen, war deshalb das wesentliche Motiv dafür, dass 1492 erst Kolumbus auf dem Westweg und dann 1498 Vasco da Gama auf dem Weg um Afrika herum direkt zu den Gewürzen Indiens und den dort vermuteten Goldschätzen zu gelangen suchten. (2)

Vasco da Gama wurde wahrscheinlich von einem arabischen Lotsen namens Ibn Māǧid in den Monsunwinden des Mai 1498 von der Ostküste des heutigen Kenia nach der Stadt Calicut an der Westküste Indiens geführt. Dieser Ibn Māǧid, wohl der bewandertste Navigator seiner Zeit im Indischen Ozean, hatte seine Kenntnisse in zahlreichen Schriften veröffentlicht. In einer von ihnen behauptet er beispielsweise der erste zu sein, der die Magnetnadel auf dem Kompass fixiert habe (s. Tasse). (Einfache Formen des Kompasses entstanden höchstwahrscheinlich zuerst in China. Vermutlich vermittelt durch die Araber gelangten sie nach Europa; 1187 wird in Schottland die Benutzung einer Magnetnadel bei schlechter Sicht in der Schifffahrt beschrieben.) Bei Ibn Māǧid erscheint nun offenbar auch das arabische Wort *mausim* in der Bedeutung, in der es zum Ausgangspunkt für die europäischen Bezeichnungen für Monsunwinde wurde: Ursprünglich bedeutet nämlich (ar.) *mausim*, abgeleitet vom Verb (ar.) *wasama* ›(Kamele) mit dem Brandeisen zeichnen‹, ›Zeit der Brandmarkung‹. Daraus entwickelte sich noch in vorislamischer Zeit die Bedeutung ›jährlicher Markt‹. Ein solcher Markt ging aber oft einher mit lokalen religiösen Feiertagen. Wenn diese nach dem islamischen Mondjahr berechnet wurden, das nur 354 Tage hat, änderte sich im Lauf der Zeit die Jahreszeit, in der diese Feste gefeiert wurden; (ar.) *mausim* wurde jedoch zunehmend auch für wichtige Daten gebraucht, die mit einer Jahreszeit fest verbunden waren, wie das Neujahrsfest, den Beginn des Nilhochwassers oder die Ernte des Seidenwurms, und erhielt so allgemein die Bedeutung ›Jahreszeit‹. Im Sinne von ›Jahreszeit der für die Fahrt von und nach Indien jeweils günstigen Winde‹ verwendeten es die arabischen Navigatoren im Indischen Ozean. (3)

Schon 1512 tauchen, aus dem Arabischen entlehnt, (port.) »*moução* (do mês de Agosto)« und *monção* in Berichten von Afonso de Albuquerque auf, der als portugiesischer »Vizekönig« durch die Eroberung von Goa und Malakka sowie von Hormuz am Ausgang des persischen Golfes dazu beitrug, die arabischen Händler von der indischen Küste und – zumindest vorübergehend – auch aus dem Indienhandel zu drängen. Auch in der weiteren Wortgeschichte spiegelt sich die wechselnde Vorherrschaft der europäischen Kolonialmächte im indischen Raum: 1596 sind die niederländischen Wortformen *monssoyn*, *monssoen* belegt; aus ihnen entstanden (engl.) *monson* (»the times or seasonable windes called *Monsons*«, 1584) und daraus später die heutige Form (engl.) *monsoon* (1778). (Nhd.) *Monsun* ist wohl aus dem Englischen entlehnt, es scheint sporadisch schon ab dem 17. Jh. aufzutauchen, aber erst ab dem 19. Jh. größere Verbreitung gefunden zu haben. (4)

(1) Periplus 57, vgl. 7f., 11f., 16; Auboyer 100f.; (2) Müller 93f.; F. Braudel u. a. Die Welt des Mittelmeers, 1990, 51; Lombard, Blütezeit 222; Rodinson, Recherches 147ff.; Schivelbusch 14ff.; LM (*Araber*, 839, 847); (3) LM (*Vasco da Gama*, *Kompass*); EI (*maghnāṭīs*, *mawsim*, *mawlid*, *Ibn Mādjid*, *milāḥa*); G. Ferrand, Introduction à l'astronomie nautique arabe, 1928, 183ff., 204; H.-Ch. Freiesleben, Geschichte der Navigation, 1978, 41; Wehr 1401; Dozy II,805f.; (4) Machado (*monção*); De Vries (*moesson*); OED (*monsoon*); Pfeifer (*Monsun*).

Moschee

Moschee geht zurück auf (ar.) *masǧid*, eine Ableitung von (ar.) *saǧada* ›sich niederwerfen‹, und bezeichnet demnach den ›Ort, wo man sich (im Gebet vor Gott) niederwirft‹.

Masğid wird schon in vorislamischer Poesie im Sinn von ›Kultstätte‹ verwendet; in dieser Bedeutung erscheinen verwandte Wörter aber auch in anderen semitischen Sprachen; tatsächlich ist (ar.) *sağada*, wenn nicht sogar *masğid*, wohl aus dem Aramäischen abgeleitet. (1)

In frühislamischer Zeit war (ar.) *masğid* nach dem Vorbild des Hauses des Propheten Mohammed in Medina der Versammlungsort der Gemeinde, in dem gebetet, aber auch über anstehende Probleme beraten wurde. Der staatlich-administrative Bereich wurde früh, Lehre und Rechtsprechung teilweise erst in neuester Zeit aus der Moschee ausgelagert; die Bedeutung ›Versammlungsort‹ führte jedenfalls zu der Bezeichnung (ar.) »ğāmiʿ« (vom Verb ar. »ğamaʿa« ›sammeln, zusammenbringen‹), aus der später (tk.) »cami« wurde; mit ihr wurde seit dem 9. Jh. zunehmend die große Moschee bezeichnet, in der die Gemeinde sich zum (für Männer obligatorischen) Freitagsgebet versammelt. (2)

Modellhaften Charakter hatte auch die Anlage von Mohammeds Anwesen: Um einen ummauerten Hof waren Bauten gruppiert, auf einer Seite befand sich eine überdachte Laube aus Palmstämmen, »ṣuffa« (s. Sofa), in der das Ritualgebet vollzogen wurde. Sie war nach Jerusalem gerichtet, der Stadt, in der Abraham Isaak opfern sollte, Salomos Tempel stand und von wo aus Mohammed seine berühmte Himmelsreise zu Moses, Abraham, Jesus u.a. unternommen haben soll; als Mohammed aber in schärfere Auseinandersetzungen mit den Juden geriet, die ihn nicht als Propheten anerkannten, verlagerte er die Gebetsrichtung nach Mekka, zum Heiligtum der *Kaaba* (aus ar. *kaʿba*, eigentlich ›Würfel‹, nach der Form des Gebäudes), das einst Abraham erbaut haben soll. Die Gebetsrichtung (»qibla«) nach Mekka wurde dann konstitutiver Bestandteil aller Moscheen, angezeigt wird sie durch die Lage der Gebetsnische (»miḥrāb«), vor welcher der *Imam* (ar. *imām* ›Vorbeter, Anführer‹ zum Verb *amma* ›vorbeten‹)

das Ritualgebet leitet. Den Moscheen wurden bald auch Brunnen und Waschgelegenheiten wegen der zum Gebet notwendigen Reinheit angeschlossen (s. Hamam). In der zweiten Hälfte des 7. Jh.s wurden die ersten *Minarette* erbaut, Türme, von denen aus der *Muezzin* (aus ar. *mu'aḏḏin* ›Gebetsrufer‹) fünfmal täglich zum Gebet ruft, mit denen aber wohl auch die Überlegenheit der islamischen Moscheen über die christlichen Kirchen symbolisiert werden sollte. Ihre Vorbilder sind, je nach Region, vielfältig: römisch-griechische Wach- und Grabtürme, vermutlich auch der alte Leuchtturm von Pharos bei Alexandria. Dem Wort selbst liegt (ar.) *manāra* ›Ort des Feuers‹ zugrunde, das erhöhte Plätze für Signale in der Wüste (aber auch Kandelaber, wie im verwandten hebr. *m^enōrah* ›siebenarmiger Leuchter‹), dann Wach- und Leuchttürme am Meer u. a. und schließlich Moscheetürme bezeichnete. Seit der Erbauung des Felsendoms in Jerusalem Ende des 7. Jh.s wurden die Moscheen im übrigen auch zunehmend mit Kuppeln gekrönt (s. Alkoven), eine Bauweise, die später im Osmanischen Reich zu hoher Vollendung gelangte. (3)

Moscheen lernten die Westeuropäer wohl zuerst in den muslimischen Gebieten der spanischen Halbinsel kennen, seit Ende des 11. Jh.s sind dort aus (ar.) *masǧid* entstandene mittellateinische Formen wie *meschit(a)*, *mezquita* belegt; im »Cantar de mio Cid« taucht dann einige Jahrzehnte später (sp.) *mezquita* auf. Anfang des 14. Jh.s bezeichnet Dante, offenbar im Rahmen antiislamischer Polemik, mit (it., pl.) *meschite* Gebäudekomplexe, die durch das Höllenfeuer aus der Ferne rot glühend erscheinen. Interessanterweise steht nun in einer späteren Handschrift seines »Inferno« die Form *moschite*; auch anderswo tauchen ab Ende des 13. Jh.s von (mlat.) *muscheta* (Genua) über mfrz. *musquet(te)* (1351 oder 1410), (pl.) *musquées* (1457) bis zu it. *moschèa* (vor 1484) zunehmend Wortformen auf, in denen der erste Vokal *-o-* oder *-u-* statt *-e-* ist.

Man hat darin einen volksetymologischen Anklang an Formen vermutet, die sich aus (lat.) *muscus* ›Moschus‹ (s. Ambra) entwickelt haben, ein spezieller Moschusduft in Moscheen ist aber nicht nachweisbar. (4)

Im Deutschen erscheinen ab Mitte des 14. Jh.s vereinzelt Wortformen wie *misschida* und *meesgitt*, die noch aus den Wortformen mit *-e-* abgeleitet sind. Von seiner Reise im Jahr 1479 berichtet dann ein Jerusalempilger, er habe heimlich eine Kirche besucht, »dy dy heyden itzo zun einer *musckea* geprauchen« (anderswo spricht er von *muschea*); und hundert Jahre später ist der Plural *Moscheen* belegt, insgesamt Formen, die offenbar der neueren Bezeichnung *moschèa* der Italiener entstammen, auf deren Schiffen die Orientreisen im allgemeinen angetreten wurden. Die Endung *-ee* der heutigen Form Moschee (zuerst 1689) dürfte allerdings von (frz.) *mosquée* übernommen sein. (5)

(1) Wehr 552f.; EI (*masdjid, sadjda*); Jeffery 263f., 162f.; Koran 17,1, 18,20, 22,40 u.a.; (2) EI (a.a.O.); LM (*Moschee*); Wehr 200; Steuerwald (*cami*); (3) Wehr 1108, 39f., 17, 1327; EI (*manāra*); Encyclop. Judaica, 1971 (*menorah*); (4) Corominas/P. (*mezquita*); Corriente (*mesquita*); Niermeyer, Mediae Latinitatis Lexicon Minus, 2002 (*meschita*); Inferno VIII,70f., vgl. XXVIII,23ff.; Pellegrini Ar. 98f.; Rey (*mosquée*); Arveiller 370ff.; Cortelazzo/Z. (*moschèa*); Pfeifer (*Moschus*); (5) Tazi 266ff., 243f.; Wis 193ff.

Mumie

Das Wort *Mumie* geht zurück auf (ar.) *mūmiyāʾī*, später meist *mūmiyāʾ*. So heißt eine zähe, schwärzliche Flüssigkeit, über die schon der Mediziner aṭ-Ṭabarī (gest. um 865) schreibt: »*Mūmiyāʾī*-Substanz gewinnt man aus Quellen, genauso wie Pech und Naphta [eine Erdölart]«. Es handelt sich offenbar um eine Art Asphalt bzw. Bitumen, das aus der Erde austritt. Die berühmteste Quelle lag in Persien, aus ihr durften unter staatlicher Aufsicht nur abgemessene Mengen entnommen werden, berichtet der Naturforscher al-Bīrūnī (gest. um 1050), welcher im übrigen auch versucht, das arabische Wort vom persischen *mūm* ›Wachs‹ abzuleiten. (1)

Mūmiyā' war in der arabisch-islamischen Medizin ein sehr geschätztes, teures Heilmittel und wurde vielfältig genutzt, insbesondere bei Knochenbrüchen und Quetschungen, aber auch bei Blutspucken u. v. a. Seine Beliebtheit führte dazu, dass man auch an anderen Stellen des islamischen Gebiets ähnliche Substanzen suchte und fand, etwa das Bitumen am Toten Meer, das vielleicht schon der griechische Arzt Dioskurides im 1. Jh. n. Chr. bei seiner Beschreibung von (gr.) »ásphaltos« gemeint hatte und das der spanische Botaniker Ibn al-Baiṭār in der ersten Hälfte des 13. Jh.s unter der Bezeichnung (ar.) »qufr al-Yahūd« (›Judenpech‹) als eine der drei *mūmiyā'*-Arten erwähnt. Möglich ist, dass es sich bei einigen dieser Bitumen-Arten um Roh-Ichthyol handelt, das einen Wirkstoff enthält, aus dem heute verschiedene Präparate gegen Hautkrankheiten, Entzündungen u. a. hergestellt werden. (2)

Im westlichen Europa taucht (mlat.) *mumia* zuerst im Umkreis der Medizinschule von Salerno bei Neapel auf. Schon bei Constantinus Africanus (gest. um 1085), der das medizinische Wissen der Araber vermittelte, liegt möglicherweise aber eine neue Definition der Substanz vor. Später ist es eindeutig: »Mumie [mlat. *mumia*] ist, was in den Gräbern der einbalsamierten Leichen gefunden wird« (Salerno, Anfang 14. Jh.). In der Tat war bei der schon bald nach der muslimischen Eroberung Ägyptens zur Goldgewinnung einsetzenden Ausraubung von Gräbern in den konservierten Leichen eine Substanz entdeckt worden, die dem *mūmiyā'* ähnelte und deshalb beispielsweise bei dem jüdisch-spanischen Gelehrten *Maimonides* (latinisiert aus *Ibn Maimūn*, gest. 1204) als »Gräbermumie«, (ar.) *mūmiya qubūriyya* (so seine Schreibweise), bezeichnet wurde. Man schrieb ihr ähnlich medizinische Wirkungen zu wie der ursprünglichen *mūmiyā'* und verkaufte sie nach Europa, u. a. über Alexandria. Sie könnte ein Zersetzungs- und Oxidationsprodukt von Zedernöl sein, das schon in früher Zeit als Aromastoff den Leichen beim Konservierungsprozess beigegeben wurde; möglicherweise spielt auch Asphalt eine Rolle, mit dem man Leichen präparierte, allerdings wohl erst in römischer Zeit. Diese »echt ägyptische Mumie« (nlat. *Mumia vera Aegyptiaca*) entwickelte sich nun in Europa zum begehrten Allheilmittel, etwa wie der Alkohol (s. d.) oder das Elixier (s. d.), was dazu führte, dass man offenbar aus Leichen selbst entsprechende Substanzen herstellte. Bei dem schweizerdeutschen Arzt Paracelsus (gest. 1541) ist dann (nhd.) *Mumia* auch das, was die Krankheitsstoffe aus dem Körper zieht, ja sogar die »Lebenskraft« im Menschen. (3)

In seiner modernen Bedeutung ›eingetrocknete Leiche‹ ist das Wort offenbar zuerst in Europa verwendet worden, so in einem vereinzelten Beleg (mlat.) *mumia* aus dem 14. Jh. und dann häufiger im Italienischen (*mummia*) etwa ab dem Jahr 1500. Ob diese neue Bedeutung auch schon 1515 in der deutschen Übersetzung einer italienischen Reisebeschreibung »fyndt man die *mumia*, Das ist aussgedorret menschen flaysch, das braucht man in ertzney« vorliegt, ist unklar, eindeutig gemeint ist sie allerdings im Reisebericht des Samuel Kiechel, der 1585 in der Westminster Abbey in London die »*mommia*« einer englischen Königin entdeckt, die den »*mommia*« gleicht, welche er drei Jahre später in Ägypten zu sehen bekommt: »todte cörper, die … mehr dann ein tausentt jahr im sand gelegen, doch an allen glüdern ganz und unverwesen«. In dem Maße, wie die Verwendung des alten Heilmittels abnahm, blieb ›eingetrocknete Leiche‹ dann als einzige Bedeutung von (nhd.) *Mumie* (18. Jh.) übrig. (4)

(1) aṭ-Ṭabarī 405; EI (*mūmiyā'*); al-Bīrūnī, In d. Gärten d. Wissenschaft, 1991, 224f.; Wiedemann II,412; Steingass 1348ff.; (2) Dioskurides I,73; Dietrich 120; Ibn al-Baiṭār Nr. 2190; Hagers Hdb. d. Pharmazeut. Praxis, VI B, 1979 (*Schieferöle*); (3) Du Cange (*mumia*); Constant. Afric. 372; Rey (*momie*); Pellegrini Ar. 81; Lombard, Blütezeit 117; Schmucker 490f.; Moses Maimonides, Glossary, Hrsg. F. Rosner, 1979, 161; Heyd II,622f.; Nature Bd. 425, Okt. 2003, 784; Herodot II,86ff.; DNP (*Mumie*); LM (*Mumie, Panacee*); Zedler (*Mumie*); Schott 120; DF (*Mumie*); (4) Du Cange (a. a. O.); Cortelazzo/Z., Battaglia (*mùmmia*); Wis 197 m. Lit.; Tazi 268.

Musselin

Musselin ist ein einfach gewebtes, leichtes, flauschiges Textil, heute oft aus Wolle, früher meistens aus Baumwolle (s. Kattun). Die Bezeichnung beruht auf dem Namen der im Norden des heutigen Irak gelegenen Stadt *Mossul* (*Mosul*), hocharabisch *al-Mauṣil*, umgangssprachlich *al-Mūṣul.* Kurz nachdem die Araber um 645 n. Chr. die Gebiete Obermesopotamiens erobert hatten, errichteten sie am Ufer des Tigris eine Garnisonsstadt namens *al-Mauṣil*, wörtlich ›Ort der Verbindung‹ (wohl weil sich hier Arme des Tigris ›verbinden‹). Auf dem gegenüberliegenden Ufer des Tigris befanden sich die Ruinen der alten assyrischen Metropole Ninive, deren Einwohner der Prophet Jona(s) (ar. »Yūnus«) nach dem Zeugnis des Alten Testaments (und in der Folge auch des Korans) einst aufrief, Buße zu tun. Das Jonasgrab und der »Hügel der Buße« wurden daher eine bei Juden, Christen und Muslimen gleichermaßen beliebte Pilgerstätte. (1)

Wilhelm von Tyrus, ein Chronist der Kreuzzüge, erwähnt um 1190 mehrfach die »Metropole jener Region«, »die einst Ninive, jetzt aber *Musula* heißt«. Ein Jahrhundert später beschreibt Marco Polo das große »*Mosul*, bewohnt von Arabern, die Maomet [Mohammed] verehren, und von anderen Leuten [mit] christlichem Gesetz ...

Nestorianern und Jakobiten. Und all die Tücher aus Seide und Gold, die man *mosulin* nennt, werden dort gemacht. Auch die großen Kaufleute heißen *mosulin* … In den Bergen … leben … Kurden [»Curd«]. … Sie rauben die Kaufleute gerne aus«. Offenbar verstand Marco Polo unter (afrz.) *mosulin* einen Textilstoff aus Seidenbrokat, vielleicht mit einem Anteil von Baumwolle (tatsächlich wurde Baumwolle in der Umgebung von Mossul kultiviert). Vermutlich kannte übrigens Wolfram von Eschenbach die Chronik des Wilhelm von Tyrus. Wenn er allerdings im »Parzival« (um 1210) die Frauen auf der Gralsburg Gewänder von Seide aus Ninive tragen lässt, so soll die Nennung des Ortsnamens hier wohl eher Assoziationen an repräsentativen Luxus aus dem Orient wecken, als dass schon konkret der von Marco Polo geschilderte Stoff aus Mossul gemeint wäre. (2)

Sprachlich geht Marco Polos *mosulin* – vermutlich über ein kurz darauf bezeugtes (it.) *mosolino* – auf (ar.) *Mauṣilī* (›aus Mossul stammend‹) zurück. Dieses arabische Beziehungsadjektiv ist zum Beispiel in »1001 Nacht« gebräuchlich im Zusammenhang mit wertvollen Kleidungsstücken wie dem Umhang einer Dame oder dem Turban eines Wesirs, jedoch ist nicht sicher, ob dabei *Mauṣilī* ein bestimmtes Gewebe oder wie bei (ar.) »Baġdādī« (s. Baldachin) eher den Herkunftsort bezeichnet. (3)

Die Bezeichnung, mit der das Gewebe auf Mossul zurückgeführt wird, scheint in Europa erst um 1520 wieder aufzutauchen, diesmal, in veränderter Bedeutung, in einem lateinischen Beleg: »Das Gebiet *Almusoli* [aus ar. *al-Mūṣul*] … dort werden sehr schöne Baumwollgewebe gewebt, die bei Syrern und venezianischen Kaufleuten *mussoli* genannt werden.« In der Folgezeit wird mit (it.) *mussolino* (1674), *mussolina* (1706) und wohl daraus entlehntem, allerdings schon 1656 erwähntem (frz.) *mousseline* ein teurer, leichter Baumwollstoff bezeichnet, der im Osmanischen Reich beliebt war und gelegentlich auch aus

Indien importiert wurde, wo derartige Stoffe eine lange Tradition haben (s. Kattun). Im Deutschen wird aus dem Französischen entlehntes *Mousseline* erstmals 1715 in Amaranthes' »Frauenzimmer-Lexikon« beschrieben als »ein aus weißer Baum-Wolle sehr leicht und zart verfertigtes Gewebe, so dem Frauenzimmer zu Halßtüchern ... und anderem Putz dienlich ist«. 1771 ist dann (nhd.) *Musselin* belegt (»Ihre Kleidung war von weißen *Musselin* mit rothen Taft«). (4)

(1) Großes Textil-Lex. (*Musselin*); EI (*al-Mawṣil, Nīnawā*); Wehr 1404ff.; Jona 3; Koran 37,139ff.; Ibn Baṭṭūṭa, frz. 113ff. u. a.; (2) Kunitzsch 131f.; Marco Polo afrz. 17f., dt. 46; Lombard, Blütezeit 41; Lombard, Textiles 92; Parzival 235, vgl. 306, 14 usw.; (3) Rey (*mousseline*); Battaglia (*mussolino*); 1001 Nacht, 9. Nacht, dt. I,97, ar. I,56, 23. Nacht, dt. I,261, ar. I,176; (4) Cortelazzo/Z. (*mussola*); Battaglia (*mussolina*); Auboyer 111, 128; DF (*Musselin*).

Myrrhe

Myrrhe ist das aromatisch riechende, aber bitter schmeckende Harz von Sträuchern wie Commiphora myrrha bzw. abyssinica, die in Südarabien und an der gegenüberliegenden afrikanischen Küste vorkommen. Aus dem Altsüdarabischen stammt vermutlich auch die Bezeichnung des Harzes. In der Inschrift auf einem Sarkophag aus dem 3. Jh. v. Chr. ist der Plural *ʾmrrn* erhalten, die semitische Wurzel *m-r-rr* bedeutet allgemein »bitter sein«. Ob allerdings der schon in der zweiten Hälfte des 2. Jh.s an der östlichen Mittelmeerküste bezeugte Duftstoff *mr* tatsächlich Myrrhe im engeren Sinn war, ist nicht ganz klar; das gilt auch noch für das in den älteren Teilen des Alten Testaments (ab 900 v. Chr.) erwähnte (hebr.) *mōr*, welches beispielsweise zur Bereitung des heiligen Salböls (Ex. 30,23) verwendet wird. In der Folgezeit aber handelt es sich bei dem Harz, das zusammen mit dem ähnlichen

Weihrauch (s. Benzin) und Duftstoffen aus Indien der Weihrauchstraße entlang ans Mittelmeer transportiert wurde, sicher um Myrrhe, wohl schon im Hohenlied Salomos, wo (hebr.) *mōr* zusammen mit anderen Düften wie Safran (s. d.) die Anziehungskraft von Geliebter und Geliebtem versinnbildlicht, ganz gewiss dann aber im Buch Esther, wo Esther sich im Frauenhaus (s. Harem) des persischen Königs Ahasveros (Xerxes) wie ihre Konkurrentinnen einer sechsmonatigen Schönheitskur mit Myrrhenöl unterziehen muss, bevor sie zum König geholt wird. In Ägypten benutzte man Myrrhe nach dem Zeugnis des griechischen Historikers Herodot (gest. um 425 v. Chr.) zusammen mit Natron (s. d.) zum Einbalsamieren von Leichen, offenbar seiner bakteriziden Eigenschaften wegen. Wohl eher wegen seines Dufts wird es später bei der Grablegung Jesu verwendet. (1)

Um 600 v. Chr. schreibt die Dichterin Sappho auf der griechischen Insel Lesbos, dass der Hochzeitszug von Hektor und Andromache vom Duft des Rauchs aus Weihrauch, einer Zimtart und (gr.) *mýrra* begleitet worden sei, Aromastoffen, die offenbar zusammen mit ihren jeweiligen Bezeichnungen auf den Schiffen phönizischer Kaufleute ins Land gelangten. In hellenistischer und insbesondere in römischer Zeit wurde die Myrrhe, (lat.) *murra*, *mýrrha* (aus dem Griechischen), ein begehrter Bestandteil von Duftsalben. Ihre Kostbarkeit war auch der Grund, dass die Weisen aus dem Morgenland (gr. »mágoi«, also vermutlich Angehörige der persischen Priesterkaste der Magier bzw. Sterndeuter aus Mesopotamien) dem Jesuskind Myrrhe zusammen mit Weihrauch und Gold (oder Balsam, einem anderen Duftharz?) als Gabe dargebracht haben sollen. Üblich war es auch, Wein mit Myrrhe zu würzen: Ein solcher Wein wird Jesus am Kreuz angeboten; in medizinischem Zusammenhang taucht er aber auch noch 1485 in den Anweisungen des Mainzer »Hortus Sanitatis« (›Garten der Gesundheit‹) auf. Auch die Römer nutzten Myrrhe zu verschiedenen medizinischen Zwecken, beispielsweise, wie der Arzt Dioskurides schreibt, zum Kräftigen des Zahnfleisches. In ähnlicher Weise wurde die Myrrhe (ar. *murr*) später von den islamischen Arabern u. a. gegen Zahnfleischbluten und im europäischen Mittelalter gegen Entzündungen der Mundhöhle eingesetzt, was einigermaßen der heutigen Verwendung der Myrrhentinktur entspricht. (2)

(Lat.) *myrrha* aus der lateinischen Bibelübersetzung geht ins Althochdeutsche ab Ende des 8. Jh.s in der Form *mirra* (*murra*) ein. Im Mittelhochdeutschen wurde im 12./13. Jh. daraus *mirre*. Diese Wortform wurde in Deutschland bis ins 16. Jh. gebraucht. Dass sich dennoch, wohl ausgehend von Luthers Bibelübersetzung, die dem Griechisch-Lateinischen entnommene Form (nhd.) *Myrrhe* durchsetzte, mag damit zu tun haben, dass die Myrrhe als Duftstoff kaum mehr benutzt wurde, vorwiegend also in der kirchlichen Überlieferung und der Medizin auftauchte. Heute wird Myrrhe allerdings, ebenso wie Weihrauch, in der Parfümherstellung wieder verwendet. (3)

(1) Marzell I,1116f.; W. W. Müller, Namen von Aromata, in: Profumi d'Arabia, Hrsg. A. Avanzini, 1997, 197ff.; Schönig (*murr*); Masson 54ff.; Groom 221f.; Ohloff 65, 109; Hld 1,13, 4,13f. u. a.; Esther 2,12; Herodot II,86, III,107; Faure 36; Joh 19,39; (2) Sappho, Hrsg. M. Treu, 1976, 55b D,53 Masson (a. a. O.). Plinius 13,11ff.; Mt 2,1–12; Müller, Ar. Einflüsse 84; Faure 95f.; DNP (*Myrrhe*); Mk 15,23; Hortus Cap. 270; Dioskurides I,64; Ibn al-Baiṭār Nr. 2102; LM (*Myrrhe*); Frohne 193f.; (3) E. Seebold, Chronol. Wörterb. d. dt. Wortschatzes, 2001, 212; 53ff.; Lexer (*mirre*); Pfeifer, DWB, Zedler (*Myrrhe*); Groom (a. a. O.).

Natron

Unter *Natron* versteht man heute im allgemeinen Natriumhydrogenkarbonat ($NaHCO_3$). Beim Erhitzen und im Kontakt mit Säuren entwickelt es Kohlendioxid und wird deshalb als Backtreibmittel und Brausepulver verwendet. Durch seine alkalischen Eigenschaften neutralisiert es auch überschüssige Magensäure. Noch im 19. Jh. wurde mit *Natron* allerdings das verwandte Natriumkarbonat (Na_2CO_3) bezeichnet, das aus chemischer Sicht identisch mit Soda (s. d.) ist. (1)

(Nhd.) *Natron* geht zurück auf (ar.) *naṭrūn*, das selbst, vermutlich über (gr.) *nítron*, aus dem Ägyptischen entlehnt ist. Die Konsonantenverbindung *n-ṯ-r-j* (u. ä.) stand bei den alten Ägyptern für eine Mischung von Salzen, vorwiegend Na_2CO_3 und $NaHCO_3$, die am Ufer des Nils oder an bestimmten Seen gewonnen wurde. Wie der griechische Historiker Herodot (um 430 v. Chr.) bestätigt, verwendeten sie diese Substanz wohl wegen ihrer dehydrierenden Wirkung bei der Mumifizierung von Leichen (s. Mumie) und zu medizinischen Zwecken. Im Alten Testament ist (hebr.) *neṯer* erwähnt und bei den Römern diente (lat.) *nitrum* als Mittel zur Hautreinigung; in seiner »Naturgeschichte« beschreibt Plinius neben der medizinischen Wirkung und dem Gebrauch beim Säubern, Färben und Kochen insbesondere seine Rolle in der Glasherstellung, deren Ursprung er in Phönikien, etwa dem heutigen Libanon, vermutet. (2)

Im Arabischen ist *naṭrūn* Anfang des 10. Jh.s bei dem Arzt und Alchimisten Rhazes (latinisiert aus ar. »ar-Rāzī«) sicher belegt. Dieser führt es als eine Unterart von (ar.) »bauraq« (s. Bor) auf, ein Wort, mit dem unter anderem natriumhaltige Salze Ägyptens oder Armeniens bezeichnet wurden. Verwendet wurde es ähnlich wie in der Antike; seine enorme wirtschaftliche Bedeutung für das muslimische Ägypten ist bereits für die Mitte des 9. Jh.s bezeugt. (3)

Im Mittellateinischen taucht eine Form (mlat.) *natronum* schon im 12. Jh. in einem Rezeptbuch zur Herstellung von Farben auf; der Gelehrte Simon von Genua erklärt dann um 1290 (mlat.) *natron* als Wort aus dem Arabischen, das (lat./mlat.) *nitrum* entspreche. Nun begann sich aber zu dieser Zeit die Bedeutung von *nitrum* zu ändern. Mehr und mehr wurde das Wort verwendet, um den Salpeter (aus mlat. »sal petrae« ›Felsensalz‹ bzw. »sal nitri«) zu bezeichnen. Dieser war um die Mitte des 13. Jh.s in Europa bekannt geworden, vor allem wohl wegen seiner Wirkung als Bestandteil von Explosivstoffen, deren Kenntnis von den Chinesen vermutlich über die Araber in den Westen gelangt war. Zuerst in Feuerwerkskörpern und Raketen und ab dem 14. Jh., als man stabile Geschützrohre herstellen konnte (s. Kaliber), auch als Teil des Schießpulvers erlangte er immer größere Bedeutung. Im 16. Jh. wurde dann deutlich, dass *nitrum* ›Salpeter‹ nicht mehr dem antiken *nitrum*, dem Natriumsalz, entsprach. Der schweizerisch-deutsche Arzt Paracelsus behalf sich deshalb, indem er, um letzteres zu bezeichnen, 1526/27 auf das arabisch-mittellateinische Wort zurückgriff, das bei ihm erstaunlicherweise, weil sonst mittellateinisch nicht belegt, sogar mit dem arabischen Artikel (ar. *an-naṭrūn*) versehen ist: *anatron*, *anachtron* und *anathron* steht bei ihm vorwiegend für Natriumsulfat Na_2SO_4 und das ähnliche, zusätzlich Calcium enthaltende Glauberit. *Anatron* erscheint dann auch 1609 in einem chemisch-medizinischen Werk aus Frankfurt. Ab 1651 wird in französischen Reiseberichten das Salz Ägyptens, (ar.) *naṭrūn*, mit (frz.) *Natron* (latinisiert *Natrum* oder *Anatrum*) wiedergegeben; Zedlers Lexikon bezeichnet es 1732 als *Anatrum*, *Anatron*, *Natron*, *Natrum Aegyptiacum*, das zum Waschen, in der Glasherstellung und medizinisch verwendet werde. Die Form *Natron*, die sich im 19. Jh. in Deutschland durchsetzte, geht auf die Wortwahl des Chemikers Klaproth (1810) zurück. (4)

(1) Römpp 2831; Hollemann/W. 1182; (2) Wehr 1283; Frisk II,321; DNP (*nitrum*); EI (*naṭrūn*); Goltz 73, 165 ff.; Lüschen 283; Faure 36, 259; Herodot II,86 f.; Plinius 31,107 ff., 33,103, 36,191 ff.;

(3) Wiedemann I,698, 709; EI (a. a. O.); (4) Mappae Clavicula 57f., 12, 108; Arveiller 421ff.; Goltz 165ff.; Weimann 399; LM (*Salpeter*); Strube 82f.; Cobb 62, 76, 84; LM (*Pulverwaffe*); DF (*Natron*).

Orange

Mit *Orange* werden im Deutschen zwei Arten der ursprünglich aus Südostasien stammenden Zitrusgewächse bezeichnet: die süße Apfelsine (Citrus sinensis) und – sehr viel seltener – die *Bitterorange* oder *Pomeranze* (Citrus aurantium). Um sie geht es hier zuerst. Ihr Name stammt aus dem Altindischen. Das dort in den ersten Jahrhunderten n. Chr. bezeugte Wort *nāraṅga* ›Bitterorangenbaum‹ geht allerdings vermutlich noch auf ein älteres drawidisches Wort zurück, das beispielsweise im Tamilischen in der Form *nāṛattai*, *nāram* erscheint. (1)

Der arabische Gelehrte al-Masʿūdī (gest. 956) berichtet, dass der indische Orangenbaum Anfang des 10. Jh.s auf dem Seeweg über Oman am Persischen Golf in die arabische Welt gekommen sei. Das Wort für die Frucht, (ar.) *nāranǧ*, ist aber wohl über (pers.) *nārang* ins Arabische gelangt. Zuerst belegt ist es in Gedichten des Bagdader Prinzen Ibn al-Muʿtazz (gest. 908), der die Orange mit den Wangen junger Mädchen oder mit einem goldenen Poloball vergleicht. (2)

Der Baum wurde bald im gesamten islamisch dominierten Mittelmeerraum kultiviert. Der Orangengarten neben der Moschee von Córdoba, der auch heute zu besichtigen ist, soll Ende des 10. Jh.s angelegt worden sein. In Sizilien ist die Bitterorange Mitte des 12. Jh.s belegt bei ʿAbd ar-Raḥmān al-Aṭrābanišī, der am Hof des Normannenkönigs Roger II. in Palermo lebte. In einem Gedicht über einen prächtigen Park heißt es dort: »Die Orangen [*nāranǧ*] … lodern wie ein Feuer an Zweigen aus grünem Edelstein / Die Zitronen haben die gelbliche Blässe eines (unglücklich) Liebenden ...« Am meisten geschätzt wurde die Orange offenbar als Element der Gartengestaltung; in herrschaftlichen Gärten wurde der Baum aus dekorativen Gründen und wegen des Dufts seiner Blüten angepflanzt. Aber auch in der Küche wurde die Frucht verwendet, wenn auch vermutlich weniger als die verwandte Zitrone (s. Limonade): Man legte sie in Sirup (s. d.) ein und benutzte den Saft als Zutat zu verschiedenen Gerichten sowie zur Bereitung von Getränken. (3)

Die westlichen Europäer haben Baum und Frucht in Sizilien, im islamischen Spanien und auf den Kreuzzügen in Palästina kennen gelernt. Wie ihr Name sich ausgebreitet hat, ist nicht sicher geklärt. Ausgangspunkt scheint Sizilien zu sein, wo er spätestens 1170 in der mittellateinischen Form *arangia* auftaucht; ein italienisches *arancio* für den Baum ist Anfang des 14. Jh.s belegt. Der Vergleich mit gleichzeitig existierenden oberitalienischen Dialektformen wie venezianisch *naranza* zeigt, dass das *n-* des Anlauts offenbar für den Auslaut des unbestimmten Artikels gehalten worden war (**un narancio > un arancio*) und deshalb wegfiel. Aus geographischen Gründen liegt es nahe anzunehmen, dass der Name übers Provenzalische (*arange* in Avignon 1373) ins Französische (*orenge* 1393) gelangt ist. Allerdings ist schon 1200 *pume orenge* (›Orangenapfel‹) im normannisch-französischen Dialekt in England bezeugt; (frz.) *pomme d'orenge* (1314) ist wohl eine Übersetzung von (it.) *melarancia.* Auffällig ist das anlautende *o-* in den französischen Formen. Es ist vermutlich entstanden durch volksetymologische Anlehnung an die südfranzösische Stadt Orange (afrz. *Orenge*), über die angeblich Früchte importiert wurden. Ob auch eine Anlehnung an frz. *or* ›Gold‹ dabei schon eine Rolle gespielt hat, ist ungewiss. Deutlich wird der Einfluss der Farbe Gold jedoch in der Renaissance und im Barock, wo die Bitter- und später die Süßorangen mit den goldenen Äpfeln der Hesperiden aus den griechischen Sagen identifiziert wurden, was zu der an (lat.) *aurum* ›Gold‹ angelehnten botanischen Bezeichnung (nlat.) *Citrus aurantium* für die Bitterorange führte. (4)

Im Deutschen findet sich der Name Mitte des 14. Jh.s in einer Naturgeschichte in der aus dem Italienischen entlehnten Form *arans*; seit dem 15. Jh. ist die Bezeichnung *pomerantz(e)* u. ä. (aus mlat. *pomerancius* u. a., it. *pomarancia* ›Orangenapfel‹) belegt, aus der im Neuhochdeutschen schließlich *Pomeranze* wurde. Die Frucht selbst war zumindest in Deutschland kaum verbreitet; sie gelangte, wie die Zitrone, nur als teures Luxusobjekt aus Italien oder Spanien nach Norden. (5)

Eine neue Situation entstand im 16. Jh. durch die portugiesischen Entdeckungs- und Eroberungsreisen nach Asien. Zuerst wohl aus Indien, wo sie von dem arabischen Reisenden Ibn Baṭṭūṭa im 14. Jh. erwähnt wird, dann aus Südchina importierten die Portugiesen Pflanze und Frucht der Süßorange. Nach ihnen wurde sie in Italien auch *portogallo* und von dort im Osmanischen Reich (ar.) *burtuqāl*, (tk.) *portakal*, (ngr.) *portokáli* genannt. In West- und Mitteleuropa dagegen erfolgte die Bezeichnung eher nach der Herkunft, so im Botanikerlatein *Citrus sinensis*, (engl.) *China orange* und (ndl.) *appelsien*, *sinaasappel*. Die Frucht gelangte nun häufig über Amsterdam in norddeutsche Häfen wie Hamburg und wurde dort (ndd.) *Appelsina* genannt. Hochdeutsch setzte sich dann in Norddeutschland die Form *Apfelsine* durch. Im Süden Deutschlands dagegen wurde, wohl im Zuge der Mode der Orangerien, um 1700 aus dem Französischen die Bezeichnung *Orange* übernommen, die inzwischen auch auf die Süßorange übergegangen war. In der Folgezeit wurde die Apfelsine vor allem als Dessertfrucht und, etwa ab der Mitte des 20. Jh.s, als vitaminreicher Saftspender wichtig. (6)

Die Bitterorange, also Pomeranze, dagegen erhielt ab der Renaissance eine neue Bedeutung durch den Gartenbau. Nach dem Vorbild italienischer Gartenanlagen, die wahrscheinlich die Tradition des arabischen Siziliens aufgenommen hatten, wurden in Deutschland seit dem 16. Jh. fürstliche Gärten mit Pomeranzenalleen bestückt, wobei die Bäume des kälteren deutschen Klimas wegen zumeist in Kübeln gehalten wurden und im Winter in überdachte Gewächshäuser gestellt wurden, die man *pomeran(t)zenhaus* bzw. Anfang des 18. Jh.s auch *Orangerie* (nach frz. *orangerie* 1605) nannte und in die barocken Schloss- und Gartenanlagen integrierte. Ende des 18. Jh.s war allerdings die große Zeit der Orangerien vorbei; das Interesse galt nun den Landschaften selbst, in denen die Zitrusfrüchte wachsen: Goethes Mignon möchte (1782/96) nach dem Land ziehen, »wo die Zitronen blühn / Im dunkeln Laub die *Goldorangen* glühn«, und Eichendorffs Taugenichts will (1826) »nach Italien, wo die *Pommeranzen* wachsen«. Die zweite Bezeichnung wird hier allerdings schon etwas ironisch gebraucht; die Pomeranze selbst geriet nämlich in Deutschland allmählich in Vergessenheit; ihr Name ist heute fast nur geläufig in der aus dem 19. Jh. stammenden, vermutlich der Studentensprache entlehnten, abschätzigen Bemerkung *Landpomeranze* für ein »rotbackiges Mädchen vom Lande«. (7)

Wenig bekannt sind andere Verwendungen der Pomeranze: Im 17. und 18. Jh. wurde Orangenblütenwasser, wie schon bei den Arabern, zur Verfeinerung von Speisen verwendet; das aus den Blüten der Pomeranze hergestellte Neroliöl bildet zusammen mit anderen Ölen aus Zitruspflanzen auch die Grundlage des Eau de Cologne, das etwa ab 1700 zuerst von dem Italiener Paul Feminis und dann von Giovanni Maria Farina in Köln hergestellt wurde und sich in der Folgezeit großer Beliebtheit erfreute (s. Ambra). Kandierte Pomeranzenschale nennt man *Orangeat* (aus frz. *orangeat*, 1398, zuerst wohl eine Art Fruchtmus); aus ab dem 17. Jh. aus Südspanien importierten Pomeranzen (engl. *Seville orange* 1593) wird die englische Orangenmarmelade »marmalade« hergestellt; und schließlich ist das ätherische Öl von Pomeranzenarten Bestandteil diverser Liköre wie Curaçao oder Cointreau. (8)

Das von der Farbe der Frucht abgeleitete Adjektiv schließlich, im Deutschen seit Anfang des 17. Jh.s *orange* (aus frz. *orange* 1553), hat in den Niederlanden und in Großbritannien eine eigentümliche Verwendung erfahren. In den Sprachen beider Länder ist es nämlich lautgleich mit der Bezeichnung des Fürstenhauses der Oranier, (ndl.) *Oranje* bzw. (engl.) *Orange*. Dieser Name wieder ist abgeleitet von der erwähnten südfranzösischen Stadt *Orange*. Diese ist wohl keltischen Ursprungs; bei den Römern hieß sie *Arausio*, woraus im Mittelalter *Orenga*, *Orenge* wurde. Ab dem 12. Jh. bildete sie das Zentrum eines kleinen Fürstentums, das 1530/44 an das Haus Nassau fiel, welches sich in der Folge nach diesem Fürstentum (nhd. *Oranien*) benannte. Zwei Mitglieder dieses Hauses, das zum Protestantismus übergetreten war, wurden als Wilhelm III. 1688 König von England bzw. als Wilhelm I. 1815 König der Niederlande. Mit Sicherheit ist es ein Resultat dieser Tatsache, dass – wegen der Namensgleichheit – zum einen die holländische Fußballmannschaft und ihre Anhänger heute im orangefarbenen Dress auftreten, zum andern die Mitglieder der 1795 in Nordirland zur Bekämpfung der Katholiken gegründeten und nach Wilhelm III. benannten Gesellschaft der (engl.) *orangemen* auf ihren jährlichen Umzügen orangefarbene Abzeichen tragen. (9)

(1) Die goldenen Äpfel 15, 28, 42; Watson 42f.; Mayrhofer III,287; (2) al-Mas'ūdī II,438f., VIII,336; Hehn 452f.; Wehr 1240; Steingass 1371; EI (*nārandj*); (3) Watson 45ff.; G. Crespi, Die Araber in Europa, 1992, 303; EI (a. a. O.); Heine 67ff.; Rodinson, Recherches 131–146; (4) Du Cange (*arangia*); Pellegrini Ar. 117; Battaglia, Cortelazzo/Z. (*arancio*); Rey (*orange*); FEW (*nāranğ*); De Mauro (*melarancio*); Goldene Äpfel 49f.; Genaust (*aurantium*); (5) Kretschmer 84ff.; Diefenbach 446b; De Mauro (*pomarancia*); LM (*Südfrüchte*); Baxa/Bruhns 12; (6) Watson 49; Ibn Baṭṭūṭa, frz. 188,

ar. 407 f.; Kretschmer (a. a. O.); De Mauro (*arancio*); EI (a. a. O.); OED (*orange*). De Vries (*sinaasappel*); Kluge, Pfeifer (*Apfelsine*); Brunt 399 f., Rey (a. a. O.); (7) Encycl. Britannica (*Garden and Landscape*, 663 f.); Goldene Äpfel 66 ff.; Rey, Brunt (a. a. O.); Pfeifer (*Orange*); Wilh. Meisters Lehrjahre III,1; Taugenichts, Anfang 3. Kap.; DF, Pfeifer (*Pomeranze*); (8) Moulin 73, Ohloff 243, 260 ff.; Goldene Äpfel 28 ff.; Groom 101 f.; Rey (a. a. O.); OED (*orange*); Küster 177; Pini 177, 188; (9) Rey (a. a. O.); Jones 470; OED (*Orange*); De Vries (*Oranje*); E. Nègre, Toponymie, 1990, Nr. 1173; LM (*Orange*).

Papagei

(Nhd.) *Papagei* geht zurück auf (ar.) *babbaġā'* (*babġā'*), ein Wort, über dessen bis heute ungeklärte Herkunft sich offenbar schon früh arabische Philologen Gedanken gemacht haben. Der Universalgelehrte al-Ǧāḥiẓ (gest. um 868) jedenfalls meint in seinem »Buch der Tiere«, mit ihm würden die Laute nachgeahmt, die der Vogel von sich gibt (vgl. Berber, s. Berberitze). (1)

Bis ins hohe Mittelalter kannte man im Mittelmeerraum anscheinend nur Papageien aus dem indischen Subkontinent. Dort sind sie in den ersten Jahrhunderten n. Chr. vielfach bezeugt, Liebespaare aus vornehmen Kreisen sollen sich beispielsweise über Papageien Botschaften übermittelt haben. Aber schon in den Jahrhunderten nach den Zügen Alexanders d. Gr. (um 330 v. Chr.) gelangte der Papagei über hellenistische Herrscherhöfe ins Römische Reich, wo er als Luxusobjekt gehalten wurde. Der Naturforscher Plinius (gest. 79 n. Chr.) beschreibt einen grünen (lat.) »psittacus« (nhd. »Sittich«) aus Indien, offenbar den Halsband- bzw. Kleinen Alexandersittich, dem man durch Schläge auf den Kopf das Sprechen beibringen könne – eine im Mittelalter in Europa wieder kolportierte Aussage. (2)

In der islamischen Welt waren unter dem Namen *babbaġā'* rote und grüne, später auch weiße Arten bekannt, die zuerst aus Indien, dann auch aus Afrika eingeführt wurden. Die Beliebtheit des Vogels ist beispielsweise daraus ersichtlich, dass ein Literat namens ʿAbd al-Wāḥid unter dem Spitznamen (ar.) *al-Babbaġāʾ* bekannt und gefeiert wurde. (3)

Die westlichen Europäer lernten den Papagei offenbar auf den Kreuzzügen kennen. Tatsächlich ist sein Name auch zuerst im Altfranzösischen, der Verkehrssprache der Kreuzfahrer, belegt. Die letzte Silbe von (afrz.) *papegai* (12. Jh.) ist dabei vermutlich an (afrz.) *gai/jai* ›Eichelhäher‹ oder an (afrz.) *gai* ›fröhlich, bunt‹ volksetymologisch angeglichen. Den Anfangskonsonanten *p-* statt des *b-* von (ar.) *babbaġāʾ* hat man auf byzantinische Vermittlung zurückgeführt. (Byz-gr.) *papagâs* ist aber erst im 14. Jh. belegt. Es könnte allerdings der Ursprung von (it.) *pappagallo* (vor 1292) sein. (4)

Der erste deutsche Beleg stammt etwa aus dem Jahr 1210. In Gottfrieds von Straßburg »Tristan« wird beschrieben, wie Isolde im Festgewand auftritt »gestreichet alse ein *papegân*« (›zurechtgemacht wie das Federkleid des Papageien‹, der damals als exotischer Luxus galt). Die Wortform mit der Endung *-ân*, die auch noch in den nächsten Jahrzehnten auftaucht, könnte dabei auf eine mittellateinische Form zurückgehen (etwa um dieselbe Zeit ist ein vermutlich den Vogel bezeichnendes mlat. *papagen* belegt). In der folgenden Zeit wird der Vogel mit zahlreichen aus dem Altfranzösischen übernommenen Wortformen wie (mhd.) *papagey(e)*, *papagauwe* bezeichnet, war aber immer noch wohl nur aus Berichten aus dem Orient bekannt. Eine Ausnahme stellen die zwei Papageien dar, die in dem um 1247 von Kaiser Friedrich II. in Latein verfassten, vom Standpunkt der heutigen Vogelkunde erstaunlich modern anmutenden Buch »Die Kunst des Jagens mit Vögeln« (s. Gazelle) abgebildet sind und von denen der weiße Kakadu wohl derjenige ist, der ihm nach eigener Aussage vom Sultan von Ägypten geschenkt wurde.

Erst etwa ab Mitte des 14. Jh.s wurden Papageien dann auch importiert und an Fürstenhöfen gehalten, 1421 ist ein Papageienwärter (*custos papagalli*) im Vatikan erwähnt. (5)

Die Entdecker und Eroberer Amerikas trafen auf viele neue Papageienarten. Schon bei seiner ersten Begegnung mit amerikanischen Ureinwohnern tauscht Kolumbus, wie er am 11. Oktober 1492 in seinem Reisetagebuch notiert, Papageien gegen Glaskügelchen und Glöckchen ein; am 21. Oktober beschreibt er anderswo »Scharen von Papageien«. Sie galten als so charakteristisch zumindest für Teile der Neuen Welt, dass der Geograph Martin Waldseemüller, der den Namen »Amerika« prägte, in seiner »Carta marina« von 1516 »Brasilia sive *terra Papagalli* [Brasilien oder Papageienland]« eintrug. Zedlers Lexikon von 1740 beschreibt dann den *Papagey* als einen »ausländischen Vogel, so mehrentheils aus America zu uns gebracht, aber auch in Africa und Indien gefunden wird«. Die Schreibweise (nhd.) *Papagei* setzte sich im 19. Jh. durch. (6)

(1) Wehr 63; R. Blachère u. a., Dictionnaire Arabe ..., 1964ff., I,358; al-Ǧāḥiẓ IV,516, vgl. Corominas/P. (*papagayo*) (2) EI (*babbaghā'*); Auboyer 180, 297f., 346; DNP (*Papagei*); Plinius 10,117f.; Grzimek VIII,280f., 320; LM (*Papagei*); (3) EI (*al-Babbaghā'*); (4) Rey (*papegai*); FEW (*babbaġā*); Tobler/L. (*papegai, gai, jai*); Tazi 304; Reallex. Byz. 395; Cortelazzo/Z. (*pappagallo*); (5) Tristan 10995; L. Okken, Kommentar z. Tristan-Roman, 1996, 179, 444; Du Cange (*papagen*); Lexer (*papegân*); The Art of Falconry, Hrsg. C. A. Wood u. a., 1943/1961, I,23ff., 59, 62, 77; Hist. Jahrbuch d. Görres-Gesellsch. 26, 1905, 946; (6) Tazi 217.

Razzia

Am Anfang der Wortgeschichte steht (ar.) *ġazw* bzw. *ġazwa* ›Raubzug, Beutezug‹. In seiner ursprünglichen Bedeutung bezeichnet es eine Sitte der arabischen *Beduinen* (aus ar. *badawī*, pl. *badawiyyūn*, *-īn* ›Wüstenbewohner‹), die schon in vorislamischer Zeit bezeugt ist und sich stellenweise bis in die jüngste Zeit gehalten hat: Zur Sicherung der Existenz des eigenen Stammes, die durch Trockenheit oder Viehseuchen immer wieder bedroht war, aber auch in einer Art sportlichem Wettbewerb, wurden möglichst unblutige kurze Überfälle unternommen, um von einem anderen Stamm Kamele, Nahrungsmittel u. a. zu erbeuten. Wenn eine solche *ġazwa* nach bestimmten Regeln, insbesondere ohne Blutvergießen ablief, galt sie durchaus als ehrenhaft. (1)

In der Prophetenbiographie von Ibn Isḥāq (gest. um 767) werden auch die Feldzüge des Propheten Mohammed auf der Arabischen Halbinsel *ġazwa* genannt, später heißen so auch die Expeditionen oder Beutezüge gegen Ungläubige an den Grenzgebieten des islamischen Reiches. Die Schlacht von Tours und Poitiers im Jahre 732 beispielsweise, oft dargestellt als Verteidigung des Abendlands, scheint aus muslimischer Sicht eher den Charakter einer solchen *ġazwa* gehabt zu haben. (2)

Der Teilnehmer einer *ġazwa*, insbesondere aber einer, der sich dabei ausgezeichnet hatte, wurde (ar.) *ġāzī* genannt. Schon ab dem 9. Jh. sind in den östlichen Provinzen im persischen Raum und in den Grenzgebieten zum Byzantinischen Reich Gruppen von bewaffneten Kriegern bezeugt, die Überfälle auf Karawanen und Ortschaften ausübten oder lokalen Herrschern als Söldner dienten, und die ebenfalls *ġuzāt* (pl. von *ġāzī*) genannt wurden. Aus dem Osten eingewanderte türkischstämmige *ġuzāt* haben im 11. und 12. Jh. einen großen Anteil an der Eroberung Anatoliens gehabt. Wohl deshalb war (osm.-tk.) *gāzī* (tk. *gazi*) von Beginn an ein Ehrentitel, den die Osmanenherrscher trugen (zuletzt übrigens auch *Gazi* Mustafa Kemal, später Atatürk genannt, der die heutige türkische Republik begründete). (3)

In einer »Beschreibung [Nord-]Afrikas« taucht 1573

(sp.) *Gazia* auf; ähnlich wie das wohl daraus abgeleitete, ab 1667 bezeugte (frz.) *Gazie* wird es in den Belegen, nicht ganz korrekt, als ›Krieg gegen die Christen‹ erklärt. Beide Wortformen beruhen auf einer Dialektform *ġāzya* aus dem nördlichen Afrika, die dem hochsprachlichen (ar.) *ġazwa* entspricht. Ab 1830, bei der Eroberung Algeriens, lernten die Franzosen die Raubzüge der Wüstenstämme dann genauer kennen und gaben sie mit (frz.) *razia* (1836), *razzia* (1840) wieder (mit *r-* statt *g-*, weil das französische *r-* inzwischen nicht mehr mit der Zungenspitze, sondern im hinteren Gaumen artikuliert wurde und daher einigermaßen dem Lautwert von ar. *ġ-* entsprach). Schon 1841 erscheint aber (frz.) *razzia* auch in einer übertragenen, auf Pariser Verhältnisse bezogenen Bedeutung als ›Festnehmen oder Ausschalten der gefährlichen Männer im Gefängnis‹. In der Bedeutung ›Ausschalten (kritischer Geister in Frankreich)‹ ist (nhd.) *Razzia* ab 1857 und als ›Fahndungs- oder Festnahmeaktion der Polizei‹ usw. ab 1870 im deutschen Sprachgebrauch bezeugt. (4)

(1) Wehr 915, 74; EI (*ghazw*); LM (*Razzia*); (2) EI (*maghāzī*); Cardini 21 f., 32 f.; Lombard, Blütezeit 198, 202; A. Noth, in: U. Haarmann (Hrsg.), Geschichte d. arab. Welt, 1987, 60; (3) EI (*ghāzī*); Devellioğlu (*gazî*); Steuerwald (*gazi*); (4) Arveiller 124 f.; Tazi 218; Rey, Trésor (*razzia*); Littmann 67; DF (*Razzia*).

Ries

(Nhd.) *Ries* ist ein Fachausdruck aus der Druckersprache, mit dem man heute abgepackte Lagen von 250–1000 Papierbögen bezeichnet.

Papier wurde nach chinesischer Überlieferung erstmals im Jahr 105 n. Chr. hergestellt. Die Rezeptur soll den Arabern 751 nach der Schlacht bei Ṭalas/Ṭarāz im heutigen Kasachstan durch chinesische Kriegsgefangene übermittelt worden sein. Über die damalige Provinzhauptstadt Samarkand jedenfalls verbreitete sich die Herstellung von Papier sehr rasch in den islamischen Gebieten, vor allem, da es sehr viel billiger war als die bisher üblichen Schreibmaterialien, der ägyptische Papyrus und das Pergament. Ende des 8. Jh.s wurde es unter der Regierung des Kalifen Hārūn ar-Rašīd offizielles Schreibmaterial in den Behörden; um diese Zeit soll auch die erste Papiermühle Bagdads errichtet worden sein. Das Papier bildete die materielle Grundlage der arabisch-islamischen Schriftkultur, die im 9. Jh. unter der Parole des »Wissensdurstes« (»ṭalab al-ʿilm«) aufblühte und sich beispielsweise in einer umfangreichen wissenschaftlichen Übersetzungstätigkeit, im Aufschwung des Buchhandels und der Einrichtung zahlreicher, teilweise riesiger Bibliotheken äußerte – allesamt selbst wieder Hinweise auf eine vergleichsweise hohe Alphabetisierungsrate. (1)

Eines der Wörter, die sich mit dem Gebrauch des Papiers verbinden, ist (ar.) *rizma*. Ursprünglich bezeichnete es ein Bündel, einen Packen oder Ballen, beispielsweise von einem Kleiderstoff. Aus dem 13. Jh. wird dann ein Bericht über einen Mann zitiert, der »ein Buch schrieb, so dick, dass die Packen [ar. pl. *rizam*] von Papier, aus denen es bestand, einer Kamellast entsprachen«. In dieser Bedeutung wurde das Wort in die Sprachen des westlichen Europa übernommen, wo ab Ende des 11. Jh.s aus den muslimischen Ländern importiertes Papier allmählich in Gebrauch kam, aber erst ab 1283 in Fabriano bei Ancona die erste, technisch offenbar schon recht weit entwickelte Papiermühle sicher bezeugt ist. Ein Jahr später taucht auch (mlat.) *risma* als ein Papiermaß in einem Codex aus Messina auf. Dante scheint (it.) *risma* Anfang des 14. Jh.s noch in der ursprünglichen, allgemeineren oder in übertragener Bedeutung zu verwenden: In seiner »Göttlichen Komödie« beschreibt er einen »*risma* [›Haufen‹?]« von Menschen um den Propheten Mohammed und seinen Schwiegersohn Ali in der Hölle, deren Körper von einem Teufel stets aufs Neue in zwei Teile gespalten werden, weil sie »Stifter von Zank und Zwietracht« waren. In der Folgezeit hat (it.) *risma* dann aber stets die Bedeutung ›Lage von Papierbögen‹. Ins Deutsche wurde das Wort etwa zeitgleich mit der Errichtung der ersten Papiermühle in Nürnberg übernommen: »5 guld[en] umb ein grose *rizz* papiers« heißt es 1384 in einer Städtechronik. Andere Nebenformen aus dieser Zeit sind *riz* oder *rist*, die heutige Form *Ries* ist erst Mitte des 18. Jh.s bezeugt. (2)

Auch in Europa hatte die Papierproduktion weitreichende Folgen: Sie erleichterte die Handelsgeschäfte, und in Verbindung mit der Erfindung des Buchdrucks durch Gutenberg Mitte des 15. Jh.s ermöglichte sie in der Folgezeit die massenweise Verbreitung der neuen Ideen und Ansätze von Humanisten, Reformatoren und Naturwissenschaftlern sowie der Kenntnisse über die entdeckten und eroberten Länder aus anderen Teilen der Welt. Die Herstellung von Papier bildete schließlich auch die Grundlage für die Verbreitung der Spielkarten, deren Existenz im westlichen Europa ab Ende des 14. Jh.s vor allem durch Verbote der Behörden wegen Glücksspiels bezeugt ist (s. Hasard). Ein Packen Spielkarten aus dem Ägypten des 14. Jh.s, deren Symbole bzw. »Farben« nahezu identisch sind mit den heute noch in Italien und Spanien gebräuchlichen, liefert unter anderem ein Indiz dafür, dass sie Europa mit einer gewissen Wahrscheinlichkeit über die muslimischen Gebiete erreicht haben. Ob sie dorthin aus Indien gelangt sind, wo das Spiel vielleicht mit den Urformen des Schachs (s. d.) zusammenhängt, ist allerdings ungeklärt. (3)

(1) LM (*Papier*); EI (*djild*, *kāghad*, *ḳirṭās*, *madrasa*, *maktaba*); Lombard, Blütezeit 193 ff.; Lombard, Textiles 204 f.; (2) Wehr 467, Lane 1077 f.; Dozy/Engelmann 333 f.; Caracausi 319; Inferno XXVIII,39; Cortelazzo/Z. (*risma*); DWB (*Ries*); (3) LM (*Spiel-*

karten); H. Rosenfeld, Deutsche Spielkarten aus 5 Jahrh., 1964, 37 ff.; Vernet 282, 422, L. A. Mayer, Mamluk playing cards, 1971, 3 ff.; Corominas/P. (*naipe*); Corriente (*naip*); Petzold 24.

Rochade

Das Wort (nhd.) *Rochade* ist ein Fachausdruck aus dem Schachspiel mit der Bedeutung ›Stellungstausch zwischen König und Turm auf der Grundlinie‹. Dieses Manöver in seiner heutigen Form entstand vermutlich im 17. Jh. in Italien. Es steht im Zusammenhang mit einer grundlegenden Neuerung im Schachspiel, die sich ab dem Ende des 15. Jh.s durchsetzte: Zwei Figuren, die bisher nur kleinschrittig agierten, wurden durch Vergrößerung ihres Aktionsradius zur modernen Dame bzw. zum Läufer. Diese Reform bedeutete aber, dass der König, nunmehr die relativ schwächste Figur nach den Bauern, zusätzlich geschützt werden musste – beispielsweise durch die Rochade. (1)

Das Wort wurde mit französisierender Endung *-ade* zum Verb (nhd.) *rochieren* gebildet. Dieses wurde Anfang des 19. Jh.s nach französischem Vorbild vom Substantiv (nhd.) *Roche* abgeleitet, mit dem noch 1779 in Lessings »Nathan der Weise« die Schachfigur des Turms (von Sultan Saladin) bezeichnet wird (»denn so bekam der Roche Feld«). (2)

Die Wurzeln von *Roche* liegen im altindischen Schachspiel. Dort war eine der vier Formationen des Heers, die sich neben dem König und seinem Berater auf dem Spielbrett wiederfanden, die Abteilung der Streit- oder Kampfwagen, (aind.) *rátha* (ein Wort, das innerhalb des indoeuropäischen Beziehungsgeflechts mit (nhd.) *Rad* verwandt ist). Als die Perser um 600 das Schachspiel von den Indern kennen lernten, bezeichneten sie diese Figur mit dem Wort (mpers.) *raẖ(v)* ›Wagen‹ (aus apers. *rata*). Dieses

Wort oder die neupersische Form *roḫ(ḫ)* liegt wiederum der arabischen Bezeichnung *ruḫḫ* zugrunde, unter der die Araber die Schachfigur übernahmen. (Möglicherweise hat auch der Name des sagenhaften Riesenvogels *Ruch*, (ar.) *ruḫḫ*, von dem Sindbad in »1001 Nacht« berichtet, auf die Wortform eingewirkt.) Nun waren aber die Kampfwagen etwa seit dem 7. Jh. aus dem indischen Heer verschwunden, die Araber konnten deshalb trotz ihrer Kontakte zu Indien kaum mehr eine konkrete Vorstellung mit der Spielfigur verbinden und interpretierten sie meist als ›Anführer des Heeres‹ oder ähnliches. (3)

Die westlichen Europäer übernahmen das Schachspiel ab Ende des 10. Jh.s. Die Spielfigur des heutigen Turms ist dabei zuerst im Altfranzösischen um 1170 unter der Bezeichnung *roc* bezeugt; vermutlich übers Mittelniederländische *roc*, *roch* erreichte die Bezeichnung um 1200 das Mittelhochdeutsche. Einer der ersten deutschen Belege findet sich dabei im »Parzival« Wolframs von Eschenbach. Dort versuchen die Schwester eines Königs und Gawan, der zweite Held des Romans, sich gegen eine anrückende Meute dadurch zu verteidigen, dass sie »*schâchzabelgesteine*« (›Schachspielfiguren‹), »künic oder *roch*« als Wurfgeschosse einsetzen. (4)

Mehr noch als bei den Arabern unterlag die Figur in Europa den verschiedensten Deutungen: Im spanischen Schachbuch von Alfons dem Weisen (1283) wird sie mit einer »Schlachtreihe der Ritter« verglichen; in England und Italien beispielsweise als »Statthalter des Königs« angesehen und in Deutschland u. a. »Richter« oder »Vogt« genannt. Ab dem 16. Jh. taucht dann, zuerst vereinzelt, in einzelnen Landessprachen der Begriff »Turm« auf, der sich als Bezeichnung im Deutschen aber erst im 19. Jh. durchsetzt. Mehrere Faktoren haben wohl zu der eigentlich paradoxen Vorstellung eines wandelnden Turms beigetragen: Zum einen die in Europa anfangs meist quaderförmige Ausformung der Schachfigur, die von den (wegen des islamischen Bilderverbots) relativ abstrakten arabischen Figuren übernommen war; außerdem könnten die romanischen Abkömmlinge von (mlat.) *rocca* etc., das nicht nur ›Felsen‹, sondern auch ›Burg (auf einer Anhöhe)‹ bedeuten konnte, die Phantasie beflügelt haben. Zudem spielt Folgendes eine Rolle: Vom 16. bis zum 18. Jh. wird die Figur häufig als »Elefant« bezeichnet und als Elefant mit oder ohne Turmaufbau dargestellt. Ein turmartiger Aufbau auf Elefanten, in dem sich Soldaten aufhielten, war aber in der Renaissance nicht nur aus den Berichten über römische Triumphzüge, sondern seit Marco Polo (1298) auch aus Indien bekannt. (5)

(1) Petzold 147, 160; Maßmann 37f.; (2) Tazi 299; Rey (*roquer*); Maßmann (a. a. O.); Zedler (*Roche*); Nathan II,9; (3) Auboyer 360f.; Petzold 15ff.; Mayrhofer II,429; MacKenzie 70; Steingass 571; G. Bossong, ZRPh 94, 1978, 58ff.; EI (*rukhkh*); 1001 Nacht, Anfang 556. Nacht, dt. IV,162; Wieber 243; (4) Rey, Tazi, Maßmann (a. a. O.); Parzival 408; (5) Alfonso 14ff.; Petzold 119, 140, 150; Huguet (*roc*); OED (*tower, castle*); Tazi, Maßmann (a. a. O.); H. u. S. Wichmann, Schach, 1960, 21, 58; Du Cange (*rocca*); Zedler (a. a. O.); Plinius 8,22; Marco Polo dt. 201f., afrz. 121.

Safari

Unter (nhd.) *Safari* versteht man heute eine kleine Expedition, meist in Autos oder Bussen, in der Großwild in (Ost-)Afrika gejagt oder fotografiert wird. In seinem Buch »Fahrten und Fährten« (1960) vergleicht Hans Schomburgk, der seit 1898 Afrika bereiste, etwas melancholisch die moderne Safari mit seinen eigenen ersten Safaris, damals Forschungsreisen bzw. Elefantenjagd zu ihrer Finanzierung. Er definiert dabei die ostafrikanische Safari, ›Reise‹ in der Sprache der Einheimischen, im ursprünglichen Sinn als »Überlandmarsch mit Hilfe einer Trägerkolonne, die Art der Reise eben, wie sie früher …

unter den gegebenen Umständen allein möglich gewesen ist«. Der erste Beleg von *Safari* im Deutschen findet sich allerdings nicht bei ihm, sondern im Bereich des Militärischen. Im Jahr 1916, als deutsche Truppen gegen die Briten um den Besitz der Kolonien Ostafrikas kämpften, dichtete Anton Aschenborn im »Lied der deutschen Schutztruppen«: »Wie oft sind wir geschritten / Auf schmalem Negerpfad ... Wie lauschten wir dem Klange / Dem altvertrauten Sange / Der Träger und *Askari* / Heia, heia *Safari*«. Der Ausruf »Heia *Safari*!«, in einer Fußnote erklärt als »der Ruf, mit dem die Führer ihre schwarzen Soldaten (Askari) auf dem Marsche anzufeuern pflegten«, ist auch der Titel des Buchs, in dem General von Lettow-Vorbeck 1920 »Deutschlands Kampf in Ostafrika .. der deutschen Jugend« erzählt. (1)

Ob (nhd.) *Safari* aus dem Englischen übernommen ist, wo *safari* schon 1860 in dem merkwürdigen Beleg »*Safari*! *safari* los! A journey, a journey to-day« möglicherweise im Zusammenhang mit Expeditionen von Forschern wie Livingstone erscheint, ist ungewiss. Wie auch *Askari* entstammt das Wort jedenfalls der Swahili-Sprache (auch Suaheli und früher Kisuaheli genannt). Mit *Askari* bezeichneten die Deutschen die verbündeten Truppen der Einheimischen; das Wort selbst geht auf (ar.) *ʿaskarī* ›Soldat‹ zurück, eigentlich eine Adjektivbildung zu (ar.) *ʿaskar* ›Heer‹, das selbst wohl aus (mpers.) *laškar* ›Heer‹ entlehnt ist. *Safari* dagegen gibt (ar.) *safar* ›Reise‹ wieder, das schon im Koran mehrfach vorkommt. Auch die Sprachbezeichnung *Swahili* ist arabischen Ursprungs: (Ar.) *sawāḥilī* ›Küstenbewohner‹ und das dazu gebildete (ar.) (*luġa*) *sawāḥiliyya* ›Sprache der Küstenbewohner‹ ist abgeleitet vom Plural *sawāḥil* des ebenfalls schon im Koran bezeugten (ar.) *sāḥil* ›Küste‹. (*Sahel*zone meint dementsprechend in übertragener Bedeutung den südlichen ›Küsten‹-Streifen der Sahara.) In der Tat ist Swahili auch heute noch die Muttersprache der Bewohner eines Gebiets an der ostafrikanischen Küste, das von Kenia bis in den Süden von Tansania reicht. Die Entstehung dieser Sprache hängt mit der Tatsache zusammen, dass muslimische Araber (und Perser), um an Gold, Elfenbein und Sklaven zu gelangen, etwa ab dem 9. Jh. an der ostafrikanischen Küste Handelsstationen errichteten. Als die Portugiesen in der ersten Hälfte des 16. Jh.s ihnen das Monopol im Seehandel streitig machten, besiedelten Muslime aus den großen Hafenstädten verstärkt das afrikanische Hinterland und verbreiteten dort den Islam. Schon im 16. Jh. tritt Swahili als Verkehrssprache der neubekehrten Afrikaner in Erscheinung, eine Bantu-Sprache, die viele arabische Lehnwörter aufgenommen hat und in arabischen Schriftzeichen geschrieben wurde, bis die deutschen Kolonialherrscher Anfang des 20. Jh.s die lateinische Schrift einführten. Heute ist sie Amtssprache in Tansania. (2)

(1) Schomburgk 88, 105f.; (2) OED (*safari*); Wehr 557, 574, 840; MacKenzie 52; EI (*sāḥil*, *ṣaḥrā'*, *swahili*, *Tanzania*); W. J. G. Möhlig / B. Heine, Swahili Grundkurs, 1999, 17ff.

Safran

Safran ist das Produkt einer der vielen Krokusarten, und zwar des violetten, im Herbst blühenden Crocus sativus, der ursprünglich wohl aus einem Gebiet zwischen Griechenland und dem Iran stammt. Seine Blüten enthalten drei orangerote Narbengriffel, die herausgezupft und getrocknet werden; aus etwa 150 000 Blüten erhält man so 1 kg Safran. Diese mühsame Art der Gewinnung erklärt, warum Safran stets als Luxusgut gehandelt wurde und noch heute als das teuerste Gewürz gilt. Er riecht eigenartig aromatisch und enthält einen kräftigen Farbstoff, der Farbschattierungen zwischen gelb und rotbraun ermöglicht. (1)

Die ersten Belege ab dem 2. Jt. v. Chr. sind nicht ganz eindeutig. Das akkadische *kurkanû* aus Mesopotamien muss nicht notwendig ›Safran‹ bedeuten; und die Blumen, die der blaue Affe auf einem Fresko aus dem minoischen Kreta pflückt, könnten auch eine andere Krokusart darstellen. Dasselbe gilt für die Pflanze (gr.) *krókos* in dem Blumenlager, auf dem sich Hera und Zeus in Homers »Ilias« (14,348) niederlegen. Mit (hebr.) *karkōm*, einem der Gewürze, nach dem der Schoß der Geliebten im Hohenlied Salomos (4,14) duftet (s. Myrrhe), kann aber nur Safran gemeint sein. (2)

Ob die ersten Jünger Buddhas safrangefärbte Gewänder trugen, ist umstritten, einigermaßen sicher ist aber, dass unter anderem mit Safran die goldgelbe Farbe dargestellt wurde, die von China bis Persien Göttliches oder Herrschaftliches symbolisierte. In dieser Funktion haben die Griechen der Antike die Farbe übernommen, die Heroen ihrer Mythen tragen häufig safranfarbene Kleidungsstücke. (3)

Im Hellenismus und bei den Römern – übrigens auch bei den Indern – wurde aber eine andere Qualität des Safrans besonders geschätzt: sein Duft. Der Schriftsteller Plinius führt (lat.) *crocum* als Bestandteil vieler Duftsalben auf; zahlreich sind auch die Beschreibungen von Anlässen, etwa von einem Triumphzug Neros, zu denen Safranwasser versprüht wurde. Des weiteren wurde Safran relativ selten als Gewürz, häufig aber in der Medizin verwendet, gegen Entzündungen, Trunkenheit und, wie später auch bei Arabern und Europäern, als Aphrodisiakum. (4)

Die vorislamischen Araber kannten den Crocus sativus unter der Bezeichnung *zaʿfarān*, einem Wort, dessen Ursprung nicht geklärt ist. Er wurde, wie in altarabischer Dichtung bezeugt, vorwiegend zu kosmetischen Zwecken benutzt: Frauen bemalten sich zu festlichen Gelegenheiten die Augengegend, Mund, Finger und Zehen mit safranhaltiger Schminke, Männer färbten sich Bärte und Haar;

Festgewänder wurden mit Safranlauge aufgefrischt, was darauf hindeutet, dass auch der Duft des Safrans geschätzt wurde. Am Kalifenhof in Bagdad bildete sich dann, inspiriert wohl von den Hofbräuchen der persischen Sassaniden, ein verschwenderischer Umgang mit dem teuren Safran im Sinn eines Statussymbols heraus. Ein Nachklang davon findet sich in den Erzählungen aus »1001 Nacht«; so steckt die Laute (s. d.), auf der die kluge Sklavin Tawaddud dem Kalifen Hārūn ar-Rašīd vorspielt, in einem Beutel aus rotem Atlas (s. Satin) mit safrangefärbter Quaste; in einer anderen Erzählung erscheint die Braut im siebten und festlichsten Gewand »gefärbt mit Safran und Saflor, duftend nach Ambra [s. d.], Moschus und Sandelholz [s. d.]«. Safran wurde auch häufig, wie etwa im Bagdader Rezept einer Fischsuppe, in Speisen als Färbemittel und Gewürz verwendet. In der Medizin galt er unter anderem als herzstärkendes und verdauungsförderndes Mittel. (5)

Der antike Gebrauch des Safrans hatte sich bei den westlichen Europäern nur in beschränktem Maße erhalten: (Mlat.) *crocus* wird überwiegend in Rezepten zur Herstellung von Arzneien und Farben erwähnt. Vor allem im muslimischen Spanien, wo er seit dem 9. Jh. angebaut und exportiert wurde, aber wohl auch auf den Kreuzzügen stießen die Europäer nun auf die reiche muslimische Kultur des Safrans. Seine arabische Bezeichnung taucht ab dem 12. Jh. in Formen wie (mlat.) *safranum* u. ä. und daraus (afrz.) *safran* (um 1150) auf. (Mhd.) *saf(f)rân*, entlehnt aus dem Altfranzösischen, verdrängte (ahd.) *krôg*, *kruogo* ›Safran‹ (aus lat. *crocum*). Zuerst bezeugt ist die neue Bezeichnung bei Gottfried von Straßburg um das Jahr 1215: In »Tristan« (V. 15 828 f.) beschreibt er das Hündchen Petitcrü, ein Fabelwesen, dessen buntes Fell an einer Stelle »gelwer dan *safrân*« oder blau wie »lasûre« (s. Azur) war. (6)

Die Europäer verwendeten in der Folgezeit den Safran in der Medizin ähnlich wie die Araber; vornehmlich aber galt er als eines der teuren Gewürze aus dem Orient wie Pfeffer (s. Falafel) und Gewürznelken, mit denen die Reichen bei Festmählern ihren Luxus ostentativ darstellten. Die Möglichkeit, mit Safran Speisen golden zu färben, wird diese Funktion verstärkt haben. Als Kleiderfarbe wurde er dagegen nicht allzu häufig eingesetzt. (7)

Seit dem 13. Jh. wurde Safran auch in westeuropäischen Gebieten außerhalb Spaniens angebaut und sogar nach dem Orient exportiert. Mit dem Ausklingen der Mode, exotische Gewürze zu verwenden, ab dem 16. Jh., ging allerdings auch die Verwendung von Safran zurück. In Deutschland wurden zwar Mitte des 18. Jh.s noch seine medizinischen Wirkungen diskutiert, und auch der Kinderreim »Safran macht den Kuchen gel« dürfte aus dieser Zeit stammen. Insgesamt haben aber in der Folgezeit die umwälzenden Veränderungen in Medizin und Chemie den Safran in Mitteleuropa nahezu bedeutungslos werden lassen. (8)

Erst in neuester Zeit, im Zuge der Internationalisierung der Küche, erscheint Safran wieder häufiger in Deutschland. Ein Hauptanbaugebiet ist gegenwärtig Südspanien, wo sich offensichtlich die Tradition der Safrankultur seit der islamischen Zeit erhalten hat. Der Reis der spanischen Paella wird heute allerdings vielfach mit Lebensmittelfarbe gefärbt. Nahezu üblich ist Safran wieder im Mailänder Risotto und Fischsuppen wie der südfranzösischen Bouillabaisse. (9)

Auf Grund seiner Kostbarkeit hat man seit der Antike versucht, mit verschiedensten Mitteln Safran zu fälschen. Der arabische Gelehrte al-Kindī aus Bagdad (gest. um 870) führte dazu unter anderem zwei Pflanzen an, die eine ähnliche Färbung bewirken. Die eine ist der orangegelb blühende *Saflor* (aus ar. *ʿuṣfur* über it. *asforo*, *zafflore* u. a.), dessen Samen auch ein wertvolles Speiseöl liefern. Die andere ist die Gelbwurzel *Kurkuma* (aus ar. *kurkum*); sie ist ein Hauptbestandteil der indischen Currymischungen und vielfach auf Märkten südlicher Länder als schön aufgetürmter orangefarbener Gewürzberg zu bewundern, der zumeist allerdings mit »saffron« beschriftet ist. (10)

(1) Marzell (*crocus*), Küster 222ff.; Schweppe 172f.; (2) v. Soden 510; Reallex. d. Assyrologie, 1957–71, III,342; Schweppe (a. a. O.); DNP (*Krokus*); (3) Hehn 264ff.; Lombard, Blütezeit 188; (4) Auboyer 117f.; Plinius 13,1–21, 21,31, 137; Faure 214; Lukrez, Natur d. Dinge 2,416; Sueton, Kaiserviten, Nero 25,2; Apicius, De re coquinaria, 1993, I,1, 3, 27; EI (*zaʿfarān*); LM (*Safran*); (5) Wehr 524; Schönig (*zaʿfarān*); EI (*ʿurs, zaʿfarān*); Lombard (a. a. O.); 1001 Nacht, Ende 461. Nacht, dt. III,695, ar. II,536, 22. Nacht, dt. I,251, ar. I,169; Heine 53, 87f., 117, 15; Ibn al-Baiṭār Nr. 1110; Frohne 207; (6) MLW (*crocus*); Lombard, Textiles 130ff.; Tazi 219; Rey (*safran*); BMZ (*safrân*); Pfeifer (*Krokus*); (7) LM, Hehn (a. a. O.); Montanari 78ff.; Paczensky 109ff.; Schivelbusch 17ff.; Küster (a. a. O.); LM (*Farben*); (8) LM (*Safran*); Heyd (a. a. O.); Montanari 142; Zedler (*Safran*); DWB (*Safran, gelb*); (9) Küster (a. a. O.); (10) Plinius 21,32f.; Garbers 248, 383; LM (*Safran*); Wehr 845, 1096; Duden, Gr. Wörterb. 1999 (*Saflor, Kurkuma*); Marzell I,855; Pellegrini Ar. 118; Schönig (*ʿuṣfur, kurkum*); Stobart 58, 103f.

Sandelholz

Unter (weißem, gelbem und rotem) Sandelholz versteht man spätestens seit dem 9. Jh., dem Zeitpunkt zunehmender Importe in die arabisch-islamischen Gebiete, Hölzer zweier ganz verschiedener Bäume aus Indien bzw. Südostasien: Gelbes und weißes Sandelholz stammt von unterschiedlichen Teilen des Baums Santalum album und hat einen charakteristischen Duft. Insbesondere aus dem gelben Holz wird ein Öl gewonnen, das heute Bestandteil sehr vieler Parfüme ist. Das rote Holz des Baums Pterocarpus santalinus dagegen ist nahezu geruchlos, kann aber zum Färben verwendet werden. Die begriffliche Unklarheit in der Benennung wurde wohl dadurch begünstigt, dass Sandelholz vielfach in Pulverform vorlag. (1)

(Nhd.) *Sandel*(holz) weist auf die geographische Herkunft: (Aind.) *candana*, womit offenbar das weiße bzw. gelbe Sandelholz gemeint ist, geht vermutlich auf ein drawidisches Wort zurück (bezeugt z. B. in tamilisch *cāntu*), mit dem ebenfalls der Sandelholzbaum bzw. eine aus ihm hergestellte Paste bezeichnet wird. Im indischen Raum wurde und wird das Sandelholz auch am meisten geschätzt: Schon in antiker Zeit wurde es beispielsweise in Form von Räucherstäbchen verbrannt, etwa um eine erotische Atmosphäre herzustelllen. Der Duft wird auch der Grund gewesen sein, dass religiöse und weltliche Kunstgegenstände aus Sandelholz angefertigt wurden und eine Sandelpaste als Kosmetikum ähnlich wie Safran (s. d.) sehr beliebt war. Belegt ist aber auch der Gebrauch von rotem Sandelholz, allerdings ist nicht klar, ab wann dafür der Name *rakta-candana* (›rotes Sandelholz‹) verwendet wurde. (2)

Die Araber übernahmen mit dem kostbaren Holz auch den indischen Namen. Vermutlich vermittelt durch (mpers.) *čandal* taucht (ar.) *ṣandal* so in der 1. Hälfte des 9. Jh.s in Bagdad in den Schriften von Ibn Māsawaih (gest. 857) auf, einem Arzt, der von der nestorianisch-christlichen Medizinschule in Gondischapur (Persien) als Krankenhausdirektor nach Bagdad berufen worden war und dem Kalifen als Leibarzt diente. Im »Parfümbuch« des Bagdader Arztes und Gelehrten al-Kindī (gest. um 870) findet man das (weiße) Sandelpulver in vielen Rezepten für Duftwässer oder -salben. Medizinisch wurde es oft in Verbindung mit andern Arzneidrogen genutzt, beispielsweise um »heiße Geschwüre« abzukühlen. Der Arzt ar-Rāzī (mlat. Rhazes, gest. um 930), der als erster Masern und Pocken genau beschrieben hat, soll auch empfohlen haben, bei Beginn der Pockenkrankheit die Gelenke mit einem Mittel einzureiben, das Sandelholz und Kampfer (s. d.) enthält. Aus weißem und rotem Sandelholz stellte man im übrigen Schachfiguren her (s. Schach). Auch Gebetsketten, »Rosenkränze«, aus Sandelholz sind – allerdings erst ab dem 18. Jh. – im arabischen Raum bezeugt. (Solche Gebetsketten aus den verschiedenartigsten Materialien sind im Mittelalter aus den buddhistischen Gebieten in den islamischen Raum gewandert, wo die einzelnen Kugeln bei den Sufis (s. Scheich) die 100 »schönen Namen« Allahs symbolisierten. Von dort gelangten sie nach Mittel- und Westeuropa und wurden Bestandteil der katholischen Gebetskultur: Der Sieg über die türkische Flotte bei Lepanto im Jahr 1571 wurde so der Wirkung des Rosenkranzgebets zugeschrieben.) (3)

Im westlichen Europa beschreibt Constantinus Africanus Ende des 11. Jh.s in Unteritalien nach arabischen Vorlagen die medizinischen Wirkungen der drei Arten von Sandelholz (mlat., pl. *sandali*). Etwas später gelangte dann auch das Sandelholz selbst über den Mittelmeerhandel nach Marseille und in die oberitalienischen Hafenstädte. Es galt als sehr kostbar: Noch 1530 polemisiert der Botaniker Otto Brunfels in Straßburg, die Reichen könnten ruhig ihre (exotischen) »aromata« wie Moschus (s. Ambra) und (pl.) *Sandali* behalten, sie könnten sogar Perlen und Edelsteine verschlingen wie Kleopatra, wenn sie nur die Ärmeren ihren (einheimischen) Wegerich gebrauchen ließen. (4)

(It.) *sandalo* taucht zuerst im Zusammenhang mit anderen Waren aus dem Orient wie Seide und Gewürznelken 1278 in Pisa auf; Anfang des 14. Jh.s dann auch in einer italienischen Ausgabe der Reisebeschreibungen von Marco Polo, der unter anderem von rotem Sandelholz (afrz. *sandal vermoil*) und Gewürznelken in der Nähe Sumatras berichtet hatte. Über den Italienhandel wird das Sandelholz zusammen mit seiner Bezeichnung nach Deutschland gelangt sein, wo 1485 im Mainzer »Hortus sanitatis« (›Garten der Gesundheit‹) die verschiedenen Arten von *sandel holtz* und ihre medizinischen Wirkungen beschrieben werden. Diese werden auch in den folgenden Jahrhunderten erwähnt, so soll beispielsweise weißes Sandelholz noch bis zum Aufkommen der Sulfonamide in den 30er Jahren des 20. Jh.s »mit gewissem Erfolg« gegen Tripper eingesetzt worden sein. (5)

(1) Marzell IV,103; LM (*Sandelholz*); Heyd II,646 f.; Groom 302 f.; (2) Mayrhofer III,178; Auboyer 111 f., 117 f., 235; Ohloff 159, 164 ff.; EI (*Djāba*); (3) Wehr 728; MacKenzie 21; K. Borrmann, Moschus im Tintenfass, 2004, 31; Ullmann, Medizin 112; Garbers 342; EI (*al-Rāzī*); Schott 74; Wiedemann II,252 f.; Niebuhr 144; Goldziher 164; EI (*subḥa*); Cardini 213; (4) Constant. Afric. 369; FEW (*ṣandal*); Dilg 374 f.; (5) Battaglia (*sandalo*); Marco Polo afrz. 176, dt. 276; Hortus Cap. 374; DWB (*Sandel*); Frohne 497.

Satin

Satin bezeichnet heute ebenso wie *Atlas* (s. u.) eine Gewebeart, bei der durch eine komplizierte Bindungsart mit mindestens fünf Schuss- bzw. Kettfäden eine Struktur entsteht, die den Stoff glatt und glänzend erscheinen lässt. (1)

Die Herkunft von Gewebe und Bezeichnung wird in dem Bericht des Reisenden Ibn Baṭṭūṭa Mitte des 14. Jh.s so erklärt: »Nachdem wir das Meer überquert hatten, war *Zaitūn* die erste Stadt [in China], die wir erreichten. Jedoch gibt es dort keinen einzigen Olivenbaum [ar. *zaitūn*], vielmehr ist *Zaitūn* bloß eine Stadt. In dieser großartigen, riesigen Stadt werden Textilien aus *kamḫā* und *aṭlas* [zwei Seidenstoffe] gefertigt, die allseits bekannt sind unter dem (vom Namen der Stadt) abgeleiteten Adjektiv *Zaitūnī* … Ihr Hafen ist einer der größten der Welt«. Diese Stadt im Südosten Chinas heißt auf Chinesisch Quanzhou und ist heutzutage relativ unbedeutend. Etwa seit dem 10. Jh. führte sie auch den Beinamen (chin.) *Citongcheng*, weil dort zahlreiche (chin.) *citong* genannte Bäume gepflanzt waren, deren Öl zum Abdichten des Schiffsrumpfs verwendet wurde. Vermutlich hatten die dort tätigen arabischen Kaufleute diesen chinesischen Namen, in Anlehnung an (ar.) *zaitūn* (›Olivenbaum‹), in (ar.) *Zaitūn* verändert. Unter diesem Namen lernten jedenfalls die Europäer die Stadt kennen: Marco Polo berichtet einige Jahrzehnte vor Ibn Baṭṭūṭa von der »schönen Stadt [afrz.] *Çaitun* [anderswo *Çaiton*], die einen berühmten Seehafen hat«; unter den Handelsgütern zählt er allerdings das *Zaitūnī*-Gewebe nicht auf. Aus Ibn Baṭṭūṭas Aussage geht jedoch hervor, dass es schon länger bekannt gewesen sein muss. Tatsächlich ist ein glänzendes (ar.) *Zaitūnī* als Textil schon 1048 im nordafrikanischen Kairuan erwähnt. Da dieses aber als relativ billig beschrieben wird, handelt es sich vielleicht nicht um das von Ibn Baṭṭūṭa beschriebene Seidengewebe. Allgemein müssen aber Stoffe mit einer Art Atlasbindung schon früh im islamischen und wohl auch im byzantinischen Gebiet verbreitet gewesen sein. Ab dem 14. Jh. gelangten dann *Zaitūnī*-Stoffe aus China nach Norditalien, wo sie in den dort inzwischen entstandenen Seidenwebereien zum Modell für verschiedene Seidengewebe und Samtstoffe wurden. (2)

Im 14. Jh. tauchen auch von (ar.) *Zaitūnī* abgeleitete Bezeichnungen in europäischen Sprachen auf, (sp.) *aceituní*, *seituní* und, vielleicht davon abgeleitet, (frz.) *zatouin* (1350), *satin* (1387). Bei einem um 1230 belegten (mhd.) *satîn* stellt sich auf Grund des frühen Auftretens die Frage nach der Herkunft. Möglich wäre zumindest eine Beeinflussung durch (mlat.) *seta* ›Seide‹. Vermutlich direkt aus dem Französischen stammen dann die neuhochdeutschen Formen ab dem 16. Jh., etwa bei Hans Sachs (gest. 1576): »[Die Fahne] war von lauter flecken [Stücken] als parchat [Barchent], atlas und *satin*«. Seit dem 18. Jh. wird (nhd.) *Satin* dann auch für Gewebe verwendet, die nicht aus Seide hergestellt sind. (3)

(Nhd.) *Atlas* ist als Stoff ab Anfang des 15. Jh.s in deutschen Handelsurkunden belegt. Das Wort ist abgeleitet von ar. *aṭlas* ›glatter (als andere Gewebe)‹, und ist im Arabischen spätestens im 13. Jh. als Bezeichnung eines Seidengewebes bezeugt, das dem Satin stark ähnelt und vor allem im Norden Persiens hergestellt wurde. Wie die Bezeichnung ins Deutsche gelangte, ist unklar. Die synonyme Verwendung von *Atlas* und *Satin* zur Bezeichnung der anfangs dargestellten Gewebeart scheint sich im 20. Jh. entwickelt zu haben. (4)

(1) Gr. Textil-Lexikon (*Atlas, Satin*); LM (*Atlas, Weben*); (2) Ibn Baṭṭūṭa frz. 290, ar. 633; Schottenhammer 41f., 211f.; Dozy I,617; Corriente (*aceitunı́*); Marco Polo afrz. 158f.; dt. 250f.; Goitein 455; Lombard, Textiles 189, 191, 241; LM (*Atlas*); (3) Corominas/P. (*satén*); Corriente (a. a. O.); Rey (*satin*); FEW (*zaitūnī*); Kiesler 339; Cortelazzo/Z. (*satin*); BMZ (*satîn*); Du Cange (*seta*); DWB (*Satin*); Tazi 219f.; (4) Pfeifer (*Atlas*); Wehr 30, 780; A. de Biberstein Kazimirski, Dictionnaire Arabe-Français, 1960, II,95f.; Ibn Baṭṭūṭa (a. a. O.); Serjeant 18, 68, 78; Lombard, Textiles 241; Tazi 311f.

Schach

Die Bezeichnung *Schach* geht letztlich zurück auf die alte persische Herrscherbezeichnung (mpers.) *šāh*, mit der um das Jahr 600 n. Chr. im Zuge der Übernahme des Schachspiels das altindische »rāj(an)« ›König‹ übersetzt wurde. Tatsächlich wird der Ursprung des Schachs in Indien vermutet, wobei chinesische Einflüsse mitgewirkt haben können. In Indien waren schon sehr früh verschiedene Brettspiele verbreitet. Als Vorform des Schachs gilt dabei insbesondere ein sogenanntes Würfelschach für vier Parteien. Im 6. Jh. n. Chr. hatte sich daraus als militärisches Strategiespiel ein Schachspiel für zwei Parteien herausgebildet, das »cátur-aṅga« ›das mit den vier Gliedern‹ genannt wurde, vermutlich da in ihm, neben dem König und seinem Berater, die vier Formationen des damaligen indischen Heeres, Elefanten, Reiter, Kampfwagen und Fußsoldaten, aufeinander trafen. Die Regeln entsprachen nahezu den heutigen, mit Ausnahme der Zugweise des Beraters (der modernen Dame) und des Elefanten (Läufer). Auch die Notwendigkeit, den Gegenspieler auf die Bedrohung seines Königs aufmerksam zu machen, scheint schon bei den Indern bezeugt. (1)

Die Araber übernahmen das Spiel unter der Bezeichnung »šaṭranǧ« wohl schon, als sie Mitte des 7. Jh.s Persien eroberten, und mit ihm übernahmen sie auch den Namen für die Figur des Königs und den Ausruf bei seiner Bedrohung (ar. *šāh*, mit Artikel *aš-šāh*). Das Spiel selbst wurde im muslimischen Bereich sehr kontrovers aufgenommen. Seine Gegner hielten ihm Nähe zu den in der Koranexegese verbotenen Glücks- oder Geldspielen (s. Hasard) vor (in der Tat wurde meist um hohe Wetteinsätze gespielt), auch halte es von religiöser Lebensführung ab. Die Befürworter verwiesen dagegen darauf, dass es den Verstand schule und strategisches Denken fördere. Ungeachtet der Diskussionen verbreitete es sich aber bald im ganzen arabisch-islamischen Raum. Es wurde vor allem ein Spiel der Eliten, es zu beherrschen war ein Zeichen der feinen Lebensart. (2)

Aus den islamischen Gebieten gelangte das Schachspiel auf verschiedenen Wegen nach Europa. Anhand der sprachlichen Zeugnisse ist der Weg übers muslimische Spanien am einfachsten überblickbar. Wahrscheinlich schon 1008 ist eine Bezeichnung (mlat.) *schacos* für Schachfiguren in Katalonien bezeugt, 1045 tauchen auch im Katalanischen selbst *eschachs* auf, und um 1080 lässt der Verfasser des altfranzösischen »Rolandslieds« die Ritter in der Umgebung Karls des Großen (afrz.) *echecs* spielen (V. 112). (3)

Bemerkenswert ist dabei, dass mit dem Wort im Plural in den europäischen Sprachen – abgesehen vom Spanischen – nun die Figuren des Spiels bzw. das Spiel selbst bezeichnet wurden, während die Singularform nur noch für den Ausruf bei der Bedrohung des Königs, aber nicht mehr für ihn selbst gebraucht wurde. Dies ist dadurch erklärbar, dass die arabische Bezeichnung *(aš-)šāh* für den König – wie die Bezeichnungen anderer Figuren – den Europäern nicht mehr verständlich war, seine herausragende Stellung im Spiel und die notwendigen Ausrufe (ar.) *šāh!* bzw. *šāh wa-ruḫḫ!* ›König und Turm!‹ (s. Rochade) oder *šāh māt!* (s. Matt) aber als kennzeichnend für das ganze Spiel angesehen wurden. Die europäischen Lautformen scheinen dabei zusätzlich beeinflusst durch ein altes germanisches Wort für ›Raub, Kriegsbeute‹, das zu (mlat.) *scach*, *scachus* etc. und (afrz.) *eschiec*, *eschec* geworden war (und im Neuhochdeutschen noch in der Form der beiden *Schächer* ›Räuber‹ am Kreuz neben Jesus auftaucht). (4)

Die Ausbreitung des Schachspiels in Europa verlief analog zu der in muslimischen Gebieten. Anfangs noch kritisiert als angebliches Glücksspiel, wurde es bald fester Bestandteil der höfischen Kultur und in diesem Rahmen – wie bei den Muslimen – auch von Frauen gespielt. Wohl nach spanisch-muslimischem Vorbild galt es als eine der notwendigen Fertigkeiten des Ritters, so wie Reiten, Bogenschießen, Jagen (s. Gazelle) und Dichten. (5)

Im Mittelhochdeutschen taucht das Wort vermutlich zum ersten Mal um 1170 in der Bearbeitung des »Rolandslieds« durch den Pfaffen Konrad auf, der Karl den Großen persönlich am Schachbrett (»ob deme *schachzable*, V. 682) sitzen lässt. Im übrigen scheint es aus dem Altfranzösischen vorwiegend über das mittelniederländische *scaec* ins Deutsche gelangt zu sein, ein Beispiel für die Bedeutung des flämischen Rittertums bei der Übermittlung französischer Kulturgüter aus der höfischen Sphäre. Das Gewicht, das das Spiel inzwischen erlangt hatte, kann man daran ermessen, dass das Wort etwa ab dem Jahr 1200, wie schon bei den Arabern, häufig in der Literatur auftaucht, wo es auch in übertragener Bedeutung gebraucht wird, beispielsweise um Auseinandersetzungen beim Werben um Liebe auszudrücken: »dâ vant ich *schâch* und *mat* an mangem stolzen wîb« (14. Jh.). (6)

Mehr und mehr wurden das Schachspiel und seine Figuren nun auch als Allegorie der Gesellschaft und des Lebens benutzt. In dem nach arabischen Vorlagen entstandenen altspanischen Schachbuch von König Alfons dem Weisen (1283), wo Christen und Muslime, Männer und Frauen über verschiedensten Schachproblemen brüten, werden die Figuren und ihre Zugweise noch vorwiegend nach militärischen Gesichtspunkten gedeutet und erklärt. In der kurz darauf vermutlich in Genua entstandenen sogenannten Schachpredigt des Dominikaners Jacobus de Cessolis sind die Figuren dagegen schon Repräsentanten einer idealisierten Ständegesellschaft. So hat etwa der »König« Gerechtigkeit zu üben und sich um seine »Königin«, die neben ihm steht, zu kümmern, die heutigen Läufer werden als zwei unterschiedliche Richter und die Fußsoldaten als verschiedene Handwerker mit ihren jeweiligen Aufgaben in der Gesellschaft interpretiert. (7)

Die Beliebtheit des Spiels wird auch an den zahlreichen Wörtern deutlich, die aus seiner Bezeichnung abgeleitet sind: Aus dem englischen *check* (›Schach!‹) stammt beispielsweise (nhd.) *checken* und *Scheck* (s. d.); und nach dem Bild des Schachbrettmusters entstanden die Adjektive (mhd.) *schecke* (um 1270, in Bezug auf das Fell von Leoparden), das im 17. Jh. zu (nhd.) *scheckig* wurde, und (mhd.) *geschecket* (wohl nach dem Vorbild von afrz. *eschequeté*). Sachliche Voraussetzung für diese Adjektivbildungen war, dass, anders als bei den Arabern, das Schachbrett in Europa seit Mitte des 12. Jh.s in zwei Farben mit Hell-dunkel-Kontrast gestaltet wurde – sichtbar an den Miniaturen in Alfons' Schachbuch. (8)

(1) Tazi 300; MacKenzie 79; Mayrhofer II,444, I,48, 526; Encycl. Iranica (*chess*); Petzold 18 ff., 37 ff.; (2) Wehr 627; EI (*shaṭrandj*); Wieber 61 ff., 195, 235, 164, 53; (3) Petzold 65 ff.; Coromines (*es-*

cacs); Rey (*échec*); (4) H. J. R. Murray, A History of chess, 1913, 398 ff.; EI, Tazi, Rey (a. a. O.); Du Cange (*scach*); (5) LM (*Schach*); Petzold 66 f., 95 f., 108; Wieber 67 ff.; Murray 408; Vernet 282; (6) De Vries (*schaak*); Tazi 300 f., 285 ff.; Petzold 96 ff.; EI, LM (a. a. O.); Lexer (*schâch*); (7) Petzold 78 ff., 119 ff.; Alfonso 10 ff.; (8) OED (*cheque*); Lexer (*schecke*); Pfeifer (*scheckig*); FEW (*šāh*); EI (a. a. O.); Mosaik Kathedrale Otranto, 1165 n. Chr.

Scheck

(Nhd.) *Scheck* ist verwandt mit *Schach* (s. d.): Die Araber übernahmen im 7./8. Jh. n. Chr. das persische Wort *šāh* für den König im Spiel, verwendeten (ar.) (*aš-*)*šāh* aber auch als den Ausruf bei seiner Bedrohung. Dieser Ausruf lautete dann im Altfranzösischen *eschec*, woraus (engl.) *chek* (1314) wurde (im Unterschied zu engl. *chess* ›Schachspiel‹, dem afrz. pl. *eschès* u. a. zugrunde liegt). Aus dem Ausruf beim Spiel entwickelten sich im Englischen die allgemeineren Bedeutungen ›Angriff‹ (1325), ›plötzliches Stoppen‹ (1330 oder 1515) und schließlich *check* (1579) im Sinne von ›Kontrolle‹ (später auch ›Kontrollinstanz‹ oder ›Kontrollmarke‹). In dieser Bedeutung wurde das englische Wort ab Mitte des 19. Jh.s, etwa in der Zusammensetzung *Check*-Systeme (1844), ins Deutsche übernommen, ab den sechziger Jahren des 20. Jh.s dann auch in Wortbildungen wie *Checkpoint*, *Check-in* usw. (im *Bodycheck* beim Eishockey ist dagegen die ursprünglichere Bedeutung ›Angriff, Stopp‹ noch erkennbar). Aus dem englischen Verb *to check*, dessen Bedeutung sich seit Ende des 14. Jh.s in ähnlicher Weise entwickelt hatte wie die des Substantivs, entstanden ab etwa 1960 (nhd.) *checken* und – in Verbindung mit Präpositionen – (nhd.) *ab-*, *durch-*, *ein-* und *auschecken*. (1)

Wahrscheinlich im Zusammenhang mit der Gründung der Bank of England 1694 entwickelte sich eine spezielle Bedeutung: 1706 ist (engl.) *cheque* erstmals belegt im

Sinn von ›Kontrollabschnitt‹ einer Zahlungsanweisung. Die zuvor seltene Schreibung mit *-qu-* mag dabei darauf zurückgehen, dass solche Anweisungen bzw. ihre Kontrolle oft der Staatskasse oder Finanzverwaltung »*the exchequer*« oblagen, deren Namen selbst wieder auf die wie ein »Schachbrett« (afrz. *eschaquier*) gemusterte Tischdecke zurückgehen soll, über die sich die königlichen Finanzverwalter im Mittelalter bei ihren Rechnungen beugten. 1717 bedeutet *cheque* bei der Bank of England dann eine ›Zahlungsanweisung mit Kontrollabschnitt‹; und vielleicht ab 1774, sicher aber ab 1803 ist *check* bzw. *checque* etwa in der heutigen Bedeutung ›Zahlungsanweisung an eine Bank‹ belegt. In der (im Amerikanischen üblichen) Nebenform (engl.) *check* wurde es ins Deutsche übernommen, wo 1836 »Cassier-Anweisungen, … *Checks*« erwähnt sind, und 1844 wird erläutert: »*Check*, im Englischen eine Anweisung auf eine Auszahlung«. Die heutige Wortform *Scheck* ist in Deutschland ab 1908 belegt (in der Schweiz ist allerdings weiterhin *Cheque* üblich). (2)

Möglicherweise vollzog sich der Übergang von der Bedeutung ›(Anweisung mit) Kontrollabschnitt‹ zu ›Zahlungsanweisung‹ unter dem Einfluss des gleichlautenden (osm.-tk.) *ček*, (tk.) *çek*, mit dem die Engländer im Rahmen des Mittelmeerhandels im 18. Jh. Bekanntschaft machen konnten. Dieses Wort geht auf (pers.) *čak*, *čäk* zurück, das ursprünglich wohl einfach ›Urkunde‹ bedeutete und vermutlich unter dem Einfluss von (ar.) *ṣakk* auch die Bedeutung ›Zahlungsanweisung, Wechsel‹ u. a. erhielt. (Ar.) *ṣakk* ist jedenfalls ein ab dem 9. Jh. belegter Terminus im bargeldlosen Zahlungsverkehr, der sich in den islamischen Gebieten entwickelt hatte. Inwieweit dieses Verfahren im übrigen die Entstehung des bargeldlosen Geldverkehrs in den italienischen Städten (etwa ab dem 13. Jh.) beeinflusst hat, ist bisher wenig erforscht. (3)

(1) OED (*check*, *chess*); Rey (*échec*); Tobler/L. (*eschec*); DF[2] (*Check*); B. Carstensen u. a., Anglizismen-Wörterbuch, 1993 ff. (*Check*, *checken*); (2) OED (*cheque*, *exchequer*); Pfeifer (*Scheck*); DF[2] (*Scheck*); (3) A. Steiger, Origin and spread of oriental words, 1963, 68 ff.; Steuerwald (*çek*); Steingass 396; Wehr 720 f.; EI (*ḥawāla*, *suftadja*); LM (*Geldwirtschaft*); Max Weber, Wirtschaftsgeschichte, 1959, 226.

Scheich

Aus (ar.) *šaiḫ* entlehnte Bezeichnungen sind im Deutschen ab 1654 belegt: In einem Reisebericht aus dem Orient wird *schich* dort als »heiliger frommer Mann« erklärt; 1681 ist anderswo ein *Schegh* erwähnt. 1772 schreibt Carsten Niebuhr in seiner »Beschreibung von Arabien«: »Der … Ehrentitel des arabischen Adels … ist *Schech*, oder nach der Aussprache der Araber *Schächh* … Das Wort … hat viele Bedeutungen. Die Professores bey einer Academie, gewisse Bediente bei den Mosqueen [s. Moschee] und niedrigen Schulen … einige närrische Leute wovon man glaubt, daß sie göttliche Eingebungen haben, die Bürgermeister, Dorfschulzern u. s. w. ja so gar die Vorsteher der Juden zu Saná und Maskat … werden *Schech* genannt.« Ende des 19. Jh.s beschreibt Karl May in »Durch die Wüste« den *Scheik* des Beduinenstamms der Haddedihn noch als »ehrwürdigen Greis«; im ersten Drittel des 20. Jh.s erhielt (nhd.) *Scheich* dann aber, wohl ausgehend von der Soldatensprache, eine leicht abwertende oder scherzhafte Bedeutung entweder im Sinn von ›ständiger Begleiter‹ oder in einem unbestimmteren Sinn in dem vielfach abgewandelten Spruch »Gehn wir, gehn wir, sprach der Scheich zum Emir« (s. Admiral). Heute wird unter *Scheich* meistens ein monarchischer Herrscher in den arabischen Gebieten der Golfregion verstanden. (1)

(Ar.) *šaiḫ*, abgeleitet von dem Verb *šāḫa* ›altern, alt sein‹, taucht schon im Koran auf: So klagt beispielsweise die Frau Abrahams (im Alten Testament Sara), nachdem zwei Engel ihr die Geburt Isaaks angekündigt haben: »Wehe! Ich soll (noch) gebären, wo ich doch eine alte Frau bin, und der da, mein Mann, ist ein Greis [*šaiḫ*]!« Neben dieser Bedeutung ›alter Mann, Greis (etwa ab 50 Jahren)‹ wird *šaiḫ* aber schon in vorislamischer Zeit auch als ein mit Autorität und Prestige verbundener Ehrentitel verwendet, der dann im Lauf der Zeit für jegliches Oberhaupt einer Gruppe in ganz verschiedenen Kontexten (Familie, Stamm, Dorf, Schule, religiöse Gelehrsamkeit) gebraucht werden konnte. So wurde *šaiḫ* beispielsweise auch der spirituelle Leiter einer Gruppe von Sufis genannt. (Ar. *ṣūfī*, wörtlich ›Wollkuttenträger‹ von (ar.) *ṣūf* ›Wolle‹, ist der Angehörige einer vielschichtigen religiösen Bewegung, die sich im 8. und 9. Jh. unter dem Einfluss christlicher und indischer Asketen bildete (s. Sandel) und ab dem 12. Jh. in Bruderschaften organisierte. Das einzelne Mitglied konnte auch (ar.) *faqīr*, wörtlich ›Armer‹ genannt werden, weil er nach einer Sufi-Definition aus dem 10. Jh. »auf alles verzichten kann außer auf Gott«. In zahlreichen Bruderschaften war es dem *faqīr* erlaubt, sein Gottvertrauen bei religiösen Festlichkeiten zu beweisen, indem er auf Glasscherben ging, sich Nadeln ins Auge stieß u. a. Solche Praktiken konnten auch in Taschenspielerkünste ausarten, mit denen der Begriff (nhd.) *Fakir*, den die Europäer im muslimischen Indien übernommen hatten – im osmanischen Raum wurde eher das aus dem Persischen stammende bedeutungsgleiche tk. *derviş*, ar. *darwīš* gebraucht –, heute in Europa meistens verbunden wird.) (2)

(1) DF (*Scheich*); Niebuhr 14; Durch die Wüste, Kap. 13; Küpper (*Scheich*); (2) Wehr 687 f.; Koran 11,72; Gen 18,12 ff.; EI (*shaykh, taṣawwuf, faḳīr, darwīsh*); Wehr 735, 975; Goldziher 146–168; Tazi 312 f.; Zedler (*Fakirs*); A. Sharma / H. J. Vermeer, Hindi-Dt. Wörterbuch III, 1984, 994; Steuerwald (*derviş*).

Sirup

Mit (nhd.) *Sirup* wird meistens eine konzentrierte Zuckerlösung bezeichnet, in welcher medizinische Wirkstoffe oder Fruchtsäfte enthalten sind; seit dem 18. Jh. bezeichnet *Sirup* aber auch die Melasse, den zähflüssigen goldbraunen Saft, der bei der Zuckergewinnung übrig bleibt. (1)

Sirup wurde zuerst bei den Arabern in der Medizin verwendet. (Ar.) *šarāb* bedeutet wörtlich einfach ›Getränk‹ (s. Sorbet); in seiner medizinischen Bedeutung ist das Wort wohl eine Nachbildung von (gr.) »pótêma« u. a. (›Getränk, Arzneitrank‹). Mit Honig bereitete Sirupe (pl. *ašriba*) beschreibt Mitte des 9. Jh.s der Arzt aṭ-Ṭabarī. Der Arzt und Gelehrte ar-Rāzī (aus der Stadt Raj/Raiy in Persien, gest. 925 oder 935), der in Europa unter dem latinisierten Namen Rhazes bekannt wurde, ergänzte den Honig durch Zucker (s. d.) und differenzierte die Arten der Sirupe weiter aus. (2)

Solche Sirupe (mlat. *sirupus*) mit den unterschiedlichsten pflanzlichen Ingredienzien wie Berberitze (s. d.), Gewürznelken, Kampfer (s. d.), Rosen, Sandelholz (s. d.) und Veilchen zählt dann Ende des 11. Jh.s Constantinus Africanus auf, der für die Medizinschule in Salerno in Unteritalien arabische Werke ins Lateinische übertrug. Im Deutschen findet sich ein Beleg über »den weizen [weißen] *syrup*, *syrup* von vîoln [Veilchen] oder von rôsen« erstmals Anfang des 13. Jh.s in einem Arzneibuch. In der Folgezeit wurden die Sirupe in der europäischen Medizin eine der beliebtesten Arzneiformen, wohl auch wegen der konservierenden Kraft des Zuckers bzw. Honigs. Erst in jüngster Zeit sind sie aus den Apotheken weitgehend verschwunden. (3)

Schon bei den Arabern wurden die Sirupe aber auch in der Küche gebraucht. Wahrscheinlich nach arabischem Vorbild haben dann die Europäer den Sirup zum Einmachen von Früchten verwendet (s. Kandis); aus diesem Verfahren haben sich die Kompotte und Marmeladen entwickelt. Sirupe aus Fruchtsäften sind heute außerdem in den Bars als Grundlage für Mixgetränke beliebt. (4)

Die Melasse wurde im arabischen Kulturraum wohl vor allem von den Ärmeren als Zuckerersatz zur Herstellung von Süßigkeiten verwendet. Nachdem die Europäer das Zuckerrohr in der Karibik eingeführt hatten, wurde von dort neben Rohzucker auch Melasse exportiert. Ab Ende des 17. Jh.s wurde aus ihr Rum hergestellt, der den englischen Matrosen zustand und in Afrika im Tausch gegen Sklaven verwendet wurde (in den englischen Kolonien Nordamerikas trug er zusätzlich zur Finanzierung des Unabhängigkeitskriegs bei). Ab dem 18. Jh. wurde Melassesirup in England und etwas später auch in Deutschland als Brotaufstrich ein relativ billiges Nahrungsmittel für die Arbeiterschaft. Heute taucht er noch in traditionellen Rezepten wie den Aachener Printen auf. (5)

(1) Pfeifer (*Sirup*); Kluge (*Melasse*); (2) Wehr 642; Frisk II,541; Ullmann, Medizin 298; aṭ-Ṭabarī 449ff., 481; v. Lippmann 201; (3) Constant. Afric. 107, 270ff.; Pellegrini Ar. 81; BMZ (*sirop*), LM (*Sirup*, *Pharmazie*); (4) Rodinson, Recherches 108, 131; Heine 103f.; Lombard, Blütezeit 42, 172; Mintz 154f.; Rey (*sirop*); Pini 888; (5) Mintz 72f., 148; Zucker-Museum, Hrsg. H. Olbrich, 1989, 97, 157f.; Braudel I,263; Paczensky 437, 441.

Soda

In der Chemie ist (nhd.) *Soda* eine traditionelle Bezeichnung des Natriumkarbonats Na_2CO_3 (s. Natron). Das Wort ist zuerst in zwei italienischen Dokumenten aus dem 14./15. Jh. bezeugt, wo *soda* bzw. *cenere soda* (›Sodaasche‹) als Mittel zur Herstellung von Glas und Seife erklärt wird. Schon 1249 wird allerdings im Osten der spanischen Halbinsel als ein Handelsartikel (kat.) *sosa* aufgeführt, ein

Wort, das auch um 1300 in einem (byz.-)griechischen Text aus Unteritalien in der Form *soza* erscheint. Um 1290 nennt dann Simon von Genua das Verbrennungsprodukt einer auf Arabisch angeblich »kali« genannten Pflanze sowohl (mlat.) »sal alcali« (s. Alkali) als auch (mlat./it.) *seda*. Gemeint ist jeweils ein Stoff aus Pflanzenasche, der insbesondere zur Herstellung von Glas verwendet wurde, oft aber auch die Pflanze selbst. In der Tat enthält die Asche verschiedener salzhaltiger Strandpflanzen bis zu 30 Prozent Natriumkarbonat, dessen Verwendung zur Glasherstellung schon in der Antike gut bezeugt ist. Wie beispielsweise der römische Autor Plinus angibt, wurde es damals allerdings in der Form verwendet, in der es in der Natur vorkommt, etwa als Salzablagerung am Rand von Seen (s. Natron). In dieser Form benützten es auch die Araber; gleichzeitig stellten sie aber Natriumkarbonat auch aus Pflanzenasche her, welche sie »qily« nannten (s. Alkali). Im direkten Kontakt mit den Muslimen bzw. über den Mittelmeerhandel haben Produkt und Technik Katalonien und Italien erreicht. Als Ursprung von (kat.) *sosa* bzw. (it.) *soda* vermutet man üblicherweise eine umgangssprachliche Variante **saúda* von (klass.-ar.) *saudā'*, der femininen Form von (ar.) *aswad* ›schwarz, Schwarzer‹ (dessen Plural *sūdān* den Gebieten südlich der Sahara als ›Land der Schwarzen‹ seinen Namen gegeben hat). Mit (nicht belegtem) **saúda* wäre demnach eine Art dieser Salzpflanzen bezeichnet worden, die in getrockneter Form schwärzlich erscheint. Belegt sind allerdings erst ab Mitte des 18. Jh.s aufgezeichnete umgangssprachliche Bezeichnungen dieser Strandpflanzen im arabischen Raum von Jemen bis Algerien wie *suwwād*, *suwaida* usw., die auf eine Verkleinerungsform *suwaidā'* von (ar.) *saudā'* zurückgehen könnten. (Nach einer dieser Bezeichnungen muss der schwedische Botaniker Forskal, der 1763 im Jemen starb, einer solchen Strandpflanzenart übrigens den botanischen Namen *Suaeda* gegeben haben.) Nun gibt es aber auch einen (vereinzelten) Beleg aus dem 10. Jh., in dem ein (ar.) *saud* im Zusammenhang mit dem Prozess des Einschmelzens von Goldstaub erwähnt und vom Herausgeber als ›Holzkohle‹ aus verschiedenen Baumarten übersetzt wird. Ob ein Zusammenhang dieses Worts mit den Bezeichnungen der zu Asche verarbeiteten Strandpflanzen besteht, ob es möglicherweise sogar als Ursprung von (it.) *soda* usw. gelten kann, ist bisher nicht geklärt. (1)

(It.) *soda* gelangte im 16. Jh. auch ins Französische (*soulde* 1527, *soude* 1578) und Spanische (*soda* 1555). Im Deutschen wird das Wort in Zedlers Lexikon (1732/1743) in seinen spanischen und französischen Formen *soda* bzw. *soude* beiläufig erwähnt. *Soda*, *Sode*, *Soude* findet sich auch 1780 in Adelungs Wörterbuch als Bezeichnung der Strandpflanze, die der Naturforscher Carl von Linné 1753 *Salsola Soda* genannt hatte. Die Aussage in einem technischen Wörterbuch (nach 1781), »spanische *soda* kann man aus deutschen … salzkräutern nachmachen«, könnte darauf hindeuten, dass das Wort zu dieser Zeit eher aus dem Spanischen als dem Italienischen ins Deutsche gelangt ist. Tatsächlich soll bis ins 19. Jh. das beste Soda zur Glasherstellung von der spanischen Ostküste gekommen sein. Dieser Export hörte allerdings weitgehend auf, als es ab 1790 gelang, Soda auf technisch-industriellem Weg zunächst aus Natriumsulfat und dann aus Kochsalz herzustellen. (2)

Die moderne Nebenbedeutung von (nhd.) *Soda*, nämlich ›kohlensäurehaltiges Mineralwasser‹ (»Whisky mit *Soda*«), geht mit einiger Sicherheit auf (engl.) *soda*, eine Abkürzung von (engl.) *soda-water* aus der ersten Hälfte des 19. Jh.s zurück, wohl weil die Kohlensäure auf der Grundlage von Natriumhydrogenkarbonat (engl. *soda*) gewonnen wurde, das aber auch im natürlichen Mineralwasser vieler Heilquellen vorkommt (s. Limonade). (3)

(1) Römpp 2823; A. Steiger / J. J. Hess, Soda, Vox Romanica 2, 1937, 56 ff.; Cortelazzo/Z., Battaglia (*soda*); Corominas/P. (*sosa*); Arveiller 262; EI (*ḳily*); Kiesler 299; Wehr 661; Steiger/Hess (a. a. O.) 74 ff.; Marzell IV,523 f.; Dozy I,699; Toll 268 f.; (2) Rey (*soude*); Corominas/P. (a. a. O.); Zedler (*Soda*, *Anatrum*); Marzell IV,38; DWB (*Soda*); Steiger/Hess (a. a. O.) 56; Zedler (*Kali*); Römpp (a. a. O.); (3) Hollemann/W. 1182; OED (*Soda*).

Sofa

Am Beginn der Entwicklung, die zum Wort (nhd.) *Sofa* führt, steht das arabische Verb *ṣaffa*, das in der Bedeutung ›in Reihe stehen‹ u. a. schon in vorislamischer Zeit belegt ist. Mit dem daraus abgeleiteten Substantiv (ar.) *ṣuffa* wurde der überdachte, zentrale Teil der ersten Moschee (s. d.) bezeichnet, die vom Propheten Mohammed und seinen Anhängern nach seiner Flucht aus Mekka im Jahr 622 in Medina erbaut worden war. Der Grund für die Bezeichnung war wohl die zum Bau der Halle notwendige ›Reihe‹ von Palmenstämmen. In den folgenden Jahrhunderten taucht (ar.) *ṣuffa* auch in anderen Bedeutungen auf, deren jeweilige Beziehung zum Verb *ṣaffa* nicht ganz leicht nachvollziehbar ist: als ›Sitzteil des Sattels‹ und als ›steinerner Vorsprung‹ oder ›Steinbank‹. In einem in Neupersisch abgefassten Bericht wird schließlich (ar./pers.) *ṣuffa* für eine Art Podium gebraucht, auf das der ghaznawidische Sultan Masʿūd ibn Maḥmūd, der 1030–40 in Persien herrschte, seinen Thron stellen ließ. Solche hervorgehobenen Herrscher- oder Ehrensitze sind auch im übrigen islamischen Raum belegt. (1)

Die osmanischen Herrscher übernahmen diese Tradition. Wie aus Reiseberichten seit dem 16. Jh. hervorgeht, bezeichnet (osm.-tk.) *ṣuffe*, (tk.) *sofa* den erhöhten, reich mit kostbaren Teppichen und Kissen bestückten Platz, auf dem der Sultan und andere Autoritätspersonen Amtsgeschäften nachgingen oder Gäste empfingen. Nach europäischen Belegen vom Anfang des 18. Jh.s scheint das Wort allerdings auch an der Wand entlanglaufende, bankartige Mauervorsprünge zu bezeichnen, die wohl mit Sitzpolstern oder Kissen ausgestattet waren; so berichtet beispielsweise Lady Montagu in einem Brief aus Konstantinopel von den Hochzeitsvorbereitungen in einem Hamam (s. d.), wo ein Teil der zahlreichen anwesenden Frauen sich »round the rooms on the marbel *sofas*« niederließ. (2)

Wie schon im Mittelalter die arabisch-islamischen Schlafunterlagen in das europäische Bett integriert worden waren (s. Matratze), so übernahmen die Europäer auch im 17. Jh. die geschilderten Bestandteile islamischer Wohnkultur, um sie mit eigenen Traditionen zu verknüpfen. Mit *Soffa* (1519), *Sopha* u. a. werden in französischen Berichten im 16. und frühen 17. Jh. noch die osmanischen Ehrensitze bezeichnet, ab 1689 (vielleicht schon 1657) steht aber (frz.) *sopha* für etwas Eigenes, nämlich eines der um diese Zeit in Mode kommenden Möbel zum Sitzen oder Liegen, die ihr Entstehen wohl einer Vermischung zweier Elemente verdanken: zusammengebauten Stühlen bzw. Sesseln und den orientalischen Sitz- oder Ruheplätzen mit ihren Polstern. (3)

Diese neuen gepolsterten Möbel, mit oder ohne Rücken- und Armlehne, wurden insbesondere im 18. Jh. in Adels- und später Bürgerkreisen populär; das (frz.) *sofa* (1694) und später der (frz.) *divan* (osm.-tk. *dīvān* aus pers. *dīwān*) wurden zum Zentrum des Salons. Auch der Name der sofaähnlichen (nhd.) *Ottomane* (aus frz. *ottoman(e)* ›osmanisch‹, abgeleitet vom Namen des ersten Osmanenherrschers (osm.-tk.) *ʿOṯmān* nach ar. *ʿUṯmān*) weist auf das Bestreben hin, osmanischen Komfort nachzuahmen. (4)

Im Deutschen, wo aus dem Französischen stammendes (nhd.) *soffa* erstmals 1694 belegt ist, wird bis Mitte des 18. Jh.s unter *soffa* bzw. *Sofa* (1743) noch die türkische Sitzgelegenheit verstanden; etwas später ist das Wort dann in der modernen Bedeutung bezeugt: »Die Nymphe setzte sich auf einen rotsammetnen *Sofa*« (1763) bzw. »Ein Poet hat kein *Sopha*, nur 'nen Strohsack« (1780). (5)

(1) Wehr 715; Lane 1693 f.; EI (*ahl al-ṣuffa; masdjid, sakīfa, marāsim 3, mawākib 3*); A. de Biberstein Kazimirski, Dictionnaire Arabe-Français, 1960, I,1343; Lombard, Textiles 182; (2) Arveiller 491 f.; Devellioğlu (*suffe*); Steuerwald (*sofa*); DF (*Sofa*); Montagu, 13. 3. 1717, 295, vgl. 256, 259; (3) Arveiller (a. a. O.); Rey, Trésor (*sofa*); Feulner 145, 158; (4) Braudel I,330; Rey (*divan, ottomane*); Devellioğlu (*aîvân*); Kluge (*Ottomane*); (5) DF, Zedler (*Sofa*).

Sorbet

Unter (nhd.) *Sorbet* versteht man heutzutage meistens halbgefrorenes Wassereis aus Früchten und Wein oder Likör. (1)

Die Technik, Speisen und Getränke mit Schnee oder Eis aus dem Gebirge zu kühlen, kannten die Chinesen offenbar schon vor unserer Zeitrechnung, auch in der griechischen und römischen Antike wird sie erwähnt. Vermutlich über Indien ist dieses aufwändige Verfahren an die islamischen Höfe gelangt. In »1001 Nacht« werden einem Prinzen in Damaskus Sorbets (ar. pl. *šarabāt*, von *šarba* ›Trank‹, zum Verb *šariba*, s. Sirup) mit moschushaltigem Rosenwasser gereicht, die in derselben Erzählung auch als »Zuckerwasser mit Schnee« beschrieben werden. Aber auch der (ar.) *šarāb*, den angeblich Sultan Saladin dem besiegten König Guido von Jerusalem 1177 anbot, bevor er in die Stadt einzog, ohne wie die Kreuzritter im Jahr 1099 ein Blutbad anzurichten, wird ein derartiges eisgekühltes Getränk gewesen sein. (2)

Solche Luxusgetränke haben die Osmanen unter der Bezeichnung *šerbet* (aus ar. *šarba(t)*) übernommen. Venezianische Gesandte beschreiben Ende des 16. Jh.s (it.) *sor-*

betto (1581, aus osm.-tk. *šerbet*, vermutlich unter Anlehnung an it. *sorbire* ›schlürfen‹) am Hof von Konstantinopel, wo er vielfach auf der Basis von Zitronenwasser, oft angereichert mit Düften wie Moschus und Ambra (s. d.), im Sommer eisgekühlt getrunken wurde. Ende des 17. Jh.s wurde (frz.) *sorbet* (1544, wohl aus it. *sorbetto*) im Rahmen der Mode, osmanische Sitten nachzuahmen, zusammen mit der ähnlichen Limonade (s. d.) und mit Kaffee (s. d.) in Paris angeboten. (3)

In seinem Buch über das »Adeliche Land- und Feldleben« beschreibt der Freiherr von Hohberg schon 1682 die Herstellung von »allerley köstlichen und delicaten Geträncken« auf der Basis von Früchten, welche »von dem Frauenzimmer bey ... vornehmen Pancqueten [Banketten] gebraucht werden«. Unter ihnen gibt er ein Rezept für »*Zerbet* oder *Sorbet*«, wobei die erste Form, ebenso wie etwas später belegtes *Scherbet*, direkt aus dem Türkischen stammen dürfte. Das Getränk besteht aus Brunnenwasser, Zitronensaft, Moschus und Zucker. Die Anweisung »lass es in einem blechernen Geschirr / im Herumrühren gefrieren / und allezeit im Eiß stehen« deutet darauf hin, dass das Getränk schon im modernen Sinn als Halbgefrorenes gereicht wurde. Die Angabe im folgenden Rezept für »Limonada«, man möge das kleingestoßene Eis mit Salz vermischen, könnte bedeuten, dass dabei sogar schon mit einer Art Kühlflüssigkeit gearbeitet wurde. Die Herstellung solcher Kühlflüssigkeiten, in denen die Wassertemperatur durch Zusatz von Salzen wie Salpeter herabgesetzt wird, war wahrscheinlich schon im 13. Jh. im arabischen Raum bekannt und wurde im 16. Jh. in Italien offenbar wieder entdeckt. Mit Hilfe dieser Technik hergestelltes Speiseeis soll es schon im 16. Jh. beispielsweise in Frankreich bei Festmählern des Adels gegeben haben; genauere Rezepte sind aber erst seit dem 18. Jh. überliefert. (4)

(1) F. Timm, Speiseeis, 1985, 23; (2) Panati 79f.; Lippmann 112; Wehr 642; 1001 Nacht, 23./24. Nacht, dt. I,276ff., ar. I,187ff.; F. Gabrieli, Die Kreuzzüge aus ar. Sicht, 1976, 157; Recueil des Historiens des Croisades III, 1884, 39f.; LM (*Saladin*); EI (*al-Ḳuds*); (3) EI (*mashrūbāt, sherbet*); Devellioğlu (*şerbet*); Cortelazzo/Z. (*sorbetto*); Rey (*sorbet*); Leclant 7; (4) W. H. v. Hohberg, Georgica curiosa, 1682, 3. Buch, Kap. 40 = I,229f.; Zedler (*Scherbet*); Kluge, DWB (*Sorbet*); Strube 82; R. Plank (Hrsg.), Handbuch d. Kältetechnik, 1954, 3; v. Lippmann 184; Timm (a. a. O.) 14ff.

Spinat

Der Spinat stammt vermutlich aus Zentralasien. Zum ersten Mal einigermaßen gesichert erwähnt wird er 647 in China als Geschenk des Herrschers von Nepal. Als die Araber im 7. Jh. Persien eroberten, übernahmen sie die Pflanze wohl mit einem – allerdings nicht belegten – mittelpersischen Namen, auf den Formen wie (pers.) *ispanāḫ*, *isfināǧ* u. a. zurückgehen dürften. Der persischstämmige Arzt aṭ-Ṭabarī führt Mitte des 9. Jh.s (ar.) *isfānāǧ* auf. Ende des 10. Jh.s ist (ar.) *isfānāḫ* schon im islamischen Spanien belegt, und zwar in einem Buch, in dem der Gelehrte Ibn Ǧulǧul die Pflanzen beschreibt, die den Griechen und Römern der Antike unbekannt waren. Bei beiden Autoren stehen medizinische Wirkungen der Pflanze im Vordergrund. Im Lauf der Zeit gewann aber der Spinat, auch (ar.) *isbānāḫ* u. ä. genannt, größere Bedeutung als Nahrungsmittel, und so erscheint er in verschiedenen Rezepten in Kochbüchern. (Nahrung und Medizin waren im übrigen nach der antiken Diaitia-Lehre über die »vernünftige Lebensführung« bis weit in die Neuzeit hinein nicht zu trennen: Ein Nahrungsmittel wurde auch immer im Hinblick auf seine vermeintlichen medizinischen Wirkungen untersucht und empfohlen.) (1)

Nach Mitteleuropa gelangten der Spinat und seine Bezeichnung auf verschiedenen Wegen: Schon Ende des

11. Jh.s heißt es bei Constantinus Africanus, der für die Medizinschule von Salerno Texte aus dem Arabischen übertrug, dass Linsen durch Beigabe von (mlat.) *spinachia* bekömmlicher würden. Die sprachlichen und geographischen Zusammenhänge, in denen (mhd.) *spinât* (1. Hälfte 13. Jh.) auftaucht, nämlich (afrz.) *espinace* u. ä. (1256), (it.) *spinacio* (vor 1320) und (mlat.) *spinathia* (13./14. Jh.) u. a. lassen zudem vermuten, dass der Name der Pflanze vor allem durch den Mittelmeerhandel auf dem Weg über Italien bekannt wurde, etwa aus einer arabischen Nebenform *isfināǧ*. Vielleicht spielte dabei zusätzlich volksetymologische Anlehnung an (lat.) *spina* ›Dorn‹ und seine romanischen Abkömmlinge eine Rolle; der ursprünglich importierte Spinat hatte nämlich lanzettförmige Blätter, wie alte Abbildungen zeigen. Der Weg, auf dem die Kultur der Spinatpflanze sich hauptsächlich ausbreitete, scheint aber eher über Spanien geführt zu haben: Leonhart Fuchs schreibt in seinem »New Kreuterbuch« von 1543: »*Spinat* oder *Spenet* würdt auch *Bynetsch* genent … Auff Arabisch *Hispanach* / das ist sovil gesagt / als Hispanisch kraut, villeicht darumb, das es auß Hispania erstlich in ander nation ist gebracht worden«, und zählt anschließend seine medizinischen Wirkungen auf. Er muss damals schon sehr verbreitet gewesen sein, denn 1561 erwähnt Hieronymus Bock in seinem »Kreuter Buch« aus Straßburg »*Bynetsch* … unter allen Kochkreutern (meines Bedünkens) das best und lieblichst«. (2)

Interessanterweise nahm der Verzehr von Spinat im 20. Jh. aus medizinischen Gründen wieder zu. Auf Grund eines Missverständnisses oder eines Kommafehlers wurde der Eisengehalt des Spinats zehnmal so hoch angegeben, als es der Wirklichkeit (ca. 3,5 mg / 100 g) entspricht. Da aber Eisen für die Blutbildung wichtig ist, führte dies dazu, dass der Spinat noch in der 2. Hälfte des 20. Jh.s als unentbehrlicher Bestandteil der Baby- und Kindernahrung angesehen und propagiert wurde – nicht immer zur Freude der Betroffenen. (3)

(1) Watson 62, 176; Steingass 48, 58; (2) aṭ-Ṭabarī 379; Ibn Ǧulǧul Nr. 58; Rodinson, Recherches 136; Heine 51ff., 91; LM (*Ernährung*, 2169); (3) Lexer, BMZ (*spinât*); Constant Afric., II (Summi in omni philosophia … operum reliqua), V. 15, S. 121; Diefenbach 547a; Rey (*épinard*); FEW (*aspanāḫ*); Cortelazzo/Z. (*spinacio*); Pfeifer (*Spinat*); Hortus, Cap. 364; L. Fuchs, The New Herbal, 2001, Cap. 261; U. Körber-Grohne, Nutzpflanzen in Deutschland, 1988, 219.

Sultanine

Die Bezeichnung *Sultanine* für eine helle, kernlose Rosine der *Sultana*-Traube stammt aus dem 20. Jh. Ende des 19. Jh.s tauchen allerdings schon Bezeichnungen wie *Sultanin-* oder *Sultaniarosinen* und in Italien *uva sultanina* (für die Traubensorte) auf. Im Spätosmanisch-Türkischen heißt die entsprechende Rosine offenbar um diese Zeit *sultânî* nach dem Adjektiv (ar., osm.-tk.) *sulṭānī*, das auf verschiedene Gegenstände angewendet wurde, die mit dem osmanischen Herrscher, dem Sultan (osm.-tk. *sulṭān*) oder im übertragenen Sinn mit seinem herausragenden Rang in Beziehung gesetzt wurden. (1)

Die osmanische Herrscherbezeichnung gibt (ar.) *sulṭān* wieder, das mit ziemlicher Sicherheit aus (syr.) *šulṭānā* hervorgegangen ist. Im Koran hat (ar.) *sulṭān* meistens die Bedeutung ›Beweis‹, aber auch, wie im Syrischen, ›Macht‹. Schon um 700 konkretisierte sich diese abstrakte Bezeichnung zu ›Machthaber‹. Ab dem Ende des 10. Jh.s wurde sie gelegentlich auf verschiedene Herrscher angewendet, doch erst dem Anführer der türkischstämmigen muslimischen Seldschuken Toġril Beg scheint der Titel (ar.) *as-sulṭān al-muʿaẓẓam* ›erhabener Herrscher‹ (so auf Münzen) offiziell vom Kalifen verliehen worden zu sein, nachdem die Seldschuken im Jahr 1055 die damaligen schiitischen Herrscher aus Bagdad vertrieben hatten. Verkürzt auf *sulṭān*, wurde er von da an auch von anderen Herrscherdynastien gebraucht. Beides steht im Zusammenhang mit der inzwischen eingetretenen Schwächung des Kalifenamts: *Kalif*, (ar.) *ḫalīfa* ›Nachfolger‹ war Bestandteil des Herrschertitels *ḫalīfat rasūl Allāh* ›Nachfolger des Gesandten Gottes‹, der erstmals 632 nach dem Tod Mohammeds durch Akklamation der führenden Anhänger des Propheten verliehen wurde. Der Kalif war der unumschränkte, nur dem religiösen Gesetz, der Scharia (s. Kadi) unterworfene Herrscher der islamischen Gemeinde, also auch des riesigen Reiches, das sich im 7. und 8. Jh. gebildet hatte. Schon Mitte des 8. Jh.s aber erklärte der Emir (s. Admiral) auf der spanischen Halbinsel seine Unabhängigkeit vom Kalifen, andere Machthaber, insbesondere an der Peripherie des Reiches, versuchten in der Folgezeit ebenfalls, sich selbständig zu machen. Verstärkt wurde dieser Prozess durch die massive Einwanderung turksprachiger Völker wie der Seldschuken. So blieb dem (arabischen) Kalifen in Bagdad nur noch die nominelle Oberhoheit über verschiedene Herrscherdynastien, beispielsweise ein Jahrhundert später über die der Aiyubiden, deren Begründer Ṣalāḥ ad-Dīn (Saladin) 1187 Jerusalem von den Kreuzrittern zurückeroberte (s. Sorbet). 1250 wurden die Aiyubiden gestürzt von den *Mamluken* oder *Mamelucken* (aus ar. *mamlūk* ›in Besitz befindlich‹, ursprünglich weiße, meist türkische oder tscherkessische Militärsklaven, die im Aiyubidenreich in hohe Positionen gelangt waren), welche fortan als Sultane in Ägypten und Syrien herrschten. 1517 wurde ihr Reich vom türkischen Sultan Selim I. erobert und dem Osmanischen Reich einverleibt, an dessen Spitze bis zum Zusammenbruch des Reiches jeweils ein (osm.-tk.) *sulṭān* in Konstantinopel/Istanbul stand, der übrigens auch den Kalifentitel beanspruchte. (2)

Im Westen Europas tauchen Wortformen, die (ar.) *sulṭān* wiedergeben, im Zusammenhang mit den Kreuzzügen auf. In einem um 1170 entstandenen Bericht wird erklärt, dass (bei den Muslimen) die »Fürsten« oder »Könige« (mlat.) *Soldani* genannt würden; in ähnlichen Zusammenhängen tauchen kurz darauf beispielsweise (afrz.) *souldan* u. a. oder (it.) *soldano* auf. Mit der Bezeichnung (mhd.) *soldân* von Connelant in Hartmanns von Aue »Erec« (um 1185) ist wohl der Sultan der Rum-Seldschuken in Konya (Kleinasien) gemeint; ab dem 14. Jh. findet sich dann (mhd.) *soldân* öfter in Verbindung mit der Ortsangabe »von Babilône/Babylon« u. a. (eine mittelalterliche Bezeichnung für Kairo, gelegentlich aber auch für Bagdad) oder direkt in Bezug auf Saladin (dessen erste Residenz Kairo war). Auch im 16. Jh. wird mit *soldan* (bei Luther *soltan*) noch überwiegend der ägyptische Herrscher bezeichnet. 1538 wird dann der »könig inn Egypten«, der »anno 1517 von dem Türcken vertriben« wurde, erstmals (nhd.) *sultan* genannt. Diese Wortform ist direkt von (ar., osm.-tk.) *sulṭān* abgeleitet und setzte sich im 17. Jh. als Bezeichnung für den osmanischen Herrscher durch. (3)

(1) Pfeifer (*Sultan*); DWB (*Sultanin*); Cortelazzo/Z. (*sultano*); Devellioğlu (*sultân*, *sultânî*); Steuerwald (*sultan*), Littmann 69f.; (2) Wehr 558, 358f., 1223; Jeffery 176f.; EI (*sulṭān*, *khalīfa*, *mamlūk*); Cardini 44; LM (*Sultan*, *Kalif*); (3) Du Cange (*sultanus*); Pellegrini Ar. 99; Rey (*sultan*); Battaglia (*soldano*); Lexer (*soldân*); Erec V. 2003f.; DWB (*Sultan*); Kunitzsch 130; Tazi 242, 305f.

Talisman

Am Anfang der Wortgeschichte von (nhd.) *Talisman* steht (gr.) *télos* ›Ende, Erfüllung‹, im Plural aber auch ›Weihegeschenke an die Götter‹. Dem entspricht ein ab dem 4. Jh. n. Chr. bezeugtes (gr.) *télesma* ›Weihegeschenk, geweihter Gegenstand‹. Vielleicht übermittelt durch (syr.) *talesma*, ist es im 9. Jh. mit unterschiedlichen Schreibweisen, von denen (ar.) *ṭilasm* die häufigste ist, im magischen Schrifttum der Araber belegt, welches anfangs, ähnlich wie die arabische Alchimie (s. d.), oft auf freien Übersetzungen von griechischen Vorlagen beruhte. (1)

In diesem Zusammenhang ist von besonderer Bedeutung ein von dem Geographen al-Yaʿqūbī (gest. 897) (ar.) *ṣāḥib aṭ-ṭilasmāt* (›Herr der Talismane‹) genannter (ar.) Balīnūs, nämlich der schon früh als Heiliger und Wunderheiler verehrte Apollonius von Tyana (1. Jh. n. Chr.). Ab dem 5. Jh. galt er in griechischen Legenden, die später auch im Arabischen kursierten, als Errichter der (gr., pl.) *telésmata*, magischer Statuen, die an den Toren byzantinischer und persischer Städte errichtet wurden, um sie vor Feinden zu schützen, Tiere fernzuhalten und Überschwemmungen zu verhüten. (Von alten Säulen mit nichtarabischen Inschriften in Nordsyrien, die vor Skorpionen schützen sollten, berichtet offenbar noch Mitte des 11. Jh.s der persische Reisende Nāṣir-i Ḫusrau.) Zu ähnlichen Zwecken sollen *telésmata* auch vergraben worden sein. In der frühen arabischen Magie finden sich darüber hinaus Berichte über legendäre, offenbar amulettartige Talismane, die beispielsweise Aristoteles Alexander dem Großen für den Feldzug nach Indien mitgab, oder durch die Moses Ansehen vor dem Pharao gewann. Die Bezeichnung (ar.) *ṭilasm* ging jedenfalls schon früh auf die beliebten Amulette über, kleine Steine oder Siegel mit eingeritzten Symbolen und Zeichen, die bereits in vorislamischer Zeit Schutz vor allerlei Übel (etwa dem bösen Blick) gewähren sollten, aber auch als Liebeszauber dienten. (2)

Ins westliche Europa gelangten einige magische Schriften der Araber über das muslimische Spanien; so wurde beispielsweise die berühmteste dort zu Magie und Alchimie verfasste Schrift auf Anordnung von König Alfons dem Weisen 1256 unter dem Titel »Picatrix« (vermutlich eine Entstellung der arabischen Namensform »Bīqrāṭīs« für den griechischen Arzt Hippokrates) ins Spanische übersetzt, allerdings ohne dass (ar.) *ṭilasm* dabei entlehnt worden wäre. Entsprechende Wortformen tauchen erst im

17. Jh. im westlichen Europa auf: 1629 (oder schon 1610) ist in Frankreich (frz.) *talisman* ›Gegenstand mit magischen Eigenschaften‹ belegt; im Englischen meint *Talisman* 1638 die griechischen geweihten Statuen und 1652 ein Objekt im Zusammenhang mit Astrologie. In Deutschland heißt es 1646: »daß solche Machtbilder oder Bilderwürkungen genennet werden *Talisman* / wann sie durch Kunst und Menschen-Hände zubereitet werden / welches ein Arabisches Wort ist und heisset eine Figur / ein Bild oder gewisses Zeichen«. Wie diese westeuropäische Wortform mit der Endung *-an* zustande kam, ist unklar; am wahrscheinlichsten ist eine Angleichung an das seit dem 16. Jh. in westeuropäischen Sprachen bezeugte *talisman* (it. *talismano*) ›ein muslimischer Geistlicher oder Gelehrter‹, das aus dem Persischen entlehntes (osm.-tk.) *dānišmend* ›gelehrt, Gelehrter‹ wiedergibt. (3)

Im Deutschen wird unter *Talisman* in zwei weiteren frühen Belegen eine Art Amulett gegen Pest oder böses Fieber verstanden. Ende des 18. Jh.s ist das Wort auch schon in übertragener Bedeutung belegt: Mit »Freyheit, Gleichheit … die *Talismane* der Schurken« (1790) wird offenbar die Französische Revolution verurteilt. Die Tatsache, dass Zedlers Enzyklopädie sich 1744 seitenlang über verschiedenste Talismane und ihre angeblichen Wirkungen auslässt, um sie schließlich als Aberglauben und Betrug zu brandmarken, lässt ebenfalls darauf schließen, dass den Talismanen im 18. Jh. einiges Interesse entgegengebracht wurde. Goethe, der sie allerdings wohl eher als Chiffren für das Bild des Orients gebraucht, das er im »West-Östlichen Divan« (1819) entwirft, räumt ihnen einen wichtigen Platz am Anfang der Gedichtsammlung ein: »*Talisman* in Karneol / Gläub'gen bringt er Glück und Wohl, / … Alles Übel treibt er fort, / Schützet dich und schützt den Ort: / Wenn das eingegrabne Wort / Allahs Namen rein verkündet, / Dich zu Lieb und Tat entzündet. / Und besonders werden Frauen / Sich am *Talisman* erbauen«; und kurz darauf heißt es unter der Überschrift *Talismane*: »Gottes ist der Orient! / Gottes ist der Okzident! / Nord- und südliches Gelände / Ruht im Frieden seiner Hände.« (4)

(1) Frisk II,871 f.; Liddell/Scott 1770 ff.; Reallex. Byz. 453; Payne Suppl. 175; Wehr 780; Lane 1867; (2) Ullmann, Natur- u. Geheimwiss. 359–426; EI (*tilsam*, *Balīnūs*, *Ma'arrat al-Nu'mān*, *tamīma*); OED (*telesm*); J. Burckhardt, Die Kultur d. Renaissance in Italien, 6. Abschn., 4. Kap. (Einzelne Zaubergattungen); (3) Vernet 230; Ullmann 385 f.; Rey, Trésor, OED (*talisman*); DF (*Talisman*); Battaglia (*talismano*); Devellioğlu (*dânişmend*); Steingass 501; Corominas/P. (*talismán*); FEW (*ṭilasm*); EI (*ṣofta*); (4) Zedler (*Talismans*).

Tamburin

(Nhd.) *Tamburin* ist abgeleitet von (frz.) *tambour* ›Trommel‹. Eine Vorform dieses Worts findet sich um 1080 im altfranzösischen »Rolandslied« (V. 3137 f., 852), wo die Muslime Spaniens sich zur Schlacht gegen das Heer Karls des Großen rüsten: »Im ganzen Heer ließen sie ihre [pl.] *taburs* ertönen und die Trompeten«. Auch im spanischen »Cantar de mio Cid« (um 1140) werden mehrfach die muslimischen Kriegstrommeln, (sp.) *atamor*, geschildert, deren Lärm die Christen sehr beeindruckt zu haben scheint, und in Wolframs von Eschenbach »Parzival« (um 1205) künden »pusûner [Trompeter] und *tambûrer* [Trommler]« den Beginn einer Schlacht an. Eine nicht militärische Funktion der Trommel zeigt allerdings der prunkvolle, mit Musik begleitete Einzug von Parzivals Vater Gahmuret bei der dunkelhäutigen Königin Belakane: »ein *tambûrer* sluog [schlug] unde warf vil hôhe sîne *tambûr*« (wohl aus frz. *tambour*, das allerdings erst Ende des 13. Jh.s belegt ist). (1)

Offenbar haben die westlichen Europäer Trommeln in

verschiedenen Formen und Größen von den Muslimen übernommen. Es besteht aber keine Einigkeit darüber, welches arabische Wort den europäischen Wortformen zugrunde liegt. Am ehesten der Plural *ṭubūl* von (ar.) *ṭabl*, der allgemeinen Bezeichnung für die Trommel; eine Beeinflussung durch (ar.) *ṭunbūr*, eine vornehmlich in Persien heimische Langhalslaute, oder durch (pers.) *tabīr*, wohl eine Zylindertrommel, könnte allenfalls auf den Kreuzzügen stattgefunden haben. Auch Lautmalerei, mit der das Trommelgeräusch nachgeahmt wird wie in (mhd.) *trum(b)el* (nhd. ›Trommel‹), könnte zumindest bei der Bildung der Formen mit *-m-* mitgewirkt haben, vielleicht auch Anlehnung an *tympanum*, die verbreitete mittellateinische Bezeichnung für die Trommeln, die allerdings vor der Begegnung mit den Muslimen in Europa relativ selten waren. (2)

Die Europäer übernahmen auch die große Kesseltrommel bzw. Pauke, (ar.) *ṭabl al-kūs*, zusammen mit der Trompete ein Bestandteil des muslimischen Heers, und etwa ab dem 15. Jh. von den osmanischen Türken große zylinderförmige Trommeln, die im Französischen ebenfalls *tambour* genannt wurden. Im 17. Jh. ging die Bezeichnung (frz.) *tambour* dann auf den Trommler über. Im Deutschen, wo man für das Instrument im allgemeinen die Bezeichnung (nhd.) *Trommel* verwendete, wurde offenbar in der Zeit des Dreißigjährigen Kriegs das französische Wort mit seiner Bedeutungsveränderung übernommen, so dass ab Mitte des 17. Jh.s (nhd.) *Tambour* den Trommler im Militär, am Hof und in Festzügen bezeichnet (noch 1837 ist eine der Hauptpersonen in Büchners »Woyzek« der *Tambourmajor*). (3)

Im Gegensatz zur vornehmlich militärischen Verwendung von Tambour/Trommel ist die kleine, flache Rahmentrommel, die als (nhd.) *Tamburin* bezeichnet wird, wenn sie mit Schellen am Rand bestückt ist, offenbar immer ein Instrument gewesen, das bei verschiedenen Vergnügungen gespielt wurde. In vorchristlicher Zeit taucht es bei Völkern des Nahen Ostens auf, aus römischer Zeit existieren Abbildungen von ihm, bei den vorislamischen Arabern war es unter dem Namen *duff* bekannt, und in den Erzählungen von »1001 Nacht« wird vielfach geschildert, wie vornehmlich Sängerinnen zu Feierlichkeiten oder zur Unterhaltung nach dem Essen den Tamburin spielen. (Die kluge äthiopische Sklavin Marǧāna lässt sich allerdings bei ihrem Tanz von Ali Babas Sohn auf dem Tamburin nur begleiten, bevor sie unter Benutzung des Instruments den Räuberhauptmann überlistet.) Im europäischen Mittelalter schließlich sind Engel und Spielleute mit solchen Rahmentrommeln abgebildet. (4)

Zu (frz.) *tabour/tambour* wurden Mitte des 15. Jh.s die Verkleinerungsformen (frz.) *tabourin* und *tambourin* ›kleine Trommel‹ gebildet. Gemeint waren damit allerdings wohl vorwiegend längliche Zylindertrommeln (*tambourin de Provence*), die zusammen mit einem Blasinstrument gespielt wurden. Später wurde die Bezeichnung (frz.) *tambourin* auch für die kleine Rahmentrommel mit Schellen, den *tambour de basque*, gebraucht, dessen Bezeichnung vermuten lässt, dass er über Nordspanien aus den islamischen Gebieten kam. Wie verbreitet das Instrument in Deutschland war, ist nicht ganz klar. Die Bezeichnung (nhd.) *Tamburin*, abgeleitet aus (frz.) *tambourin*, scheint jedenfalls erst ab dem 19. Jh. häufiger aufzutreten. (5)

(1) Corominas/P. (*tambor*); Lexer (*tambûr*); Parzival 379,14, 19,8 f.; Trésor (*tambour*); (2) MGG (*Trommeln*); New Grove Dict. (*drum*); Tazi 224; Wehr 767; Cortelazzo/Z. (*tamburo*); Corriente (*tambor*); Rey (*tambour*); Pfeifer (*Trommel*), Du Cange (*tympanum*); LM (*Musikinstrumente*, 965); (3) EI (*ṭabl*); New Grove Dict., MGG, Trésor (a. a. O.); DWB (*Tambur*); Adelung (*Tambour*); (4) New Grove Dict. (*tambourine*); 1001 Nacht, Ende der 270. Nacht, dt. II,853; (5) Rey (a. a. O.); Trésor (*tambourin*); New Grove Dict. (*tambourin de Provence, de Béarn*); MGG, LM (a. a. O.); DWB (*Tamburin*).

Tarif

(Nhd.) *Tarif* geht zurück auf das arabische Verbalsubstantiv *ta'rīf* des Verbs (ar.) *'arrafa* ›zur Kenntnis geben‹ bzw. daraus abgeleitetem *tar'īfa*. (Ar.) *ta'rīf* und *ta'rīfa* bedeuten demgemäß im klassischen Arabisch ›Bekanntgabe, Belehrung‹. Ohne dass sich das aus schriftlichen Zeugnissen eindeutig belegen lässt, muss zumindest (ar.) *ta'rīfa* allerdings noch im Mittelalter im Verwaltungsapparat die zusätzliche Bedeutung ›Preisliste‹ bekommen haben, die es auch im modernen Arabischen hat und mit der es über den Mittelmeerhandel (s. Magazin) im westlichen Europa übernommen wurde. Im Italienischen taucht nämlich *tarifa*, *tariffa* offenbar in dieser Bedeutung ab 1338 auf; im Katalanischen ist schon 1315 in etwas abweichender Bedeutung ein vereinzeltes *tariffa* ›Anteil (offenbar in Geld), den der König jährlich erhält‹, belegt. (1)

Das italienische Wort wurde im 16. Jh. in die deutsche Kaufmannssprache übernommen, 1514 ist von »*Driffas* von kauffmannschaft« die Rede; in einem Inventar der Fugger wird 1527 ein »*tarifa* taffell [Tafel]« erwähnt, 1572 ist »*Tariffa* oder Uncostbüchlein von allen Wahren in Venedig« belegt. Ab 1675 erscheint das Wort in der Form (nhd.) *Tarif*. Sie stammt aus dem Französischen, wo (frz.) *tarif* (1641) an die Stelle von *tariffe* getreten war, das 1572 erstmals vermutlich in der Bedeutung ›Verzeichnis der Wechselkurse‹ bezeugt ist und aus dem Italienischen stammt. Wie an den Belegen »*Tarif*, ist ein Verzeichniß vieler nach ihrem Werth geschätzter Waaren« (1709), »allgemeiner *Zolltarif* für alle Häfen« (1785) und »Auch erübrigt sich, zum *Tarifvertrag* eine Stellung einzunehmen« (1912), abzulesen ist, erhält das Wort in der folgenden Zeit zunehmend seine heutigen Bedeutungen im Deutschen. (2)

(1) Wehr 830ff.; Dozy II,117f.; Cortelazzo/Z. (*tariffa*); Corominnes (*tarifa*); (2) DF (*Tarif*); Rey (*tarif*); Huguet (*tariffe*).

Ausgangspunkt des nhd. Wortes *Tasse* ist das altpersische *tašta* in der Bedeutung ›Schale‹. Über (mpers.) *tašt* ist das Wort ins Arabische gekommen, wo es bereits in der Prophetenbiographie des Ibn Hišām (gest. 834) belegt ist, die auf ein älteres Buch von Ibn Isḥāq (gest. 768) zurückgeht: Zwei Männer mit weißen Kleidern (offenbar Engel) sollen den einst noch minderjährigen Mohammed zu Boden geworfen, seinen Leib aufgeschnitten, sein Herz entnommen und es im Schnee gereinigt haben, den sie in einer goldenen Schale (*ṭašt*) mit sich trugen. Mit *ṭašt* oder *ṭast* wurden dann auch die goldenen Becken bezeichnet, die an den Herrscherhöfen zum Händewaschen vor oder nach dem Essen gereicht wurden. Im Arabischen galt das Wort aber als Fremdwort, so dass die arabisierten Wortformen *ṭass*(*a*) und *ṭās*(*a*) entstanden, die schon al-Ǧauharī (gest. um 1006) in seinem Wörterbuch aufführt. Aus dem 13. Jh. ist dann eine schön ziselierte *ṭāsa* aus Bronze und Kupfer mit pokalartigem Fuß erhalten, deren Inschriften besagen, dass, wer aus ihr trinkt, gegen Krankheit und Unheil gefeit sei. Mit *ṭāsa* wird auch 1290 im Jemen ein Kompass (s. Monsun) bezeichnet, bei dem die Magnetnadel auf einer mit Wasser gefüllten Schüssel schwimmt, deren Rand mit Gradbezeichnungen markiert ist. (1)

Abgesehen von einem sehr frühen Beleg aus Spanien, wo mit der Verkleinerungsform (sp.) *tazola* (999) angeblich ein Gefäß aus Kupfer oder Bronze bezeichnet wird, taucht das Wort auf der Iberischen Halbinsel ab 1271 und im übrigen Europa im 14. Jh. auf; (kat.) *taça* u. a., (mlat.) *tassia* u. a. (1318), (it.) *tazza* (um 1330), (prov.) *tassa* (1344) und (frz.) *tasse* (um 1365) bezeichnen meistens silberne oder vergoldete Trinkgefäße, die, wie die Gläser aus Venedig, als Luxusartikel neben die herkömmlichen Schalen aus Holz oder Ton und die Zinnkrüge traten. Man nimmt an, dass sie unter ihrem arabischen Namen von der syrisch-libanesischen Küste importiert wurden: In der Tat war neben der (vielfach von Juden betriebenen) Glasindustrie aus Tyros, die ab Ende des 13. Jh.s von den Venezianern in Murano kopiert wurde, auch das Kunsthandwerk aus Damaskus berühmt. Später wurden diese Gefäße in Europa selbst produziert. Das Wort dafür gelangte aus dem Französischen ins Deutsche. 1561 wird in einem Wörterbuch erläutert: »Die *Tassen* ist ein Trinkgeschirr oder Schalen«. (2)

Im 17. Jh. gelangten mit der Schokolade aus Mexiko, dem Kaffee (s. d.) aus Arabien und dem Tee aus China neuartige Getränke nach Europa. In den Adelskreisen, wo ihr Genuss anfangs als exotischer Luxus zelebriert wurde, nahm man sie in teuren, übers Osmanische Reich aus China oder Japan importierten Porzellanschälchen zu sich. Auf diese Schälchen wurde nun ebenfalls das Wort (frz.) *tasse* bzw. (it.) *tazza* angewendet. In Deutschland findet sich um 1702 die Eintragung »ein *Tässlein* Thee / Kafe / Schokolat« und in Zedlers »Universal-Lexicon« wird (nhd.) *Tasse* 1744 definiert als »ein Schälgen, woraus man Thee, Coffee, Chokolade oder ander ausländische Säfte zu trinken pflegt«. Man bemühte sich nun auch, selbst solche Schälchen herzustellen, erst aus Fayence (benannt nach der italienischen Stadt Faenza, dort aber »maiolica« genannt, was auf die Rolle der Insel Mallorca als Vermittlerin spanisch-islamischer Keramik hinweist), dann aus dem ab den ersten Jahrzehnten des 18. Jh.s in Europa selbst produzierten Porzellan. Derartige Gefäße wurden dann sogar wieder ins Osmanische Reich exportiert. In einer Aufstellung von 1708 aus Marseille werden dabei übrigens auch schon Becher (»goubelets«) mit Henkeln (»anses«) erwähnt. Diese Henkel waren eine Neuerung, zusammen mit den ebenfalls neuen Untertassen setzten sie sich langsam im 18. Jh. in Europa durch. (3)

(1) MacKenzie 82; Ch. Bartholomae, Altiran. Wörterbuch, 1904, 646; Ahmed Hebbo, Die Fremdwörter in der ar. Prophetenbiographie, 1984, 259f.; Lane 1852, 1890; Wehr 774, 789; EI (*ghulām*, *ṭāsa*); James Allan, Metalwork Treasures, 2002, 80f.; (2) Corominas/P. (*taza*); Coromines (*tassa*); Pellegrini Ar. 170, 112; Cortelazzo/Z., Battaglia (*tazza*); Sguaitamatti-Bassi 152ff.; Rey, Trésor (*tasse*); FEW (*ṭassa*); Moulin 197; D. Ball (Hrsg.), Kaffee im Spiegel europäischer Trinksitten, 1991, 120f.; Heyd II,678f.; LM (*Araber*, 842); Lombard, Blütezeit 191; LM (*Tauschierung*); DWB (*Tasse*); (3) Schivelbusch 26, 99; Braudel I,264; Heise 60f., H. Paul, Dt. Wörterbuch, [9]1992 (*Tasse*); Ball (a. a. O.); J. Matusz, Porzellan, 1987, 13ff.; Rey (*faïence*); Cortelazzo/Z. (*maiolica*).

Zechine

Zechine (zuerst nhd. *Zechin*, 1573) ist die Bezeichnung einer Goldmünze, die in Venedig von 1284 bis 1797, also bis zum Ende Venedigs als Staat geprägt wurde. In Mozarts »Entführung aus dem Serail« wird noch 1782 »ein Beutel mit *Zechinen*« als Bestechungsgeld angeboten und in »Cosi fan tutte« (1790) um 100 *zecchini* gewettet. Das Wort ist abgeleitet von (it.) (*ducato*) *zecchino*, das erstmals 1536 belegt ist. Da aber auch (frz.) *sequin* (1532) und vielleicht sogar das isolierte (frz.) *essequin* (1400) daraus abgeleitet scheinen, dürfte es schon früher in Gebrauch gewesen sein. Inhaltlich meint es einen »newen ducaten de *czecka*« (1479, it. »nuovo di *zecca*«), d. h. einen Dukaten, der erst vor kurzem in der *Zecca*, der staatlichen Münzprägeanstalt Venedigs, geprägt worden war. (It.) *zecca* (vor 1348), hervorgegangen aus Formen wie (mlat.) *ceca* (1278 in Venedig), ist wiederum eine verkürzte Ableitung von (ar.) *dār as-sikka* ›Haus der Münzprägung‹, der arabischen Bezeichnung für eine Münzprägestätte oder Münzverwaltung. Mit (ar.) *sikka*, einem alten Namen für verschiedene Eisenwerkzeuge, wurde nämlich ursprünglich auch der eiserne Stempel zum Prägen der Münze bezeichnet. (1)

Im frühen Mittelalter waren die Leitwährungen im Mittelmeergebiet der goldene byzantinische Solidus oder Nomisma, der aus dem römischen Denarius Aureus entstanden war, und mehr noch der arabische goldene Dinar (aus lat. »denarius«), der den Solidus nachahmte (s. Karat). Im relativ armen westlichen Europa wurden dagegen zu dieser Zeit fast nur Silbermünzen geprägt. Im Zuge des wirtschaftlichen Aufschwungs, den die oberitalienischen Handelsstädte durch den Mittelmeerhandel nahmen, und auf der Basis der dabei inzwischen erzielten Handelsüberschüsse gegenüber den islamischen Gebieten begannen nun aber ab 1252 erst Florenz und Genua, ab 1284 auch Venedig nach dem Vorbild der nordafrikanischen Dinare (s. Marabu) selbst Goldmünzen zu prägen. Dass die Prägestätten dabei nicht nur in Venedig, sondern auch in Genua und Florenz mit (mlat.) *cecha* (vor 1250) bzw. *zec(h)a* (14. Jh.) Bezeichnungen trugen, die von (ar.) *dār as-sikka* abgeleitet sind, lässt sich vermutlich damit erklären, dass man sich bei der Herstellung der neuen Münzen an den arabischen Methoden orientierte, wo jeder Dinar sorgfältig einzeln geprägt wurde – im Gegensatz zur bisher üblichen Massenproduktion der Silbermünzen. (2).

Die neuen Goldmünzen erlangten schnell große Bedeutung. Der Florin aus Florenz wurde im 14. Jh. im Westteil des deutschen Reichsgebiets übernommen und als Gulden (»goldener Florin bzw. Pfennig«) nachgeahmt. Der *Zecchino* dagegen wurde bekannt unter dem Namen »Dukaten«. Diese Bezeichnung wird im allgemeinen über (it.) »ducato« (1299) auf (mlat.) »ducatus« zurückgeführt, das in der Umschrift der Münze auftaucht, sie wurde aber wohl schon früher für einzelne Silbermünzen in Venedig und Sizilien gebraucht. In ihr ist das Nachwirken byzantinischer Herrschaft in Italien erkennbar, sie geht nämlich zurück auf (byz.-gr.) »doukáton« ›Herrschaftsbereich eines doúkas‹ (aus lat. »dux« ›Anführer‹). Dieser Dukaten nun trat im 14. Jh. in abgewandelter Form in Ägypten an die Stelle des Dinars – ein weiteres Zeichen dafür, dass sich das wirtschaftliche und machtpolitische Gleichgewicht im Mittelmeergebiet zugunsten der westlichen Europäer verschoben hatte. In Mitteleuropa wurde er zuerst in Ungarn und Böhmen übernommen, verdrängte dann als Goldmünze den Gulden und wurde bis zum Ende des alten Deutschen Reiches 1806 unverändert geprägt. (3)

(1) Tazi 246ff.; W. Trapp, Kl. Handb. d. Münzkunde, 1999, 72; Entführung III,5; Cosi fan tutte I,1; Battaglia (*zecca, zecchino*); Wis 279f., Trésor (*sequin*); Wehr 579; EI (*sikka*); Lane 1387; (2) LM (*Solidus*); EI (*dīnār*); LM (*Münze*); Trapp (a. a. O.) 62, 29, 67, 72; Ph. Grierson, The coins of medieval Europe, 1991, 105, 110; LM (*Dīnār, Fernhandel, Araber* 840); Du Cange (*zecha*); Pellegrini Ar. 109; A. Clot, Harun al-Raschid, 1990, 216f.; M. Lombard, Monnaie et Histoire, 1971, 222, 145f.; (3) Pfeifer (*Gulden, Dukaten*); Grierson 221, 96, 107, 219f.; Trapp (a. a. O.) 72ff.; LM (*Dukat, Dux/Dukat, Dīnār*); MLW (*ducatus*); Cortelazzo/Z. (*duca*); Reallex. Byz. 401.

Zenit

(Nhd.) *Zenit* als Bezeichnung des Scheitelpunkts am Himmelsgewölbe über dem Beobachter geht letztlich zurück auf den astronomischen Fachterminus (ar.) *samt ar-ra's* ›Richtung des Kopfes‹. (Entsprechend wurde der dem Zenit gegenüberliegende imaginäre Fußpunkt *naẓīr as-samt* ›der dem Zenit Gegenüberliegende‹ genannt; woraus übers Mittellateinische der Fachbegriff nhd. *Nadir* wurde.) (Mlat.) **zemt*, mit dem (ar.) *samt ar-ra's* offenbar ursprünglich wiedergegeben wurde, scheint nicht belegt, dafür findet sich schon in der lateinischen Übersetzung eines Werks des Astronomen al-Battānī (gest. 929), die Plato von Tivoli (Plato Tiburtinus) in der ersten Hälfte des 12. Jh.s wahrscheinlich in Barcelona anfertigte, die Form (mlat.) *zenit*. Sie ist wohl dadurch entstanden, dass das *-m-*

in (mlat.) **zemt* irrtümlich zu *-ni-* verschrieben wurde, prägte aber erstaunlicherweise die Zukunft der europäischen Wortform. Ab 1200 sind (mlat.) *cenit* und *zenith* belegt; im »Paradies« seiner »Göttlichen Komödie« (vor 1321) erwähnt dann Dante eine seltene Konstellation, in der Sonne und Mond sich im selben Abstand zum (it.) *cenit* befinden. Im Deutschen erscheint das Wort erstmals um 1490 im »Deutschen Ptolemäus«, wo erläutert wird, dass die Sonne am Äquator zweimal jährlich im *zenith* steht. (1)

Die frühen muslimischen Astronomen des Mittelalters hatten ihre Kenntnisse vorwiegend durch Übersetzungen aus dem Griechischen, etwa der Werke des Klaudios Ptolemaios (lat. Ptolemäus) aus Alexandria (2. Jh. n. Chr.), aber auch von Indern und – mittelbar – von den alten Babyloniern gewonnen. Sie waren bestrebt, diese zu vertiefen, um mit ihrer Hilfe an jedem beliebigen Ort die Gebetsrichtung nach Mekka und die Zeiten des fünfmaligen täglichen Pflichtgebets genau bestimmen zu können. Diesem Zweck diente auch ein kompliziertes Instrument, das sogenannte Astrolab (lat. »astrolabium«, ar. »asṭurlāb«), das aus Vorformen, wie dem von Ptolemaios beschriebenen »Planisphaerium« weiter entwickelt und Ende des 10. Jh.s in Katalonien von den Europäern übernommen wurde. Dabei wurde (ar.) *samt*, eigentlich ›(rechter) Weg, Richtung‹ schon im 9. Jh. ein Terminus technicus zur Positionsbestimmung eines Gestirns (Sonne, Mond, Stern). So bezeichnet *samt min dā'irat al-ufuq* (›Position auf dem Kreis des Horizonts‹) bei al-Battānī den Bogen auf dem Horizont zwischen zwei Punkten, und zwar dem Schnittpunkt mit demjenigen (einem Längengrad entsprechenden) Vertikalkreis, der auf der Himmelskugel durch den Zenit und das beobachtete Gestirn geht, und dem, der durch den Zenit in West-Ost-Richtung verläuft. In diesem Zusammenhang wurden nun auf dem Astrolab die dort abgebildeten Vertikalkreise (pl.) *dawā'ir as-sumūt* (›Kreise der Positionen‹) genannt. (2)

Um 1140 übersetzte Hermann von Dalmatien (Hermann von Kärnten) aus der sogenannten Schule von Toledo eine arabische Version des »Planisphaerium« von Ptolemaios. Darin gab er (ar.) *as-sumūt* mit (mlat.) *assumuth* wieder. In der Folgezeit wurde (mlat.) *azimut* u. a. dann als selbständiges Substantiv verstanden. Es bezeichnete in der Astronomie offenbar weiterhin den Bogen auf dem Horizont; in der Astrolabliteratur jedoch auf Grund eines Irrtums, der ebenfalls auf Hermann von Dalmatien zurückzugehen scheint, die auf dem Instrument abgebildeten Vertikalkreise am Himmelsgewölbe, eine Bedeutung, die (it.) *azzimutti* noch bei Galilei hat. Dieser Widerspruch spiegelt sich auch noch 1732 in Zedlers Universallexikon, wo erwähnt wird, »*Azimuth*« seien im Arabischen »die Circkel auf der Fläche der Welt-Kugel, welche durch das *Zenith* und *Nadir* eines Orts gehen«, ansonsten das Wort aber erklärt wird als »Bogen des Horizonts … zwischen dem Mittags-Circkel und einem Vertical-Circkel, in welchem ein Stern … sich befindet«. Mit der hier zum Ausdruck kommenden Veränderung gegenüber der arabischen Astronomie, den Nord-Süd-Kreisbogen statt des West-Ost-Bogens zur Grundlage der Messung zu nehmen, entspricht Zedlers zweite Erklärung der modernen Definition von (nhd.) *Azimut*. Heute wird allerdings nicht mehr der Bogen auf dem Horizont, sondern der zugehörige Winkel angegeben. (3)

Den Einfluss der arabischen Astronomie auf Europa kann man im übrigen auch daran ablesen, dass eine beträchtliche Anzahl von Fixsternen aus dem Arabischen entlehnte Namen tragen. Als Beispiel mögen die beiden hellsten Sterne im Sternbild Orion dienen: (Nhd.) *Beteigeuze* ist die durch Verlesen entstellte Wiedergabe von (ar.) *yad al-ǧauzā'* und (nhd.) *Rigel* die von (ar.) *riǧl al-ǧauzā'*, wörtlich ›Hand‹ bzw. ›Fuß‹ des Sternbilds *al-ǧauzā'*. (»Al-Ǧauzā'«, ein altarabisches Wort unbekannter Herkunft, wurde bei der Adaptation des griechischen

Sternkatalogs benutzt, um sowohl das Tierkreiszeichen Zwillinge als auch den nahe gelegenen Orion zu bezeichnen, der gelegentlich auch »ǧabbār« ›Riese, Gewaltiger‹ genannt wird.) (4)

(1) Wehr 595, 1287; Müller 97; EI (*samt*, *naẓīr*); C. A. Nallino, in: Rivista degli studi orientali VIII, 1919f., 391; Pellegrini Ar. 77; R. E. Latham, Revised Medieval-Latin Word-List, 1965, 524; Tazi 271; Paradiso XXIX,4; DF (*Zenit*); (2) LM (*Astronomie*); EI (*samt*; *asṭurlāb*, *ʿilm al-hayʾa*, *Baṭlamiyūs*); Vernet 119; Nallino 389ff.; (3) Nallino 389, 395; P. Kunitzsch, Arabische Sternnamen in Europa, 1959, 21; DNP (*Ptolemaios*, *Klaudios*); (4) Kunitzsch (a. a. O.) 150, 198, 195; EI (*al-nudjūm*, *minṭaḳat al-burūdj*).

Ziffer

(Nhd.) *Ziffer* geht zurück auf (ar.) *ṣifr* ›leer‹, abgeleitet vom Verb *ṣafira* ›leer sein‹. Mit *ṣifr* gaben die arabischen Mathematiker bei der Übernahme des indischen Zahlensystems (statt der alten Buchstabennotation) Anfang des 9. Jh.s n. Chr. das altindische *śūnyá* wieder, das ebenfalls ›leer‹ bedeutet, aber in der Mathematik den Vorläufer der Null bezeichnete. Die Vereinfachung des indischen Systems bestand vor allem darin, dass die neun Zahlzeichen, je nach der Position, in der sie gesetzt wurden, Einer, Zehner, Hunderter usw. ausdrückten. Dazu war aber ein zusätzliches (Hilfs-)Zeichen erforderlich: Für 124 setzte man beispielsweise auf die Stelle der Zehner die 2, für 104 auf die Stelle der Zehner aber keine der neun Zahlen, die Stelle blieb »leer« – ausgedrückt durch einen Punkt oder einen kleinen Kreis. (1)

Ausgehend vom islamischen Spanien wurden die neuen Zahlzeichen über Katalonien schon Ende des 10. Jh.s im Westteil Europas bekannt; größere Bedeutung erlangten sie hier allmählich, nachdem im 12. Jh. Teile von zwei Schriften des arabischen Mathematikers al-Ḫuwārizmī (gest. um 847) über das Rechnen mit den indischen Zahlen in mittellateinischer Bearbeitung vorlagen (s. Algorithmus, Algebra). Darin wird (ar.) *ṣifr* offenbar gelegentlich schon mit (mlat.) *ciffre* u. ä. wiedergegeben; einen sicheren Beleg aus dem 12. Jh. liefert eine Stelle in einer lateinischen Schrift aus dem Kloster Salem am Bodensee »zu diesen IX Zahlen/Ziffern [»figurae«] tritt diese 0, welche *cifra* genannt wird ... um den Platz anzuzeigen, wo keine Zahl steht«. Ein Jahrhundert später zeigt dann die Aussage, »sie erfanden eine zehnte Zahl [»figura«], die die Araber *cyfra* nannten«, in einer Handschrift aus Hannover, dass hier die Null bereits als gleichberechtigte Zahl angesehen wurde. Die mittellateinischen Wortformen wurden ins Altfranzösische übernommen, wo ab 1220 *cifre*, *chifre* u. a. ›Null‹ belegt ist. Die Form mit *ch-*, (frz.) *chiffre*, die sich in der Folgezeit durchsetzte, ist dabei vermutlich von einer nordfranzösischen Dialektform beeinflusst. (2)

Auf einem anderen Weg, nämlich durch Reisen in die muslimischen Mittelmeerländer, hatte Ende des 12. Jh.s der italienische Kaufmann Leonardo von Pisa das indisch-arabische Zahlensystem und die arabischen Rechenmethoden kennen gelernt. 1202 erläuterte er beide zum praktischen Gebrauch in seiner Schrift »Liber ab(b)aci«. Dabei gibt er (ar.) *ṣifr* mit (mlat.) *zephirum* (›Null‹) wieder. Aus dieser Wortform wurde über Zwischenstufen wie *zephiro*, *zefro* Ende des 15. Jh.s (it.) *zero*, das als Bezeichnung für ›Null‹ dann in andere westeuropäische Sprachen überging. In der Zwischenzeit hatte sich nämlich die Bedeutung von (mlat.) *cifra* und ihren Entsprechungen in europäischen Sprachen verändert: Schon um 1283 heißt es in einer lateinischen Satire bei der Aufzählung der Studien und Tätigkeiten der Erfurter Kleriker, einige von ihnen könnten »(mlat.) per *cifras* numerare« (›mit *cifras* zählen‹). (Mlat.) *cifra* bedeutet hier also offensichtlich nicht mehr die Null, der Plural (mlat.) *cifrae* steht hier vielmehr für die Gesamtheit der arabischen Zahlzeichen. Der Grund für diese

Bedeutungsänderung war wohl, dass die Staunen und Befremden erregende Null (einmal bedeutet sie das Nichts, das andere Mal verzehnfacht sie den Wert einer Zahl) als so charakteristisches Merkmal der arabischen Zahlen angesehen wurde, dass diese nach ihr benannt wurden. In der neuen Bedeutung erscheint (frnhd.) *ziffer* 1399 im »Ackermann« des Johannes von Tepl: »Arismetrica, der zale behende außrichterin, hilffet do nicht … mit jren behenden *ziffer(e)n*«. (3)

(Frz.) *chiffre* scheint in der Bedeutung ›(arabisches) Zahlzeichen‹ erst 1485 belegt; taucht aber kurz darauf, ebenso wie (it.) *cifra*, schon in der Nebenbedeutung ›Geheimzeichen, Geheimschrift‹ auf, offenbar wieder wegen der immer noch geheimnisvollen Aura der arabischen Zahlen mit der magischen Null. Diese neue Bedeutung wurde nun auch ins Deutsche übernommen: 1508 steht in einer Urkunde von Kaiser Maximilian I. die Anweisung, ein Beauftragter und ein »kriegssecretari« sollen sich »waz not ist in *ziffer* gegn ain annder schreiben«. Um diesen Wortsinn anzugeben, wird im Deutschen ab dem 17. Jh. dann ausschließlich das aus dem Französischen übernommene *Chiffre* benutzt: »mit vollen worten und ohne *chiffren*« sollte 1631 offenbar ein Schreiben abgefasst werden; Liselotte von der Pfalz sah sich dagegen 1715 am französischen Hof genötigt, »hinfüro alle meine brieff [zu] *chiffriren*«. (4)

Im Gegensatz zu anderen westeuropäischen Sprachen wurde im Deutschen übrigens nicht (it.) *zero* für die neu zu bezeichnende ›Null‹ übernommen; seit der zweiten Hälfte des 16. Jh.s wird sie vielmehr mit (pl.) »Nullen« und dann »Null« bezeichnet. Die Bezeichnung stammt aus dem Italienischen, wo die Null vermutlich in Mathematikerkreisen auch (mlat., it.) »nulla figura« o. ä. (›keine Zahl‹) genannt wurde. Jedenfalls findet sich dort offenbar ab der zweiten Hälfte des 15. Jh.s gelegentlich ein (it.) »nulla« als Bezeichnung für die Null. (5)

(1) Wehr 717; Mayrhofer II,650; EI (*abdjad*, *ṣifr*); LM (*Zahlensysteme*); (2) LM, EI (a. a. O.); A. P. Juschkewitsch, Geschichte d. Mathematik, 1964, 352; MLW (*cifra*); Rey (*chiffre*); Tobler/L. (*cifre*); (3) LM (*Leonardo Fibonacci*); Cortelazzo/Z. (*zero*); MLW (a. a. O.); Tazi 134; DF, DWB (*Ziffer*); (4) Rey (a. a. O.); Battaglia (*cifra*); Urkunden zur Geschichte Maximilians I, Hrsg. J. Chmel, 1845, X,290ff.; DF[2] (*Chiffre*, *chiffrieren*); Jones 207; Brunt 194; (5) DWB, Pfeifer (*Null*); Juschkewitsch (a. a. O.) 351; Vernet 76.

Zucker

Was üblicherweise als Haushaltszucker gekauft wird, die Saccharose, wird aus Zuckerrüben oder Zuckerrohr hergestellt. Die Gewinnung aus Zuckerrohr hat dabei die ungleich längere Tradition. Zuckerrohr hat es offenbar schon um 8000 v. Chr. auf Neuguinea gegeben. Im Lauf der Zeit hat es sich in Südasien verbreitet. (1)

Die Gewinnung von kristallisiertem Rohzucker durch Kochen des Zuckersafts scheint aber erst um 300 n. Chr. in Nordindien gelungen zu sein. Wenn dies stimmt, dann kann das wie Salz aussehende (gr.) *sákchar(on)*, (lat.) *sacc(h)aron*, von dem im 1. Jh. n. Chr. vereinzelt berichtet wird, noch nicht »Zucker« gewesen sein; man vermutet, dass es eine Ausscheidung des Bambusrohrs oder eine Art von Manna war. Voraussetzung ist dabei, dass das altindische *śarkarā*, aus dem beide Wörter stammen, und das ursprünglich ›Kies‹ u. ä. hieß, auf verschiedene pflanzliche Produkte angewendet werden konnte, bevor es dann die Hauptbedeutung ›Zucker‹ bekam. (2)

Um das Jahr 600 beherrschten auch die Perser die Technik des Eindickens des Zuckerrohrsafts zu festem Zucker. Bei ihnen lernten die muslimischen Araber wenige Jahrzehnte später im Zuge ihrer Expansion Zuckerrohr und Zucker kennen. Die Bezeichnung (ar.) *sukkar* haben sie allerdings wohl direkt aus dem Indischen, vielleicht aus einer späteren Form (mind.) *sakkharā* übernommen. Wie andere Nutzpflanzen verbreiteten die Araber auch das Zuckerrohr in den von ihnen eroberten Gebieten um das Mittelmeer; offenbar schon im 8. Jh. wurde es in Spanien, etwas später in Sizilien eingeführt. In Ägypten gelang es, beim Raffinierungsprozess besonders reinen weißen Zucker herzustellen, so dass in der Folgezeit unterschiedlichste Arten von Zucker (s. Kandis), zumeist in Formen wie ›Laibe‹ oder ›Hüte‹ gepresst, verkauft werden konnten. (3)

Eine wichtige Funktion hatte der Zucker in der Medizin. Der Arzt ar-Rāzī (gest. 925 oder 935) soll ihn beispielsweise wie schon die Inder verordnet haben, damit Menschen (wieder) zu Kräften kommen. Verschiedene Arten des zuckerhaltigen medizinischen Sirups (s. d.) werden ebenfalls mit ihm in Zusammenhang gebracht. (4)

Schon früh muss aber auch die Süße des Zuckers fasziniert haben. Schon vom Kalifenhof der Umaiyaden in der ersten Hälfte des 8. Jh.s wird berichtet, dass verschiedenartiges Zuckerwerk beliebt war: eingemachte oder kandierte Früchte und süßes Gebäck (s. Kandis, Marzipan). In der Küche trat der Zucker in Konkurrenz zum Honig als dem herkömmlichen Süßungsmittel. Durch ihn entstanden in Verbindung mit Früchten auch neuartige Getränke (s. Sorbet). Schließlich ließen Kalifen und Sultane schon ab Ende des 8. Jh.s an Festtagen und bei Festmählern Figuren, Bäume und Bauten aus Zuckermasse aufbauen, um durch diese Zurschaustellung von Luxus ihre Macht zu demonstrieren. (5)

Die Europäer stießen auf das Zuckerrohr in Spanien und Sizilien sowie auf den Kreuzzügen und auf den Zucker vornehmlich im Rahmen des Mittelmeerhandels. Schon 996 soll er in Venedig erwähnt sein. (Mlat.) *zuccarum* (aus ar. *sukkar*) taucht dann um 1080 beispielsweise in einem »bewährten Medikament, das die Libido steigert«, bei Constantinus Africanus auf, der für die Medizinschule von Salerno arabische Texte übertrug. Auch aus den etwas später folgenden Übersetzungen lernten die Europäer den Zucker zuerst als Bestandteil von Arzneiformen kennen. Aus der Übernahme dieser Rezepte ist im Lauf der Zeit die europäische Apotheke entstanden. Apotheken als Räume, in denen die für Arzneien benötigten Drogen aufbewahrt wurden, gab es zwar im islamischen Raum schon in den Krankenhäusern, von denen das erste vermutlich um 800 in Bagdad gegründet wurde. Die Tatsache, dass viele in Rezepten vorgeschriebene Drogen in Europa aber nur auf dem Importweg und sporadisch erhältlich waren, führte dazu, dass man, stärker als bei den Arabern, die konservierende Kraft des vorgeschriebenen Zuckers bzw. Honigs ausnutzte, um die oft kompliziert zusammengesetzten Medikamente auf Vorrat anzufertigen und geeignet zu lagern: Der Apotheker wurde so ein eigenständiger Berufszweig, der in Sizilien schon Anfang des 13. Jh.s bezeugt ist. (6)

Zuckerhaltige Arzneien wurden in Adelskreisen auch nach Beendigung einer Mahlzeit eingenommen, um die Verdauung anzuregen. Demselben Zweck dienten dann drageeartige Zubereitungen, hauptsächlich wohl kandierte exotische Gewürze (s. Kandis). Unabhängig von der medizinischen Wirkung, nur in seiner Funktion als Süßigkeit, scheint der Zucker erstmals um 1205 bei Wolfram von Eschenbach aufzutauchen: Im »Parzival« (50,14 ff.) heißt es, dass die Frauen selbst den Teufel wie Zucker(werk) (mhd. *zucker*) essen würden, wenn er solch ein Held wäre wie Parzivals Vater Gachmuret. (Mhd. *zucke*r dürfte dabei auf frühe sizilianische oder venezianische Formen von (it.) *zucchero* u. a. (1286) zurückgehen, die wahrscheinlich direkt von (ar.) *sukkar* abgeleitet sind.) In den folgenden zwei Jahrhunderten nahm der Import von Zucker und von Süßwaren aus der islamischen Welt zu. Wohl überwiegend nach arabischem Vorbild verbreiteten sich in den wohlhabenden europäischen Häusern der Gebrauch des Zuckers in der Küche und bei der Herstellung süßer Getränke (s. Limonade) sowie die Mode der Süßigkeiten als Dessert. Auch die Aufstellung von Figuren aus Zuckerwerk zu Dekorations- und Repräsentationszwecken bei Festmählern europäischer Herrscher (und später reicher Bürger) entspricht dem arabischen Modell. (7)

Ab dem 15. Jh. stießen die Portugiesen in den Atlantischen Ozean vor. Auf Madeira und den Azoren pflanzten sie Zuckerrohr an, das, ebenso wie auf den Kanarischen Inseln, der tropischeren Klimabedingungen wegen besser gedieh als an den Mittelmeerrändern. 1493, auf seiner zweiten Reise nach dem später so genannten Amerika, brachte Kolumbus das Zuckerrohr nach der Karibikinsel Hispaniola (heute Haiti / Dominikanische Republik). Die Portugiesen pflanzten es auch ab Beginn des 16. Jh.s an den Küsten ihrer eroberten Gebiete in Brasilien an und exportierten von dort Rohzucker nach Europa, der in Antwerpen raffiniert wurde. Der Wunsch, in dieses gewinnbringende Geschäft einsteigen zu können, führte zu neuen Koloniegründungen: Ab dem 17. Jh. belieferten auch die Engländer und Franzosen Europa mit Rohzucker aus inzwischen eroberten karibischen Inseln. (8)

Der Anbau von Zuckerrohr ist ebenso wie der der gleichfalls nach Amerika verbrachten Baumwolle (s. Kattun) sehr arbeitsintensiv. Da die Urbevölkerung der amerikanischen Gebiete inzwischen völlig dezimiert war, begannen die Europäer, an der afrikanischen Küste Sklaven für die Arbeit zu kaufen. Insgesamt sollen mindestens zehn Millionen Menschen als Waren nach Amerika und der Karibik verschifft worden sein – auch das nebenbei ein überaus lukratives Geschäft. (Bemerkenswert ist übrigens in diesem Zusammenhang, dass schwarze Sklaven aus Ostafrika mit ziemlicher Sicherheit auch schon im Zuckerrohranbau in Untermesopotamien ab dem 8./9. Jh. von den Arabern eingesetzt wurden.) (9)

Ab dem 17. Jh. wuchs die Nachfrage in Europa aus weiteren Gründen. Zum einen hatte man in der Karibik begonnen, aus Zuckerrohrmelasse (s. Sirup) den alkoholischen Rum herzustellen, der in der Seefahrt und im Handel wichtig wurde. Zum anderen wurden inzwischen die neu entdeckten Genussmittel Kaffee (s. d.), Tee und Schokolade in immer größerem Maße nach Europa importiert. Für sie entwickelte sich aber allmählich die Sitte, sie mit Zucker zu süßen: In England wurde Tee mit Zucker im Lauf des 18. Jh.s sogar zu einem Hauptnahrungsmittel der entstehenden Arbeiterschaft, etwas später ergänzt durch Brot mit Sirup. Und schließlich war inzwischen der Zucker auch weitgehend in die Kochrezepte des Bürgertums für Kompotte, Marmeladenartiges und Süßspeisen eingedrungen. (10)

Ende des 18. Jh.s begann Franz Carl Achard in der Umgebung von Berlin, Zuckerrüben anzubauen, aus denen sich, wie Andreas Sigismund Marggraf schon 1749 gezeigt hatte, ebenfalls Saccharose gewinnen ließ. Die Entwicklung wurde gefördert durch die 1806 von Napoleon verhängte Kontinentalsperre gegen englische Schiffe, in deren Folge kein Zuckerrohr mehr aus den Kolonien nach Europa gelangen konnte. Nach einigen Rückschlägen hatte sich Mitte des 19. Jh.s Rübenzucker als ernsthafter Konkurrent des Rohrzuckers in Europa etabliert. Dies wiederum führte in Deutschland zur deutlichen Verbilligung des Zuckers, der nun auch für die Masse der Bevölkerung leicht zugänglich war. Durch seine im 20. Jh. verstärkt einsetzende Verwendung in industriell hergestellten Produkten, neben den verschiedenen Süßigkeiten auch in Getränken und – kaum bemerkbar – in vielen anderen Lebensmitteln, ist er inzwischen zu einem Nahrungsmittel geworden, das in Europa etwa 10 bis 15 Prozent des täglichen Kalorienbedarfs deckt. (11)

(1) Powels 4; (2) v. Lippmann 113, 155, 109; Liddell/Scott 1581; Plinius 12,32; Mayrhofer II,618f.; (3) Powels 8; v. Lippmann 164ff., 240, 219ff., 340; Wehr 581; Watson 28; Vernet 42; EI (*suk-*

kar); (4) v. Lippmann 199ff.; LM (*Arzneiformen*); (5) v. Lippmann 180, 353f., 335, 224f.; Watson 24; Lombard, Blütezeit 172, 93f.; Rodinson, Recherches 139ff.; Heine 103ff.; (6) v. Lippmann 288ff., 274; Constantini liber de coitu, Hrsg. E. Montero, 1983, 160f.; EI (*ṣaydana, bīmāristān*); LM (*Apotheke, Confectio*); P. Dilg, Arab. Pharmazie, in: Die Begegnung d. Westens m. d. Osten, 1993, 300ff., 314ff.; (7) Mintz 155; Montanari 77; Chrétien, Perceval 3320ff.; Battaglia (*zucchero*); Tazi 229, 240 m. Lit.; v. Lippmann 345ff., 381ff. 364; Mintz 162f., 120ff.; Rey (*dessert*); Lombard, Blütezeit, 172; E. Lévi-Provençal, Histoire de l'Espagne musulmane I, 1950, 271; Rodinson, Heine (a. a. O.); 1001 Nacht dt. II,853 (Ali Baba) u. a.; (8) LM (*Expansion*); Mintz 60ff.; Braudel I,236f.; Baxa/Bruhns 17; (9) Braudel (a. a. O.); Lombard, Blütezeit 186, 172, 41; Mintz 55, 61; W. Reinhard, Kl. Gesch. d. Kolonialismus, 1996, 72, 90; (10) Paczensky 438ff.; Mintz 113, 139, 148, 157; Moulin 322; (11) Baxa/Bruhns 94, 100; Küster 299ff.; Paczensky 441ff.; Mintz 179, 230, 245, 224.

Literaturhinweise

Mit Siglen und Abkürzungen zitierte Literatur

1001 Nacht ar.	Alf laila wa laila (The Alif laila). Hrsg. von William Hay Macnaghten. Kalkutta 1839–42.
1001 Nacht dt.	Die Erzählungen aus den tausendundein Nächten. Nach dem arabischen Urtext übertr. von Enno Littmann. Frankfurt a. M. 1976
BMZ	Benecke, Georg Friedrich / Müller, Wilhelm / Zarncke, Friedrich: Mittelhochdeutsches Wörterbuch. Stuttgart 1990. [Nachdr. der Ausg. Leipzig 1854–66.]
DF/DF²	Schulz, Hans [u. a.]: Deutsches Fremdwörterbuch. Berlin [u. a.] 1913–88. 2. Aufl. Berlin [u. a.] 1995 ff.
Dietrich	Dioskurides Triumphans: Ein anonymer arabischer Kommentar zur Materia medica. Arabischer Text nebst kommentierter deutscher Übersetzung. Hrsg. von Albert Dietrich. Göttingen 1988.
Dioskurides	Pedanii Dioscuridis Anazarbei De materia medica libri quinque. Hrsg. von Max Wellmann. Berlin 1958. – Pedanios Dioskurides aus Anazarba: Fünf Bücher über die Heilkunde. Übers. von Max Aufmesser. Hildesheim [u. a.] 2002.
DNP	Der Neue Pauly. Enzyklopädie der Antike. Hrsg. von Hubert Cancik. Stuttgart [u. a.] 1996 ff.
DWB/DWB²	Deutsches Wörterbuch von Jacob und Wilhelm Grimm. Leipzig 1854–1971. Nachdr. München 1984. Neubearb. Stuttgart [u. a.] 1993 ff.
EI	The Encyclopaedia of Islam. Leyden 1960 ff.
FEW	Französisches Etymologisches Wörterbuch. Von Walter Wartburg. Bd. 19: Orientalia. Basel 1966 ff.
Hortus	Cuba, Johannes de: Hortus Sanitatis. Grünwald 1966. [Repr. der Ausg. Mainz 1485.]
Ibn Ǧulǧul	Dietrich, Albert (Hrsg.): Die Ergänzung Ibn

	Ǧulǧuls zur Materia medica des Dioskurides. Göttingen 1993.
Idrisi	al-Idrīsī: La géographie d'Edrisi. Hrsg. von Pierre-Amédée Jaubert. Amsterdam 1975. [Nachdr. der Ausg. Paris 1836–40.]
Koran	al-Qur'ān al-karīm. Kairo 1924.
LM	Lexikon des Mittelalters. Hrsg. von Robert-Henri Bautier [u. a.]. München [u. a.] 1980–97.
Marco Polo afrz.	Marco Polo: Il Milione. Hrsg. von Luigi Foscolo Benedetti. Florenz 1928.
Marco Polo dt.	Marco Polo: Von Venedig nach China. Hrsg. von Theodor A. Knust. Stuttgart [u. a.] 1983.
MGG	Die Musik in Geschichte und Gegenwart. Hrsg. von Ludwig Finscher. 2. Aufl. Kassel [u. a.] 1994 ff.
MLW	Mittellateinisches Wörterbuch. Hrsg. von Otto Prinz [u. a.]. 3 Bde. München 1967–99.
Montagu	The Letters and Works of Lady Mary Wortley Montagu. Hrsg. von Lord Wharncliffe. Bd. 1. Paris 1837.
OED	The Oxford English Dictionary. 2. Aufl. Oxford 1989.
Pellegrini Ar.	Pellegrini, Giovan Battista: Gli arabismi nelle lingue neolatine con speciale riguardo all' Italia. Brescia 1972.
Pellegrini Ric.	Pellegrini, Giovan Battista: Ricerche sugli arabismi italiani con particolare riguardo alla Sicilia. Palermo 1989.
Rauwolf	Beschreibung der Reyss Leonhardi Rauwolffen. Franckfurt am Mayn 1582.
Trésor	Imbs, Paul: Trésor de la langue française du 19e et 20e siècle (1789–1960). Paris 1971–94.
Usama ar.	Usāma ibn Munqiḏ (Ousâma Ibn Mounḳidh): Kitāb al-Iʿtibār. Hrsg. von Hartwig Derenbourg. Paris 1886.
Usama dt.	Usāma ibn Munqiḏ: Die Erlebnisse des syrischen Ritters Usāma ibn Munqiḏ. Hrsg. von Holger Preißler. Leipzig [u. a.] 1981.
WKAS	Wörterbuch der klassischen arabischen Sprache. Hrsg. von Manfred Ullmann [u. a.]. Wiesbaden 1970 ff.

Sonstige Literatur

Adelung, Johann Christoph: Versuch eines vollständigen grammatisch-kritischen Wörterbuches der hochdeutschen Mundart. 5 Bde. Leipzig 1774–86.

Albertus Magnus: De vegetabilibus libri VII. Berlin 1867.

Alfonso el Sabio: Libro de acedrex, dados e tablas (Das Schachzabelbuch König Alfons des Weisen). Hrsg. und übers. von Arnald Steiger. Genève [u. a.] 1941.

Arabische Berichte von Gesandten an germanische Fürstenhöfe aus dem 9. und 10. Jahrhundert. Hrsg. von Georg Jacob. Berlin/Leipzig 1927. (Quellen zur deutschen Volkskunde. H. 1.)

Arveiller, Raymond: Addenda au FEW XIX (Orientalia). Tübingen 1999.

Auboyer, Jeannine: La vie quotidienne dans l'Inde ancienne. Paris 1961.

Başan, Ghillie und Jonathan: Die Orientalische Küche. München 2002.

Battaglia, Salvatore: Grande Dizionario della Lingua Italiana. Turin 1961–2004.

Baxa, Jakob / Bruhns, Guntwin: Zucker im Leben der Völker. Berlin 1967.

Boccaccio, Giovanni: Decameron. Hrsg. von Vittore Branca. Firenze 1960.

Braudel, Fernand: Sozialgeschichte des 15.–18. Jahrhunderts München 1985.

Brehm, Alfred Edmund: Brehms Neue Tierenzyklopädie. Freiburg i. Br. [u. a.] 1974–77.

Brock, William H.: Viewegs Geschichte der Chemie. Braunschweig [u. a.] 1997.

Brunt, Richard James: The Influence of the French Language on the German Vocabulary (1649–1735). Berlin [u. a.] 1983.

Caracausi, Girolamo: Arabismi medievali di Sicilia. Palermo 1983.

Cardini, Franco: Europa und der Islam. Geschichte eines Missverständnisses. München 2000.

Cobb, Cathy / Goldwhite, Harold: Creations of fire. Chemistry's lively history from alchemy to the atomic age. New York [u a.] 1995.

Constantini Africani post Hippocratem Galenum [...] posthabendi opera. Basileae 1536–39.

Corominas, Joan / Pascual, José A.: Diccionario Crítico Etimologico Castellano e Hispanico. Madrid 1980–91.
Coromines, Joan: Diccionari Etimològic i Complementari de la Llengua Catalana. Barcelona 1991–2001.
Corriente, Federico: Diccionario de Arabismos y voces afines en Iberoromance. Madrid 1999.
Cortelazzo, Manlio / Zolli, Paolo: Dizionario etimologico della lingua italiana. Bologna 1979–88.
De Mauro, Tullio: Grande Dizionario Italiano dell'Uso. 6 Bde. Turin 1999–2000.
Devellioğlu, Ferit: Osmanlica-Türkçe Ansiklopedik Lûgat. Ankara 1986.
De Vries, Jan: Nederlands etymologisch woordenboek. Leiden [u. a.] 1992.
Diefenbach, Lorenz: Glossarium Latino-Germanicum mediae et infimae aetatis. Darmstadt 1968. [Nachdr. der Ausg. Frankfurt a. M. 1857.]
Dilg, Peter: Materia medica und therapeutische Praxis um 1500. In: Kommunikation zwischen Orient und Okzident. Österreichische Akademie der Wissenschaften. Wien 1994. S. 343–378.
Doerner, Max: Malmaterial und seine Verwendung im Bilde. 19. Aufl. Leipzig 2001.
Dozy, Reinhart: Supplément aux dictionnaires arabes. 2 Bde. Leyden 1881.
– / Engelmann, Willem Hermann: Glossaire des mots espagnols et portugais dérivés de l'arabe. 2. Aufl. Leyden 1869.
Du Cange, Charles Du Fresne: Glossarium mediae et infimae Latinitatis. Paris 1937 ff.
Encyclopaedia Iranica. London [u. a.] 1985 ff.
Encyclopaedia Judaica. Jerusalem 1978 ff.
Faure, Paul: Parfums et Aromates de l'Antiquité. Paris 1987.
Feulner, Adolf: Kunstgeschichte des Möbels. Propyläen Kunstgeschichte. Sonderbd. 2. Frankfurt a. M. [u. a.] 1980.
Fraenkel, Siegmund: Die aramäischen Fremdwörter im Arabischen. Hildesheim 1962. [Nachdr. der Ausg. Leiden 1886.]
Frisk, Hjalmar: Griechisches Etymologisches Wörterbuch. 2 Bde. Heidelberg 1973.
Frohne, Dietrich: Heilpflanzenlexikon. Ein Leitfaden auf wissenschaftlicher Grundlage. Stuttgart 2002.

Frühneuhochdeutsches Wörterbuch. Hrsg. von Robert R. Anderson, Ulrich Goebel, Oskar Reichmann. Berlin [u. a.] 1989 ff.
al-Ǧāḥiẓ, Kitāb al-Ḥayawān. Hrsg. von ʿA. M. Hārūn. 7 Bde. Kairo 1938–45.
Garbers, Karl (Hrsg.): Kitāb Kīmiyāʾ al-ʿiṭr wa-t-taṣʿīdāt. Buch über die Chemie des Parfüms und die Destillationen von Yaʿqūb b. Isḥāq al-Kindī. Leipzig 1948.
Genaust, Helmut: Etymologisches Wörterbuch der botanischen Pflanzennamen. 3. Aufl. Basel [u. a.] 1996.
Goitein, S. D.: A Mediterranian Society. The Jewish communities of the Arab world as portrayed in the documents of the Cairo Geniza. Vol. I. Los Angeles 1967.
Die Goldenen Äpfel. Wissenswertes rund um die Zitrusfrüchte. Hrsg. von Carsten Schirarend [u. a.]. Berlin 1996.
Goldziher, Ignaz: Vorlesungen über den Islam. 2. Aufl. Heidelberg 1925.
Goltz, Dietlinde: Studien zur Geschichte der Mineralnamen in Pharmazie, Chemie und Medizin von den Anfängen bis Paracelsus. Wiesbaden 1972.
Groom, Nigel: The New Perfume Handbook. 2. Aufl. London [u. a.] 1997.
Großes Textil-Lexikon. Hrsg. von Paul-August Koch und Günther Satlow. Stuttgart 1965–66.
Grzimek, Bernhard: Grzimeks Tierleben. Enzyklopädie des Tierreichs. Zürich 1967–74.
Hegi, Gustav: Illustrierte Flora von Mitteleuropa. München 1919 ff. [Neubearb. 2. Aufl. München 1939 ff. 3. Aufl. Berlin 1980 ff.]
Hehn, Victor: Kulturpflanzen und Hausthiere in ihrem Übergang aus Asien nach Griechenland und Italien sowie in das übrige Europa. Berlin 1877.
Heine, Peter: Kulinarische Studien. Untersuchungen zur Kochkunst im arabisch-islamischen Mittelalter. Wiesbaden 1988.
Heise, Ulla: Kaffee und Kaffeehaus. Eine Kulturgeschichte. Leipzig 1987.
Heyd, Wilhelm: Geschichte des Levantehandels im Mittelalter. Hildesheim u. a. 1971. [Nachdr. der Ausg. Stuttgart 1879.]
Hohberg, Wolff Helmhard von: Georgica Curiosa. Nürnberg 1682.
Hollemann, Arnold Frederik / Wiberg, Egon: Lehrbuch der anorganischen Chemie. 101. Aufl. Berlin [u. a.] 1995.

Huguet, Edmond: Dictionnaire de la langue française du 16e siècle. Paris 1925–67.
Huntington, Samuel P.: The Clash of Civilisations? In: Foreign Affairs. Summer 1993. S. 22–49.
Ibn al-Baiṭār (Ibn el-Beïthar): Traité des simples. 3 Bde. Paris 1877–83.
Ibn Baṭṭūṭa: Riḥla. Beirut 1964.
– Voyages et périples choisis. Hrsg. von Tara Michaël. Paris 1992.
Jeffery, Arthur: The Foreign Vocabulary of the Qur'ān. Baroda 1938.
Jones, William Jervis: A Lexicon of Borrowings in the German Vocabulary (1575–1648). Berlin [u. a.] 1976.
Katz, Victor J.: A History of Mathemathics. 2. Aufl. Reading (Mass.) [u. a.] 1998.
Kiesler, Reinhard: Kleines vergleichendes Wörterbuch der Arabismen im Iberoromanischen und Italienischen. Tübingen [u. a.] 1994.
Kluge, Friedrich: Etymologisches Wörterbuch der deutschen Sprache. 24. Aufl. Berlin u. a. 2002.
Kretschmer, Paul: Wortgeographie der hochdeutschen Umgangssprache. 2. Aufl. Göttingen 1969.
Kunitzsch, Paul: Reflexe des Orients im Namengut mittelalterlicher europäischer Literatur. Gesammelte Aufsätze. Hildesheim [u. a.] 1996.
Küpper, Heinz: Illustriertes Lexikon der deutschen Umgangssprache. Stuttgart 1982–84.
Küster, Hansjörg: Kleine Kulturgeschichte der Gewürze. München 1997.
Lane, Edward William: Arabic-English Lexicon in 8 parts. New York 1955/56.
Latham, J. D.: Arabic into Medieval Latin. In: Journal for Semitic Studies 17 (1972) S. 30–67.
Leclant, Jean: Le café et les cafés à Paris (1644–1693). In: Annales E. S. C. 1951. S. 1–14.
Lévi-Strauss, Claude: Race et Histoire. Paris 1987.
Lexer, Matthias: Mittelhochdeutsches Handwörterbuch. 3 Bde. Stuttgart 1992. [Nachdr. der Ausg. Leipzig 1872–78.]
Liddell, Henry George / Scott, Robert: A Greek-English Lexicon. 9. Aufl. Oxford 1996.
Lippmann, Edmund Oskar von: Geschichte des Zuckers seit den

ältesten Zeiten bis zum Beginn der Rübenzucker-Fabrikation. Berlin 1929.
Littmann, Enno: Morgenländische Wörter im Deutschen. Tübingen 1924.
Lokotsch, Karl: Etymologisches Wörterbuch der europäischen Wörter orientalischen Ursprungs. Heidelberg 1929.
Lombard, Maurice: Blütezeit des Islam. Eine Wirtschafts- und Kulturgeschichte. Frankfurt a. M. 1992.
– Les textiles dans le monde musulman du VIIe au XIIe siècle. Paris [u. a.] 1978.
Lüschen, Hans: Die Namen der Steine. Das Mineralreich im Spiegel der Sprache. Thun [u. a.] 1968.
Machado, José Pedro: Dicionário etimológico da lingua portuguesa. Lisboa 1977.
MacKenzie, David Neil: A Concise Pahlavi Dictionary. London 1971.
Mappae Clavicula. Hrsg. von Cyril Stanley Smith. Philadelphia 1974.
Marzell, Heinrich: Wörterbuch der deutschen Pflanzennamen. 5 Bde. Leipzig [u. a.] 1943–79.
Maßmann, Hans F.: Geschichte des mittelalterlichen, vorzugsweise des deutschen Schachspieles. Walluf bei Wiesbaden 1972. [Orig. Quedlinburg/Berlin 1839.]
Masson, Emilia: Recherches sur les plus anciens emprunts sémitiques en grec. Paris 1967.
al-Masʿūdī (Maçoudi): Kitāb Murūǧ aḏ-ḏahab. Hrsg. von C. Barbier de Meynard und Pavet de Courteille. 9 Bde. Paris 1861–77.
Mintz, Sidney W.: Die süße Macht. Kulturgeschichte des Zuckers. Frankfurt a. M. [u. a.] 1987.
Montaigne, Michel de: Journal de voyage en Italie par la Suisse et l'Allemagne en 1580 et 1581. Hrsg. von Maurice Rat. Paris 1955.
Montanari, Massimo: Der Hunger und der Überfluss. Kulturgeschichte der Ernährung in Europa. München 1999.
Moulin, Leo: Les liturgies de la table. Anvers 1988.
Müller, Walter W.: Arabische Einflüsse auf die deutsche Sprache. In: Mediterrane Kulturen und ihre Ausstrahlung auf das Deutsche. Marburg 1986. S. 84–116.
The New Grove Dictionary of Music and Musicians. 2. Aufl. Hrsg. von Stanley Sadie. London 2001.
Niebuhr, Carsten: Beschreibung von Arabien. Graz 1969. [Nachdr. der Ausg. Kopenhagen 1772.]

Il Novellino. Das Buch der hundert alten Novellen. Übersetzt von Janos Riesz. Stuttgart 1988.
Ohloff, Günther: Irdische Düfte, himmlische Lust. Kulturgeschichte der Duftstoffe. Frankfurt a. M. [u. a.] 1996.
Osman, Nabil: Kleines Lexikon deutscher Wörter arabischer Herkunft. 6. Aufl. München 2002.
Oxford Latin Dictionary. Oxford 1968–82.
Paczensky, Gert von / Dünnebier, Anna: Kulturgeschichte des Essens und Trinkens. München 1999.
Panati, Charles: Universalgeschichte der ganz gewöhnlichen Dinge. München 1998.
Payne Smith, Robert: Thesaurus Syriacus. Oxford 1879. Supplement. 1927.
The Periplus maris erythraei. Hrsg. von Lionel Casson. Princeton 1989.
Petzold, Joachim: Das königliche Spiel. Eine Kulturgeschichte des Schach. Stuttgart 1987.
Pfeifer, Wolfgang (Hrsg.): Etymologisches Wörterbuch des Deutschen. München 1995.
Phillips, Roger: Kosmos-Atlas Bäume. Frankfurt a. M. [u. a.] 1992.
Pini, Udo: Das Gourmet-Handbuch. Köln 2000.
C. Plinius Secundus: Naturalis Historiae / Naturkunde. München 1993.
Powels, Sylvia: Zur Etymologie des Wortes Zucker. In: Mediterranean Language Review 4–5 (1989) S. 1–21.
Reallexikon der Byzantinistik. Hrsg. von Peter Wirth. Bd. 1: Abendland und Byzanz. Amsterdam 1976.
Reclams Handbuch der künstlerischen Techniken. Hrsg. von Gustav Weiß. Bd. 3. Stuttgart 1986.
Reclams Mode- und Kostümlexikon. Von Ingrid Loschek. Stuttgart 1987.
Rey, Alain: Dictionnaire historique de la langue française. Paris 1992.
Rodinson, Maxime: Die Faszination des Islam. 2. Aufl. München 1991.
– Recherches sur les Documents arabes relatifs à la cuisine. In: Revue des Etudes Islamiques 17 (1949) S. 95–165.
Römpp-Lexikon Chemie. Hrsg. von Jürgen Falbe. 10. Aufl. Stuttgart 1996–99.
Roosen-Runge, Heinz: Farbgebung und Technik frühmittelalterli-

cher Buchmalerei. Studien zu den Traktaten »Mappae Clavicula« und »Heraclius«. München 1967.
Schirmer, Alfred: Der Wortschatz der Mathematik nach Alter und Herkunft untersucht. In: Zeitschrift für deutsche Wortforschung. Beiheft zu Bd. 14. 1912.
Schivelbusch, Wolfgang: Das Paradies, der Geschmack und die Vernunft. Eine Geschichte der Genußmittel. Frankfurt a. M. 1990.
Schmucker, Werner: Die pflanzliche und mineralische Materia Medica im Firdaus al-Ḥikma des Ṭabarī. Bonn 1969.
Schönig, Hanne: Schminken, Düfte und Räucherwerk der Jemenitinnen. Lexikon der Substanzen, Utensilien und Techniken. Würzburg 2002.
Schott, Heinz: Die Chronik der Medizin. Dortmund 1993.
Schottenhammer, Angela: Das songzeitliche Quanzhou im Spannungsfeld zwischen Zentralregierung und maritimem Handel. Stuttgart 2002.
Schramm, Percy Ernst: Herrschaftszeichen und Staatssymbolik. 3 Bde. Stuttgart 1954–56.
Schweppe, Helmut: Handbuch der Naturfarbstoffe. Landsberg a. L. 1992.
Serjeant, Robert Bertram: Islamic Textiles. Material for a history up to the Mongol conquests. Beirut 1972.
Sguaitamatti-Bassi, Suzanne: Les emprunts directs faits par le français à l'arabe jusqu'à la fin du XIIIe siècle. Zürich 1974.
Soden, Wolfram von: Akkadisches Handwörterbuch. Wiesbaden 1965.
Spies, Otto: Orientalische Kultureinflüsse im Abendland. Braunschweig 1949.
Steingass, Francis: A Comprehensive Persian-English Dictionary. 4. Aufl. London 1957.
Steuerwald, Karl: Türkisch-deutsches Wörterbuch. 2. Aufl. Wiesbaden 1988.
Stobart, Tom: Lexikon der Gewürze, Kräuter und Würzmittel. Frankfurt a. M. [u. a.] 1986.
Strube, Wilhelm: Der historische Weg der Chemie: Von der Urzeit bis zur wissenschaftlich-technischen Revolution. Köln 1989.
Svennung, Josef: Compositiones Lucenses. Uppsala 1941.
aṭ-Ṭabarī, ʿAlī ibn Sahl Rabban: Firdaus al-ḥikma fī ṭ-ṭibb. Berlin 1928.

Tazi, Raja: Arabismen im Deutschen. Berlin u. a. 1998.
Tobler, Adolf / Lommatzsch, Erhard: Altfranzösisches Wörterbuch. Wiesbaden 1954–2002.
Toll, Christopher (Hrsg.): al-Hamdānī, Kitāb al-Ǧauharatain al-ʿatīqatain. Die beiden Edelmetalle Gold und Silber. Uppsala 1968.
Ullmann, Manfred: Die Medizin im Islam. Handbuch der Orientalistik I. Ergänzungsband VI. 1. Abschnitt. Leiden [u. a.] 1970.
– Die Natur- u. Geheimwissenschaften im Islam. Handbuch der Orientalistik I. Ergänzungsband VI. 2. Abschnitt. Leiden [u. a.] 1972.
Vernet, Juan: Ce que la culture doit aux Arabes d' Espagne. Paris 1985.
Watson, Andrew M.: Agricultural innovation in the early Islamic world. Cambridge [u. a.] 1983.
Wehr, Hans: Arabisches Wörterbuch für die Schriftsprache der Gegenwart. 5. Aufl. Wiesbaden 1985.
Weimann, Karl-Heinz: Paracelsus und der deutsche Wortschatz. In: Deutsche Wortforschung in europäischen Bezügen. Bd. 2. Gießen 1963. S. 359–408.
Wieber, Richard: Das Schachspiel in der arabischen Literatur von den Anfängen bis zur 2. Hälfte des 16. Jahrhunderts. Walldorf (Hessen) 1972.
Wiedemann, Eilhard: Aufsätze zur arabischen Wissenschaftsgeschichte. 2 Bde. Hildesheim 1970.
Wis, Marjatta: Ricerche sopra gli italianismi nella lingua tedesca. Mémoires de la société néophilologique de Helsinki. 17. Helsinki 1955.
Zedler, Johann Heinrich: Großes Vollständiges Universal-Lexicon. Graz 1961. [Nachdr. der Ausg. Halle [u. a.] 1732–54.]

Daten zur Kulturgeschichte des Orients

Ab dem 3. Jt. v. Chr.
Hochkulturen in China, Indien (Industal), Ägypten und Mesopotamien.

2. Jt.
Semitische Stämme dringen nach Palästina vor.

Es entstehen bis ins 7. Jh. v. Chr. nacheinander die Reiche der Babylonier (Sprache Akkadisch), Aramäer, Phönizier, Israeliten/Juden (Hebräisch) und Assyrer. In Südarabien besteht von etwa 1200 bis 500 das Reich Saba; Handelsbeziehungen nach Indien und Afrika sowie ans Mittelmeer (»Weihrauchstraße«).

Mitte 6. Jh.
Erstes persisches Großreich.

Ab 334
Alexander d. Gr. von Makedonien unternimmt von Griechenland aus Eroberungszüge bis ins Industal und nach Ägypten. In diesen Gebieten entsteht in den Nachfolgestaaten die hellenistische Kultur (Zentrum Alexandria in Ägypten). Verkehrssprache im Nahen Osten ist neben dem Griechischen das Aramäische.

Ab 226 n. Chr.
Sassanidenreich der Perser (Sprache Mittelpersisch).

Ab 306
Der römische Kaiser Konstantin d. Gr. verlegt die Hauptstadt des Römischen Reichs nach Byzanz, das nach ihm Konstantinopel genannt wird.

364/395
Das Römische Reich wird in eine West- und eine Osthälfte geteilt (Ostrom / Byzantinisches Reich).

476
Ende des Weströmischen Reichs.

6. Jh.
Größter Machtbereich des Oströmischen Reichs (Herrschaft auch in Teilen Italiens). Griechisch wird Amtssprache.

622
Mohammed flieht aus Mekka nach Medina (Hidschra). Mohammed und seine Nachfolger einigen die Stämme der arabischen Halbinsel im Zeichen des Islam. Schnelle Expansion des arabischen Herrschaftsraums.

Bis um 650 Eroberung des (byzantinischen) Ägyptens und Syriens sowie Persiens, etwas später Eroberung Nordafrikas und des größten Teils der Iberischen Halbinsel, im 9. Jh. auch Siziliens.

Kalifenreich: Hauptstadt zuerst Damaskus unter den Umaiyaden (Omajjaden), unter den Abbasiden ab 763 Bagdad. Im 10./11. Jh. auch parallele Kalifenreiche in Kairo und Cordoba. Arabisch wird Verkehrssprache in den eroberten Gebieten.

11. Jh.
Vordringen turksprachiger Stämme nach Westen. Das Kalifenreich mit Zentrum Bagdad beginnt zu zerfallen (1055 Eroberung Bagdads, 1071 Jerusalems durch die islamischen Seldschuken).

1096
Ausrufung des ersten Kreuzzugs zur Befreiung Jerusalems.

Im Laufe der nächsten zwei Jahrhunderte zeitweilige Errichtung von Kreuzfahrerstaaten an der Osthälfte des Mittelmeers.

1204 plündert ein Kreuzfahrerheer unter Führung Venedigs Byzanz/Konstantinopel. Insbesondere Venedig, aber auch Genua und Pisa steigen zu führenden Handelsnationen im Mittelmeergebiet auf.

1291 erobern die überwiegend türkischstämmigen Mamelucken, die Ägypten und Syrien beherrschen, die letzte Kreuzfahrerfestung.

11./12. Jh.
Die Normannen erobern 1066 England und gründen in Sizilien und Unteritalien ein Königreich, das Ende des 12. Jh.s an die staufischen Kaiser fällt.

Ab 11. Jh.
Reconquista, »Wiedereroberung« islamischer Gebiete auf der Iberischen Halbinsel durch christliche Reiche. Im Zentrum entsteht so das Königreich Kastilien, im Westen das Königreich Aragon, dessen katalanisch sprechende Küstenbewohner ab dem 14. Jh. lebhaften Handel, insbesondere mit Nordafrika, treiben.

1492 Fall Granadas.

13. Jh.
Die Mongolen unter Dschingis-Khan und seinen Nachfolgern gründen ein Weltreich, das Ende des Jahrhunderts auch China umfasst. Vorstöße bis Ostmitteleuropa und Bagdad (erobert 1258, Ende des Abbasidenkalifats). In der Folge eine Zeitlang relativ freier Zugang für Europäer nach dem Fernen Osten (Reise des Venezianers Marco Polo von 1271 bis 1295).

Ab 1206
Das erste islamische Reich in Indien (Sultanat von Delhi).

Ab 1526 das islamische Mogul-(»Mongolen-«)reich, das Ende des 17. Jh.s zerfällt.

Anfang des 14. Jh.s
Vom Nordwesten Kleinasiens aus breitet sich das türkisch dominierte islamische Osmanische Reich aus. 1453 vernichtet es durch die Eroberung von Konstantinopel den Rest des Oströmischen Reichs. Übernahme von bedeutenden Elementen aus dem Arabischen und Persischen ins Türkische.

Ab 1683
Nach der erfolglosen Belagerung Wiens beginnt das Osmanenreich an Macht und Ausdehnung zu verlieren. Aufstände und Unabhängigkeitskämpfe verschiedener Völker.

Endgültig zerschlagen am Ende des 1. Weltkriegs.

Paris
FRANKENREICH
Barcelona
Rom
Konstantinopel
Lissabon
Neapel
Córdoba
BYZANTINISCHES REIC
Mittelmeer
Tripolis
Alexandria
Ghadames
Fusta
Sahara
1000 km
Ausbreitung des Islam 622–750

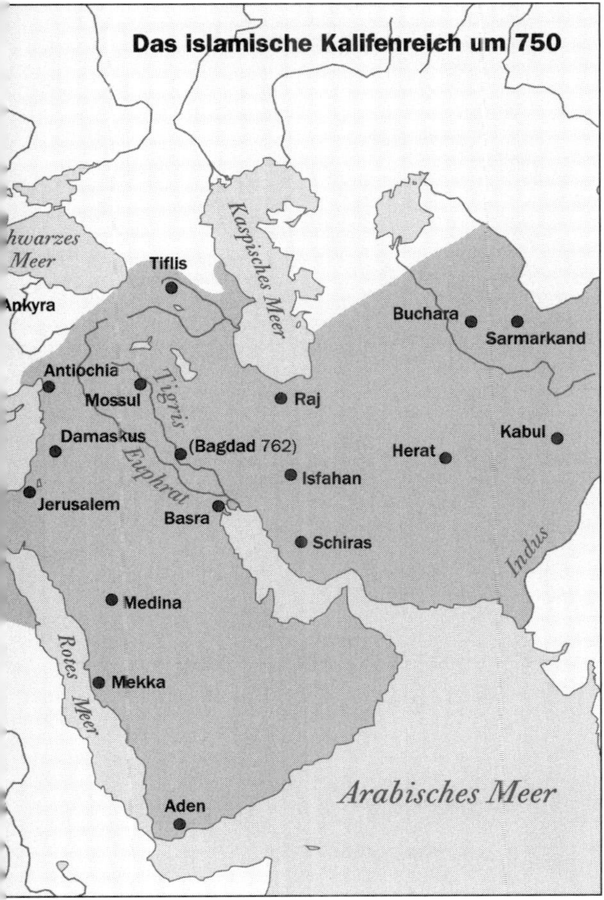
Das islamische Kalifenreich um 750
hwarzes
Meer
Kaspisches Meer
Tiflis
nkyra
Buchara
Sarmarkand
Antiochia
Mossul
Tigris
Raj
Damaskus
(Bagdad 762)
Kabul
Herat
Euphrat
Isfahan
Jerusalem
Basra
Schiras
Indus
Medina
Rotes Meer
Mekka
Aden
Arabisches Meer

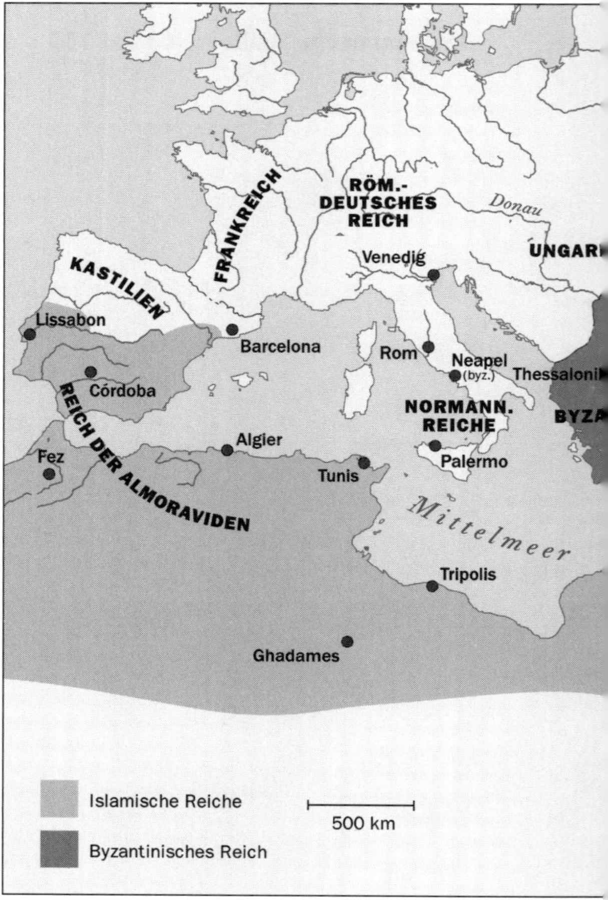
KASTILIEN
FRANKREICH
RÖM.-
DEUTSCHES
REICH
Donau
UNGAR
Venedig
Lissabon
Barcelona
Rom
Neapel
(byz.)
Thessaloni
Córdoba
REICH DER ALMORAVIDEN
NORMANN.
REICHE
BYZA
Algier
Fez
Tunis
Palermo
Mittelmeer
Tripolis
Ghadames
Islamische Reiche
Byzantinisches Reich
500 km

Der Mittelmeerraum vor Beginn der Kreuzzüge 1096
Kiew
Kaspisches Meer
Tiflis
Schwarzes Meer
Konstantinopel
Raj
SCHES REICH
REICH DER SELDSCHUKEN
Konya/Ikonion
Mossul
Tigris
Isfahan
Bagdad
Euphrat
Damaskus
Schiras
Alexandria
Jerusalem
Kairo
REICH DER FATIMIDEN
Nil
Rotes Meer
Medina
Mekka

Das Osmanische Reich um 1600
Kiew
Donau
Wien
Ofen (Budapest)
Venedig
Hermannstadt
Genua
Jajce
Belgrad
Adriatisches Meer
Warna
Sofia
Rom
Skutari
Konstantinopel/
Istanbul
Saloniki
Palermo
Athen
Naxos
Rhodos
Mittelmeer
Tripolis
Alexand

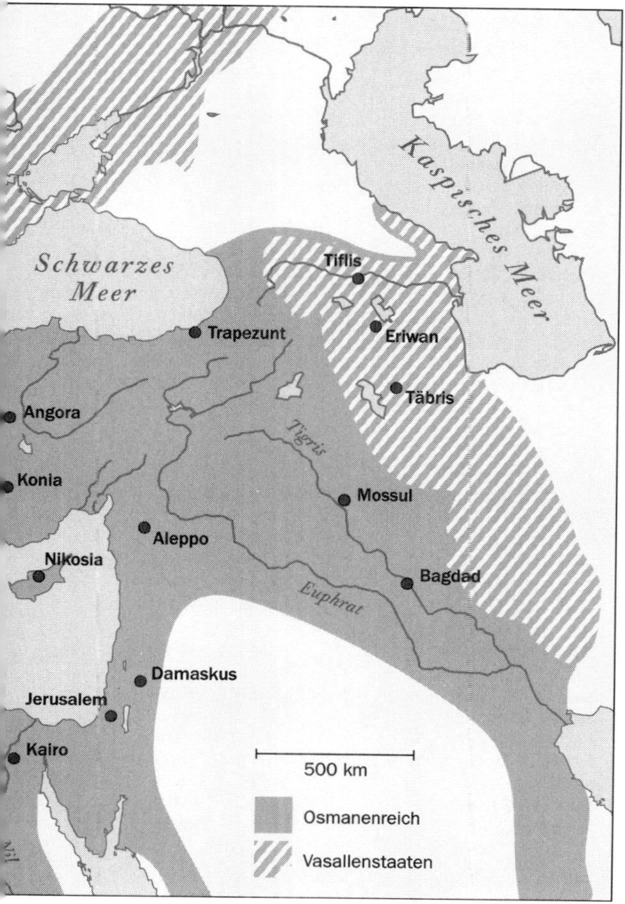

Schwarzes Meer
Kaspisches Meer
Tiflis
Trapezunt
Eriwan
Täbris
Angora
Tigris
Konia
Mossul
Aleppo
Nikosia
Bagdad
Euphrat
Damaskus
Jerusalem
Kairo
500 km
Osmanenreich
Vasallenstaaten
Nil

Register